Arno Gruen:
Der Wahnsinnn der Normalität
Realismus als Krankheit:
eine grundlegende Theorie zur
menschlichen Destruktivität

Deutscher
Taschenbuch
Verlag

dtv

Von Arno Gruen
ist im Deutschen Taschenbuch Verlag erschienen:
Der Verrat am Selbst (15016)

Ungekürzte Ausgabe
1. Auflage September 1989

Dieses Buch erschien zuerst als gebundene Ausgabe 1987
im Kösel-Verlag, München, ISBN 3-466-34178-7
Umschlaggestaltung: Boris Sokolow
Gesamtherstellung: C. H. Beck'sche Buchdruckerei, Nördlingen
Printed in Germany · ISBN 3-423-15057-2
1 2 3 4 5 6 · 94 93 92 91 90 89

Das Buch

Über das Böse in der Welt ist viel nachgedacht worden, und die Psychologie hat verschiedene Thesen zur Destruktivität des Menschen entwickelt. Selten wurden aber mit solcher Konsequenz die Ursachen aufgespürt wie von Arno Gruen, wenn er zeigt, wie Gewalt und Unmenschlichkeit im Inneren des Menschen entstehen und wie sich unser soziales Leben darauf eingerichtet hat, daß der herrschende Wahnsinn lebensfeindlichen Handelns den Mantel realitätsgerechten Verhaltens trägt. Er öffnet den Blick dafür, daß menschliche Destruktivität nicht einfach eine Fähigkeit zum Bösen ist, sondern vielmehr die Folge eines Mangels, der als solcher nicht erkannt wird: Wo das Vermögen abhanden gekommen ist, die eigenen Gefühle wahrzunehmen, und Selbsthaß an deren Stelle getreten ist, ist auch die Fähigkeit zu wirklichem Mitgefühl und echtem Mitfühlen verlorengegangen. Im ›Wahnsinn der Normalität‹ legt er die Wurzeln der Destruktivität frei, die sich viel öfter, als es uns klar ist, hinter vermeintlicher Menschenfreundlichkeit oder ordnungsstiftender Vernunft verbergen. Arno Gruen besticht durch die Vielzahl der Beispiele, zu denen auch die unfaßlichen Ereignisse im Dritten Reich oder im Vietnamkrieg gehören, und schafft die überzeugende Beweislage, daß dort, wo Innenwelt und Außenwelt keine Einheit bilden, verantwortungsvolles Handeln und echte Menschlichkeit ausbleiben.

Der Autor

Arno Gruen, am 26. Mai 1923 in Berlin geboren, emigrierte 1936 in die USA, wo er 1961 als Psychoanalytiker bei Theodor Reik promovierte. Tätigkeiten an verschiedenen Universitäten und Kliniken, zuletzt Professor an der Rutgers Universität New Jersey. Daneben seit 1958 psychotherapeutische Privatpraxis. Zahlreiche Publikationen in Fachzeitschriften und Zeitungen. 1984 erschien ›Der Verrat am Selbst. Die Angst vor Autonomie bei Mann und Frau‹ und 1988 ›Der frühe Abschied. Eine Deutung des Plötzlichen Kindstodes‹. Arno Gruen lebt seit 1979 in der Schweiz.

Inhalt

Für Ruth

»Sie konnten Menschen totschlagen –
und sie waren ganz normal dabei –
das kann ich nicht verstehen.«

Ein ehemaliger polnischer
KZ-Häftling[1]

»Ich meine nämlich, Gut und Böse
entscheiden sich nicht im Verkehr
der Menschen untereinander, sondern
ausschließlich im Umgang des Menschen
mit sich selbst.«

Jakob Wassermann[2]

Vorwort

Dieses Buch ist in der Hoffnung geschrieben, daß meine Erfahrungen und Beobachtungen anderen Menschen helfen können, sich mit ihren eigenen Wahrheiten besser zu behaupten. Diese Arbeit ist meine Reaktion auf die persönlichen und beruflichen Erlebnisse mit dem Wahnsinn der Realität, der im Namen der Liebe Tod und Zerstörung hervorbringt.

Es ist ein Akt des Selbstverrats, wenn das Kind das Bewußtsein für sein eigenes Selbst zu verlieren beginnt. Dieser Prozeß setzt damit ein, daß das Kind die Gefühle von Vater und Mutter nicht mehr unmittelbar wahrnimmt, sondern sich danach richtet, wie diese sich selbst sehen. Solch eine »Anpassung« an die elterlichen Machtbedürfnisse führt zu einer Spaltung in der psychischen Struktur des Kindes. Es trennt seine Innenwelt von seinen Interaktionen mit der Umwelt. Damit gehen der Zusammenhang und die Wechselwirkungen zwischen Handlungen und Motivationen verloren. Um teilhaben zu können an der Macht, die das Kind unterwirft, ersetzen Gehorsam und Anpassung die Verantwortung für das eigene Handeln. Hat man den Bezug zum eigenen Inneren verloren, dann kann man sich nur auf ein verfälschtes Selbst beziehen: auf das Image, das sich an bestimmtem Verhalten und an Gefühlslagen orientiert, die der Umwelt gefallen. Das Bedürfnis und vielleicht auch der Zwang, ein solches Image aufrechtzuerhalten, bemächtigen sich all dessen, was die eigenen Wahrnehmungen und die eigenen Gefühle und Mitgefühle hätten sein können. Die Unfähigkeit, in sich selbst zu wurzeln, ruft zerstörerisches und böses Verhalten hervor. Davon handelt dieses Buch.

Ich bin nicht der erste, der sich mit der menschlichen Destruktivität befaßt. Unter allen Lebewesen scheint der Mensch das einzige zu sein, das um der Zerstörung willen zerstört – als Selbstzweck, wie es der finnische Psychoanalytiker Martti Siirala nannte.[3] Während etwa Sigmund Freud oder Erich Fromm das Zerstörerische des Menschen entweder in einem a priori vorhandenen Todestrieb oder in nekrophilen Bestrebungen sehen, die auf analen oder ödipalen

Fehlentwicklungen basieren,[4] glaube ich, viele Anzeichen dafür gefunden zu haben, daß das zerstörerische und tödliche Handeln des Menschen in dem Verrat begründet ist, den er um der Teilhabe an einer halluzinierten Macht willen an sich selbst begangen hat. Da dies aber nicht ein »höheres« Schicksal ist, sondern der einzelne an seiner eigenen Unterwerfung mehr oder weniger bewußt mitgewirkt hat, entsteht ein lebenslanger Selbsthaß. Das Schreckliche einer solchen Entwicklung liegt darin, daß dann nur noch Zerstörung das Gefühl des eigenen Lebendigseins vermittelt.

Im ersten Kapitel gehe ich der Frage der Verantwortung nach und stelle ihr das gegenüber, was gewöhnlich als ihr Maßstab gilt: Pflicht und Gehorsam. Davon ausgehend, komme ich zu einer Charakterisierung von Wahnsinn, die von der offiziellen Psychologie und Psychiatrie abweicht. Deren Betrachtungsweise beschränkt sich darauf, menschliches Verhalten ausschließlich vom Grad des Realitätsbezugs her zu beurteilen, was selbstverständlich seine Berechtigung hat. Nur verhindert sie damit die Annäherung an eine schwerer faßbare und gefährlichere Pathologie, zu deren eigener Methode das Verbergen gehört: der Wahnsinn, der sich selbst überspielt und sich mit geistiger Gesundheit maskiert. Er hat es nicht schwer, sich zu verbergen, in einer Welt, in der Täuschung und List realitätsgerecht sind.

Während jene als »verrückt« gelten, die den Verlust der menschlichen Werte in der realen Welt nicht mehr ertragen, wird denen »Normalität« bescheinigt, die sich von ihren menschlichen Wurzeln getrennt haben. Und diese sind es, denen wir die Macht anvertrauen und die wir über unser Leben und unsere Zukunft entscheiden lassen. Wir glauben, daß sie den richtigen Zugang zur Realität haben und mit ihr umgehen können. Aber der »Realitätsbezug« eines Menschen ist nicht der einzige Maßstab, um seine geistige Krankheit oder Gesundheit festzustellen, sondern man muß auch fragen, inwieweit menschliche Gefühle wie Verzweiflung, menschliche Wahrnehmungen wie Empathie und menschliches Erleben wie Begeisterung möglich oder eliminiert sind.

Das zweite Kapitel befaßt sich mit dem Selbsthaß und seinem Ausgangspunkt: der Grundlüge, die den eigenen Anteil an der Unterwerfung verschweigt. Wenn man das eigene Selbst zurückgewiesen hat, weil es die eigene Machtposition gefährdet hätte, beginnen Rachegefühle das Leben zu bestimmen. Man besteht darauf, dafür geliebt zu werden, anderen Schmerzen zuzufügen, was nicht selten sogar als Wohltätigkeit ausgegeben wird. (Hatte man nicht früher die Eltern dafür zu lieben, daß sie einem Schmerzen bereiteten, denn sie hatten doch nur das Beste für einen im Sinn?) Ein abgespaltenes Selbst kann sich nicht mit der eigenen Unterwerfung und Kollaboration auseinandersetzen, daher muß die Behauptung der Eltern, daß ihre Forderungen aus Liebe kamen, akzeptiert und verteidigt werden. Im Namen solcher elterlichen »Liebe« und »Fürsorge« etabliert sich die Macht über andere Menschen.

Ich ziehe für diesen Zusammenhang Beispiele aus dem Dritten Reich heran, nicht weil die Nazis Deutsche waren, sondern weil der deutsche Faschismus besonders klar Vorgänge beleuchtet, die es überall dort gibt, wo Menschen von ihrem Inneren abgetrennt sind. Mit dem Ende des Dritten Reiches wurden seine Voraussetzungen keineswegs abgeschafft. Noch immer wird statt menschlicher Substanz das äußere Erscheinungsbild gefördert, wird Anpassung statt innerer Unabhängigkeit belohnt. Heute geben sich diese Voraussetzungen mehr denn je den Schein von »Humanität« und »Menschenfreundlichkeit«. Das Schreckliche versteckt sich immer öfter hinter lächelnden Mienen und kommt als Freundlichkeit scheinbar rücksichtsvollen Verhaltens daher. Daher ist es schwieriger geworden, die tatsächliche Krankheit unserer Zeit zu erkennen.

Im dritten Kapitel widme ich mich der Besessenheit vom Tod, in die ein Mensch fast zwangsläufig verfällt, der seine empathischen Fähigkeiten unterdrückt hat. Ich gehe davon aus, daß menschliche Entwicklung zwei grundsätzlich verschiedene Richtungen nehmen kann, und zwar die, die ein mit der Außenwelt verbundenes Inneres ausbildet, und die, die zur Außengelenktheit unter Preisgabe des eigenen Inneren führt. Kennt eine außengelenkte Entwicklung nur Gehorsam und Anpassung und nicht mehr den Schmerz, ist destruktives Verhalten der »natürliche« Endpunkt. Die Weichenstellung zwischen den Entwicklungen nach innen und nach außen erklärt nicht nur die beiden unterschiedlichen Wege der persönlichen Selbstorganisation, sondern konstituiert auch zwei völlig entgegengesetzte Realitäten: die Realität der Macht und die Realität der Liebe.

Gefühle, die in Wirklichkeit keine Gefühle sind, behandelt das vierte Kapitel. Es führt hinein in den Problemkreis der Identifikation, die öfter, als wir wahrnehmen, nicht zu einer eigenen Identität, sondern zu deren Vermeidung führt.

Diese Frage entwickele ich weiter im fünften Kapitel, und zwar im Hinblick auf den Charakter von Rebellion und Konformität und deren Verhältnis zur Gewalt. Ich stelle die These auf, daß es zwischen der Entwicklung zur Konformität und der zur Rebellion viele Übereinstimmungen gibt und daß diese auf das Verhältnis zur »schlechten« Mutter zurückzuführen sind. Während der Konformist die schlechte Mutter als »gute« Mutter verteidigt, strebt der Rebell zur guten Mutter, während sein Handeln tatsächlich vom Einfluß der schlechten Mutter bestimmt ist.

Wie sich das auf die Machtausübung der mächtigen Männer dieser Welt auswirkt, zeigt das sechste Kapitel. Unter anderem nehme ich die amerikanischen Präsidenten Kennedy, Nixon und Reagan und ihre Außenpolitik in den Blick.

Den Typus des Psychopathen, der für mich den extremen Gegenpol zum Schizophrenen darstellt und den der Wahnsinn der scheinbaren Normalität in seiner höchsten Steigerung kennzeichnet, versuche ich im siebten Kapitel genauer zu beschreiben. Für manche Leser vielleicht überraschend, aber äußerst aufschlußreich, verkörpert diesen Typus eine Figur der Weltliteratur, nämlich Ibsens Peer Gynt.

Im achten Kapitel schließlich arbeite ich die zwei gegensätzlichen Richtungen des Wahnsinns aus: Wahnsinn als Lebensform und Wahnsinn als Protest gegen die als unerträglich empfundenen Formen des sozialen Lebens und der zwischenmenschlichen Beziehungen. Die erste Art des Wahnsinns gilt in unserer Zivilisation als »Realismus« und nur die zweite als Krankheit.

Einige der hier gestellten Fragen berührte ich schon in meinem Buch ›Der Verrat am Selbst‹.[5] Hier greife ich sie auf, um sie zu vertiefen, nicht um sie zu wiederholen.

Es mag auffallen, daß ich sehr oft auf die Literatur zurückgreife. Literatur und Dichtung sind meines Erachtens näher an der menschlichen Realität als etwa die psychologische Forschung. Diese orientiert sich viel zu stark am Mythos der »Realität«, am Mythos der daraus resultierenden Machtstrukturen.

Der Künstler aber hat sich den Zugang zu den menschlichen Bedürfnissen und Beweggründen bewahrt. Ein Schriftsteller schreibt nicht zuletzt deshalb, weil er mit seiner schöpferischen Kraft gegen den Betrug der »herrschenden Meinung« ankämpfen will. Er spricht noch in einer Sprache, die von der Ganzheit menschlicher Erfahrung weiß.

Die Wissenschaft dagegen versucht, wie Michael Polanyi es treffend charakterisiert hat, »die menschliche Perspektive aus unserem Weltbild zu entfernen, um uns in die Absurdität zu führen«.[6] Deshalb ist mir das Zeugnis der Schriftsteller sowohl für die Ganzheit als auch für die Gespaltenheit des menschlichen Erlebens so wichtig im Hinblick auf die Thesen dieses Buches. Ihr Zeugnis liefert anschauliche Beispiele für den Wahnsinn, der sich unter der Maske der Gesundheit verbirgt und heute im Begriff ist, die Menschheit zunehmend der Selbstvernichtung auszuliefern.

Um meine Sicht der Zusammenhänge zu illustrieren und empirisch zu belegen, greife ich manchmal zu Beispielen, die als Extreme menschlichen Verhaltens erscheinen mögen. Mancher wird sie vielleicht für wenig erhellend halten, da er die Vielfalt menschlichen Verhaltens nicht als ein Kontinuum sieht. Eine solche Ausklammerung spiegelt aber die verbreitete Ablehnung der Fäden, die uns alle miteinander verbinden. Sie ist eher nur ein scheinlogisches Manöver, das vom Weg abführen soll. Die Logik der Aufteilung menschlichen Seins in Kategorien und Fächer dient nur dazu, unsere Zweifel an unserer Ganzheit zu verstärken und uns unsicher zu machen. Unsere Ganzheit aber gründet auf dem, was uns unser Gefühl und unser Herz sagen.

Die Sprache des Herzens kommt aus den tiefen Bedürfnissen nach Liebe und Wärme, die man sowohl geben als auch empfangen möchte. Unsere Zivilisation aber hat uns ängstlich gemacht und versetzt uns in Scham, wenn wir uns verwundbar fühlen. Die Sprache der »Realität« verspricht uns Erleichterung von der »Last« unserer Bedürfnisse, was uns bereit macht, unseren eigenen Wahrnehmungen nicht mehr zu trauen. Daher ist unsere einzige Rettung die Sprache des Herzens. Die Spaltung muß überwunden werden, indem man sich nicht der Logik einer vorgeblichen »Realität« anschließt, sondern auf der eigenen Fähigkeit zum Mitgefühl, zum Erleben von Leid und Freude insistiert. Deshalb auch habe ich dieses Buch geschrieben.

Ich möchte vier Freunden danken für die anregenden Ideen und ihr bereicherndes Sein, mit denen sie zu diesem Buch beigetragen haben. Zwei davon sind ungewöhnliche Psychiater und Psychoanalytiker: Walther H. Lechler und Martti Siirala. Der dritte, Aarne

Siirala, ist Theologe und Philosoph. Das tiefe empathische Einfühlungsvermögen des vierten, Hans Krieger, hat viel zur Entfaltung meiner Ideen beigetragen. Die Gespräche mit ihm haben mir auch geholfen, manche Gedankengänge klarer zu entwickeln und präziser zu formulieren. Der Ganzheit des Denkens und Lebens dieser Freunde verdanke ich sehr viel. Dies gilt auch für Gaetano Benedetti, dessen tiefe Menschlichkeit uns den Weg zum Schizophrenen eröffnet hat und dessen Großzügigkeit mich persönlich unterstützte. Ebenso schulde ich Dank meiner Lektorin Ulrike Buergel-Goodwin, deren Begeisterung und Verständnis zur besseren Vermittlung meines Anliegens beigetragen haben.

Tessin, Sommer 1987 — Arno Gruen

1 Die Verweigerung der Realität im Namen der Realität

Verantwortlich werden für das eigene Selbst ist ein paradoxer Prozeß. Wer in einfachen Begriffen des zeitlichen Nacheinanders denkt, wird die Wirkmechanismen nie erfassen. Entwicklung ist nie denkbar ohne Einflüsse von außen. Wir alle haben Eltern, haben Vater oder Mutter, die in uns weiter wirken. Doch die Widersprüche, die im Inneren der menschlichen Seele entstehen, entfalten ihre eigene Dynamik. So kommt es zu Handlungen, die scheinbar durch bestimmte äußere Ereignisse determiniert sind, in Wahrheit aber wenig oder gar nichts mit ihnen zu tun haben.

Denn nicht nur die Umwelt beeinflußt das kleine Selbst, das wachsen möchte. Die Reaktionen des Kindes auf diese prägenden Einflüsse wirken ihrerseits auf die Umwelt zurück. Es handelt sich also um eine ständige Wechselwirkung. Vater und Mutter können dem Kind ihren Willen aufzwingen, doch Art und Intensität ihres erzieherischen Einflusses werden mitbestimmt durch die Reaktionen des Kindes.

Die Kompliziertheit dieses Wechselspiels zwischen Kind und Eltern liegt darin, daß die Möglichkeit zur Autonomie einerseits in den frühesten Interaktionen zwischen dem werdenden Selbst und seiner Umwelt grundgelegt wird, andererseits aber entscheidend dafür ist, wie weit das Kind Verantwortung für sich selbst übernimmt. Davon hängen alle seine künftigen Beziehungen innerhalb des sozialen Feldes ab. Grundsätzlich kann Verantwortlichkeit sich in zweierlei Richtungen entwickeln: Entweder formt sich das werdende Selbst frei und offen in eigener Verantwortung, oder es überläßt sich fügsam dem prägenden Einfluß anderer. Damit weicht es den Verpflichtungen echter Verantwortung aus.

Die Flucht vor der Verantwortung wird dabei aus dem Bewußtsein verdrängt. Dies muß so sein, weil die Preisgabe der Autonomie durch Unterwerfung unter einen fremden Willen ein elementares Machtspiel in Gang setzt: »Ich werde so, wie du mich haben willst, damit du für mich sorgst. Meine Unterwerfung ist von nun an meine Macht über dich, mit der ich deine Fürsorge erzwinge.« So wird das Sich-abhängig-Machen zur Rache für die Unterwerfung. Dieser Akt beinhaltet mehreres. Erstens übernimmt das Kind die Bewertung der Eltern. Was man Internalisierung nennt,[7] ist also ein Prozeß der Kollaboration durch Unterwerfung. Zweitens bedeutet dies, daß das Kind alles an sich selber zu hassen beginnt, was es in Konflikt mit den Erwartungen seiner Eltern bringen könnte. Und drittens erwächst aus diesem Selbsthaß die Bereitschaft zu immer weiterer Unterwerfung. Damit ist ein Teufelskreis in Gang gesetzt: Unterwerfung und Selbstverachtung bedingen sich wechselseitig. Es ist immer beides vorhanden: Selbsthaß und Selbstverachtung. Doch eben die Selbstverachtung darf nicht gefühlt werden, weil sie unerträglich wäre. Darum muß der ganze Prozeß unbewußt bleiben; er wird verdrängt und verleugnet, und so stürzt man sich blindlings immer tiefer in die Verstrickungen des Machtspiels.

Der ewige Vorwurf dessen, der sich einem anderen ausgeliefert hat, lautet dementsprechend: »Du hast nicht genug für mich getan.« Dies ist Ausdruck der phantasierten Gegenmacht, die jedem Pakt, der auf Herrschaft und Unterwerfung aufbaut, innewohnt. Dieses Machtspiel wirkt freilich im Verborgenen und beginnt beim Säugling im Strom präverbaler Gefühle. Dieses Machtspiel *muß* nachgerade geheimgehalten werden, um die Absicht der Gegenmacht zu verbergen. Die Halluzination einer Gegenmacht verhüllt dem, der sich unterwirft, daß er sich willentlich unterwirft. Das führt zu einem doppelten Fehlschlag: Die Unterwerfung bleibt bestehen, und die Rache wird zur Selbstschädigung. Unablässig geschürt vom Selbsthaß, wird das Rachebedürfnis zur uneingestandenen und unerkannten Quelle und Steuerung der eigenen seelischen Verfassung.

So sieht die menschliche Situation aus, wenn die Mitwirkung an der eigenen Unterwerfung die Entwicklung charakterisiert. Und wer nicht mehr weiß, daß er sich unterworfen hat, kann das abgespaltene Selbst auch im späteren Leben nicht integrieren. Der daraus resultierende Selbsthaß wird alle künftigen Handlungen nähren – als Versuch, das seelische Ungleichgewicht zu kompensieren. Eigentlich ist ein Leben in Selbsthaß unmöglich. Nur wenn man sich dem eigenen Selbst, das sich so bereitwillig unterwerfen konnte, stellt, dann gelangt man – wenn auch unter Schmerzen – zu einer Verminderung des Selbsthasses. Doch sich ihm stellen, das würde bedeuten, die Unterwerfung anzuerkennen, die einen hassen macht.

Ein Kind aber kann nicht erkennen und damit nicht zugeben, daß es den Schmerz nicht ertragen konnte, in seinem Selbst nicht wirklich angenommen zu werden, nicht anerkannt zu werden. Sich selbst angenommen zu fühlen durch die Liebe eines anderen ist eine Grundbedingung des menschlichen Wachsens. Friedrich Hebbel hat es in einem Gedicht ausgedrückt:

So dir im Auge wundersam
Sah ich mich selbst entstehen.

Der Schmerz darüber, nicht angenommen zu werden, ist sehr wahrscheinlich bei manchen Kindern die Ursache des sogenannten plötzlichen Kindstods.[8] Meistens unterwirft sich das Kind, um teilzuhaben an der Macht, die es unterdrückt. Autistische Kinder gehen offensichtlich anders mit diesem Schmerz um, sie scheinen nicht bereit zu sein, ihn zu leugnen.[9]

Es ist sehr paradox: Man kann nicht mit dem Selbsthaß leben, ohne etwas gegen ihn zu tun. Würde man ihm ins Gesicht sehen, sähe man sich dem Schmerz über den Verrat, den man an sich selbst begangen hat, konfrontiert. Also wird er geleugnet. Der Widerspruch zwischen dem Bedürfnis, vor sich selbst das Gesicht zu wahren, und der Bereitschaft, sich durch Unterwerfung mit der Macht zu verbünden, ist deshalb die grundlegendste und vielleicht erste Spaltung in der menschlichen Seele. Sie ist nicht eine bloße Verdrängung, sondern eine radikale Abspaltung, die Abspaltung vom Wissen um das preisgegebene Selbst und den daraus resultierenden Selbsthaß. Dies wird zum Grundprinzip eines ganzen Lebens. Diese Spaltung ist eingebettet und wird aufrechterhalten von einer gesellschaftlichen Ideologie, die Gehorsam mit Verantwortung gleichsetzt: Gehorsam sein heißt gut sein, und gut sein heißt verantwortungsvoll sein. Frei sein dagegen ist ungehorsam, und wer ungehorsam ist, fordert Mißfallen heraus und droht den Schutz der Mächtigen beziehungsweise die Chance der Teilhabe an ihrer Macht zu verlieren.

An dieser Stelle ist es nötig, etwas zur soziologischen Sicht des menschlichen Seins zu sagen. Kriminalität wird zum Beispiel als eine Folge der Armut gesehen. Doch dies erklärt nicht, warum die Mehrheit nicht kriminell wird. Daraus wiederum kann man aber nicht schlußfolgern, Armut hätte keinen Zusammenhang mit Kriminalität. Man kommt nicht umhin, einiges zu differenzieren. Wenn ein Hungriger stiehlt, handelt er nicht aus Habgier; und wenn er dabei, ohne es zu wollen, jemanden umbringt, ist es kein vorsätzlicher Mord. Andererseits gehören die Reichen und Mächtigen zu jenen in unserer Gesellschaft, die Kriege anzetteln, die Lebensgrundlage anderer Menschen zerstören, Natur und Menschen vergiften. Sie aber sitzen nicht in den Gefängnissen. Kriminalstatistiken verzeichnen nur deshalb mehr Arme als Reiche, weil solche Statistiken der Ideologie der Reichen und Mächtigen unterliegen und weil sie nicht alle Formen von Destruktivität aufführen.

Die Zivilisation und ihre Gehorsam fordernden Normen sind entscheidende Faktoren bei der Entstehung von Selbsthaß. Dieser ist die Ursache für Unbehagen und Unglück. Wenn der Wahrheit ausgewichen wird zum Nutzen von Ideologien, durch die sich die Kultur der Macht am Leben erhält, wird menschliches Unglück ständiges Merkmal unseres Lebens sein, gleichgültig, welche wirtschaftliche oder politische Richtung eine Gesellschaft hat.

Deutlichstes Zeichen hierfür ist das rachsüchtige und vorwurfsvolle Verhalten vieler Menschen – egal, ob sie in einem kapitalistischen oder kommunistischen Land leben. Denn Rache und Vorwurf – nicht Freiheit – sind zu ihrem Lebensziel geworden, und so vertiefen sie immer weiter ihre Abhängigkeit und verfallen immer mehr dem Wahn, Macht sei das Allheilmittel für alle Probleme. So halten folgerichtig viele Menschen an der Lüge fest, sie hätten einen aufrechten Gang und seien selbstbestimmte Menschen. Und das ist auch der Grund, warum alle Machtspiele in ihren Absichten heuchlerisch sind und auf der Selbstlüge beruhen. Eine Mutter kann ihr Kind – so meint sie – zurückweisen, wenn es nach ihr ruft, sie hat es doch eben gewickelt und will sich nicht schon wieder die Hände schmutzig machen. Statt die Verzweiflung ihres Babys zu spüren, bemitleidet sie sich selbst.

Seelische Veränderungen lassen sich nicht nur über das Verstehen der eigenen Geschichte erreichen. In jeder Psychotherapie oder Psychoanalyse reicht die Entwirrung der verschlungenen Chronologie der kindlichen Erlebnisse und Einflüsse nicht aus, um echte

Veränderungen zu bewirken. Der Patient ändert sich erst, wenn er selbst die Verantwortung dafür übernimmt, daß er sich einmal dafür entschieden hat, sich der Macht zu unterwerfen. Denn genau diese Unterwerfung ist es, die sein autonomes Potential hat verkrüppeln lassen und die seine seelischen Deformationen bewirkte.

Das ist auch meine Kritik an Alice Millers Sehweise, obwohl ich ihr Werk für wichtig und bedeutsam halte.[10] Sie argumentiert, als ob das Verständnis für die determinierenden Einflüsse bereits die Heilung bewirke. Tatsächlich führt das aber nur dazu, daß sich der Patient wollüstig im Spiegel des therapeutischen Verständnisses sonnt, ohne sich ändern zu müssen. Und der Therapeut wird, indem er sich als gute Mutter fühlt, nicht zu erkennen brauchen, daß er den Patienten von sich abhängig gemacht hat. Also wiederholt sich das ewige Spiel zwischen dem Mächtigen und dem Abhängigen, zwischen der »guten« Mutter und ihrem dankbaren Kind, das so nicht erwachsen zu werden braucht. Irrtümlich wird eine solche Internalisierung des Therapeuten – das Gegenteil der gesuchten eigenen Identität – als Erwachsenwerden gewertet.

Eine andere Form der Verkrüppelung ist es, sich nur zum Schein zu unterwerfen, um die eigene Autonomie zu verteidigen. Dies ist eine paradoxe Möglichkeit, sich wenigstens die *Fähigkeit* zur Autonomie zu bewahren.

Zur wahren Befreiung und damit zum Wagnis der Veränderung gibt es nur einen Weg: sich dem Schmerz über den Selbstverrat stellen. Es reicht, wie gesagt, nicht aus, die eigene Geschichte zu verstehen, aber ebenso ungenügend ist es, nur die soziale Gewalt zu »verstehen«, die auf die Entwicklung des Individuums Einfluß nimmt. Damit allein kann man nicht erklären, warum ein Mensch zum Mörder wird. Man muß sich mit der Unterwerfung auseinandersetzen; sie hat einen Menschen dazu veranlaßt, sich selbst zu hassen und dann alles Leben um ihn her, weil es ihn daran erinnert, was er getan hat. Das Böse, das Destruktive, die Unmenschlichkeit – all das hat seine Wurzeln in dem Unvermögen, die Verantwortung zu übernehmen für die lang zurückliegende Entscheidung, das durch die Geburt erworbene Recht, man selbst zu sein, preiszugeben. Natürlich sind das Böse und die Unmenschlichkeit nicht ohne unterstützende soziale Strukturen und Einrichtungen möglich, die Unterwerfung und Abhängigkeit verschleiern und Gehorsam mit »verantwortlichem« Handeln gleichsetzen. Doch solange wir etwa Hitler als ein Phänomen sehen, das mit dem herkömmlichen Begriffspaar »normal« oder »geisteskrank« zu fassen ist, solange sind wir nicht in der Lage zu erkennen, was es bedeutet hat und noch heute für uns alle bedeutet, daß ein Mann wie er an die Macht kommen konnte.

Im Licht des bisher Gesagten sollte nun plausibel sein, warum ich einen erweiterten Begriff von geistiger Krankheit für notwendig halte. Nur eine solche Erweiterung führt zu einem umfassenden Verständnis des Menschen und der seelischen Verirrungen, zu denen er fähig ist. Was Psychiatrie und Psychologie als Geisteskrankheit vorführen, ist an die Vorstellung gebunden, daß es sich dabei um zunehmenden Realitätsverlust handelt. Mehr oder weniger Realitätsbezug – danach wird alles menschliche Verhalten klassifiziert. »Realität« wird dabei ausschließlich als äußere Realität verstanden.

In der Tat ist der Realitätsbezug – sein Fehlen oder der Grad der Ergebenheit an die äußere Realität – ein Raster, in das man Menschen einordnen kann und das uns ermöglicht, eine Klassifizierung vorzunehmen vom psychotischen Verhalten über die Neurose zur Normalität. Doch ein solches Schema verdeckt, daß es auch noch eine andere Art von Krankheit gibt, die viel gefährlicher ist als die, die vom Verlust des Realitätsbezugs gekennzeichnet ist.

Diese andere Art von Krankheit zu *sehen* erfordert einen Wechsel der Blickrichtung und eine Abkehr von den herkömmlichen Kategorien. Dann wird man sehen, daß sich hinter der Orientierung an der »Realität«, die gemeinhin das Kriterium für Gesundheit ist, eine tiefere und weniger augenfällige Pathologie verbirgt: die des »normalen« Verhaltens, die Pathologie der Anpassung als Folge der Preisgabe des Selbst.

Untersucht man diese Pathologie genauer, so fällt als erstes auf, daß es sich um eine Krankheit handelt, deren Intention nicht ist, Wahnsinn zu produzieren, sondern ihn »auszutricksen«. Was ich mit der »Intention« einer Krankheit meine, wird zum Beispiel deutlich an jenen auffälligen Verhaltensweisen, mit denen jemand versucht, die Aufmerksamkeit auf sein Leiden zu lenken. Das sind Hilferufe, oft so verschleiert, daß sie sowohl den Hilfesuchenden als auch den, dem der Hilferuf gilt, erst recht hilflos machen.[11] Im Unterschied dazu kennzeichnet die Pathologie der Normalität, die den Wahnsinn austrickst, die Flucht vor dem Leiden. Und dies in einer gesteigerten Form: Es ist nicht nur die Flucht vor dem seelischen Schmerz, sondern auch die Angst vor dem Auseinanderfallen, von dem sich diese Art Persönlichkeitsstruktur stets bedroht fühlt.

Es ist nicht einfach, diesen Vorgang anschaulich zu machen, da seine Erforschung durch Blockierung unserer Wahrnehmung behindert ist. So sind wir oft unempfänglich für bestimmte Wahrnehmungen, weil wir Schmerz nicht ertragen können. Es fällt uns beispielsweise schwer, innere Unruhe zu erkennen, weil wir gelernt haben, uns der äußeren Realität zuzuwenden, um dieser Unruhe auszuweichen. Und genau deshalb sind wir in der Regel unfähig, das zu sehen, was ich oben beschrieb. Daher ist auch mein Vorhaben schwierig: Wir alle sind geprägt vom Diktat unserer Zivilisation, die uns auferlegt, dem Schmerz des inneren Chaos auszuweichen. Angst muß überspielt werden, man darf ihr nicht ins Gesicht sehen. Auf diese Weise wird »Gesundsein« zu einem sehr wirkungsvollen Verwirrspiel, um die Krankheit eines chaotischen Innenlebens zu verheimlichen. Am Ende wird man selbst gar nicht wissen, daß man krank oder verzweifelt ist.

Wie wir fortwährend unser wirkliches Kranksein überspielen, davon ist das moderne Leben in einem Ausmaß charakterisiert, wie kaum zuvor in der Geschichte der Menschheit. Nicht zuletzt dadurch ist sie heute in ihrem Fortbestand bedroht. Es ist die Art »Gesundheit«, die Henry Miller einmal so beschrieben hat: Wir sind so »gesund«, daß, würden wir uns selbst auf der Straße begegnen, wir uns nicht erkennen würden, weil uns ein Selbst gegenübersteht, das uns Angst macht.[12] Immer weiter fliehen wir vor unserer inneren Wüste, unserer Leere, da wir ohne liebende Beziehung zu uns und anderen sind, und fliehen damit vor unserer eigenen Vergangenheit.

Wenn sich die Spaltung noch nicht ausgewirkt hat, reagieren wir auf das, was wir tun und was mit uns geschieht, mit Gefühlen von Schmerz, Hilflosigkeit oder Freude und Neugier. Als Teil unserer Lebenserfahrung werden diese Reaktionen laufend in unser Innenleben integriert und wirken dort weiter. Sie sind es, die uns die Energien liefern für unser kreatives Sein, weil sie unsere Empfänglichkeit für alles, was von außen auf uns eindringt, prägen. In dem Maß aber, in dem der Wert dieser Gefühle geleugnet wird, wird auch unsere Kreativität vermindert. Vom eigenen Innenleben abgetrennt, reagiert man nur mehr mit vorgeschriebenen und vorgeformten Ideen und Vorstellungen. Von da ist es nicht mehr weit bis zur Verwandlung in Roboter.

Wenn Schmerz, Kummer, Hilflosigkeit verleugnet werden, weil sie als Schwäche gelten, etwa als unmännlicher Ausdruck weiblicher Gefühlsduselei, als unangemessen im Sinn männlicher Stärke (was auch für Frauen gilt, die nach männlichen Mustern Stärke für sich in Anspruch nehmen), dann wird die innere Welt ausgeschaltet und vom Getriebe des alltäglichen Lebens abgekapselt. Und so versinkt die innere Welt immer mehr im Unbewußten. Aber sie *bleibt* der, wenn auch unerkannte, Motor unseres Handelns, Denkens und Fühlens.

Es gibt also zwei grundsätzlich verschiedene psychische Verfassungen: Dort, wo die innere Welt zugänglich ist, wird der Mensch fähig sein zu schöpferischen Reaktionen auf die Reize, die von außen auf ihn eindringen. Sie kann auch als unbewußte Innenwelt da sein, solange sie zurückholbar ist. Das Innenleben ist so ein bewegliches Sein, das von großer Reaktionsfähigkeit ist.

Anders der Gegentyp: Wenn das fühlende Innere verschlossen ist, wird es unberührt bleiben vom Fluß der Interaktionen des einzelnen mit dem äußeren Leben. Beziehungsweise genauer: Eine wirkliche Interaktion wird es gar nicht erst geben. Das Ausmaß der daraus folgenden inneren Isolation steht in direktem Zusammenhang mit dem Selbsthaß. Er wird hervorgerufen durch die aktive Beteiligung an der Unterwerfung unter das Diktat einer »Realität«, die die Leugnung autonomer Gefühle verlangt.

Diese fortwirkende Quelle des Hasses verstärkt nicht nur die innere Isolation, sondern auch das Chaos, das von der fehlenden Verbindung zwischen der Innenwelt und dem äußeren Leben herrührt. All das läßt die Angst vor dem Inneren und vor der Bedrohung, daß es doch einmal durchbricht, anwachsen. Die Spaltung verstärkt die Spaltung. Und so beschleunigt die Angst vor dem Zusammenbruch das Eintauchen in die äußere Realität, mittels derer man lernt, sich seinen Platz in einer Welt zu sichern, die der Macht und dem Herrschen ergeben ist.

Es ist festzuhalten: Die Einkapselung des Inneren, also seine Isolation vom bestätigenden Kontakt mit der Außenwelt, führt zum Verlust von Organisation und Integration. Und das Innere wird gefürchtet, weil seine beherrschenden Elemente Zerstörungswut und Selbsthaß werden.

Ohne Selbstorganisation bleibt das Innere im Zustand des Aufruhrs, im Chaos. Dies läßt sich am Umgang mit den Träumen zeigen: Der Grundmechanismus des Träumens dreht sich um die Wiederherstellung von verlorenen Dingen emotionaler Bedeutung, seien es Wünsche oder unbefriedigte Bedürfnisse. Aber diese sind in solchen Menschen verzerrt oder gar verneint. Das erklärt wohl auch die klinischen Erfahrungen, daß es Patienten gibt, die nicht von Träumen berichten können, da sie von sich selbst abgespalten sind, aber auf eine andere Art als Schizophrene.

Fehlende Integration macht Angst sowohl wegen der möglichen Sprengkraft, aber mehr noch, weil der Mensch von Geburt an auf Integration angelegt ist. Eric Aronson und Shelley Rosenbloom haben nachgewiesen, daß Säuglinge schon mit dreißig Tagen Schmerz und Unbehagen ausdrücken, wenn die bis dahin ganzheitlich-integrierte Wahrnehmung der Mutter unterbrochen wird oder abreißt.[13] Voraussetzung für ein integriertes menschliches Sein ist ein Innenleben, das sich vielfältig angeregt und in integrativem Austausch mit der Außenwelt entwickeln kann. Dies wiederum ist die Vorbedingung dafür, ein »menschlicher« Mensch zu werden. Das ist auch der Grund, warum die Voraussetzung für das Böse eine weit komplexere Entwicklung ist, die auf der Verleugnung und Zerstörung des Selbst beruht.

Die geschilderten Spaltungsvorgänge sind sehr verschieden von jenen, die wir beim Schizophrenen erleben. Dieser versucht, in seiner Innenwelt zu bleiben, weil er die Heuchelei der äußeren, »realen« Welt nicht ertragen kann. Er spaltet die Außenwelt ab, um mit der eigenen Gefühlswelt in Verbindung zu bleiben und mit den Möglichkeiten der Autonomie, die seine eigene Innenwelt für ihn hat.

Die Verdrängung ihrer Verzweiflung und inneren Unausgeglichenheit, also die Abspaltung vom eigenen Innenleben, kennzeichnet jene Menschen, von denen angenommen wird, sie stünden voll in der Realität. Diese Einschätzung gründet darauf, daß unsere Vorstellung von »Realität« ganz auf diesen Typus zugeschnitten ist, und wird dadurch immer wieder scheinbar bestätigt. Darum wird gerade solchen Menschen die Macht anvertraut, über unser Schicksal zu bestimmen, obwohl sie der Verantwortung gar nicht gewachsen sind. Dies geschieht aber auch deshalb, weil diese Menschen unsere eigenen Phantasien von Realismus und Stärke verkörpern.

Thema dieses Buches ist daher die Heimtücke einer »Gesundheit«, die das Fehlen eines echten Selbst verbirgt und die gleichzeitig als das Mittel zur Flucht vor dem inneren Chaos dient, das Folge dieses Mangels ist. Die Abspaltung vom Inneren macht die Entwicklung eines echten Selbst unmöglich.

Der Wahnsinn, der sich als Normalität maskiert, unterscheidet sich grundlegend von dem, was man gewöhnlich unter Wahnsinn versteht. Deshalb müssen wir die Vorstellungen über den Wahnsinn anders fassen. Schizophrenie – der »erkennbare« Wahnsinn – muß in einer ganz anderen Perspektive gesehen werden: Schizophrenie ist das Ringen mit einem viel folgenreicheren Wahnsinn, nämlich mit dem Wahnsinn, der als Normalität erscheint. Damit wird auch die Schwierigkeit meiner Sicht deutlich: Wir alle fallen auf den äußeren Anschein von Normalität herein, da wir selbst unter dem Druck unserer Erziehung den Kontakt mit dem verloren haben, was sich hinter dieser Fassade verbirgt.

Das Widersprüchliche der heutigen Psychopathologie liegt darin, daß vor allem solche Menschen als krank klassifiziert werden, die an sich nichts anderes suchen, als die Verbindung zu ihrer eigenen Gefühlswelt zu erhalten, und nicht jene, die versuchen, sich dieser Verbindung zu entledigen. Die Krankheit der ersteren ist nur zu oft die Reaktion auf den Druck, der es ihnen unmöglich machen soll, die Widersprüche und Spaltungen in der Welt unserer Erfahrung zu erkennen. Die tiefere Krankheit, die wir nicht sehen, weil unsere Aufmerksamkeit ganz vom »verrückten« Verhalten der Schizophrenen in Anspruch genommen ist, liegt darin, daß diese Menschen angesichts der gesellschaftlichen Widersprüche und Lügen nicht die Kraft haben, den inneren Zusammenhalt zu bewahren. Deshalb auch können sie nicht offen rebellieren oder Widerstand leisten.

Die wirkliche Integration unserer Erfahrungen müßte auch deren Widersprüche mit einbeziehen. Heuchlerische Muster müßten als solche erkannt werden. Fürsorge zum Beispiel, die nur darauf abzielt, andere abhängig zu machen und sie unter die eigene Kontrolle zu bringen, dürfte nicht weiter als »liebende« Fürsorge gesehen werden. Aber die meisten von uns sehen sie so! Genau das ist der Grund, warum sich ein Schizophrener nicht mit einer Welt identifizieren kann, die er als heuchlerisch und moralisch unglaubwürdig empfindet. Seine Gefühle und sein Denken sind gespalten, weil anders zu sein für ihn bedeuten würde, sich dem zu unterwerfen, was er als unmenschlich empfindet: Haß, Unterdrückung und Kontrolle, die als Liebe ausgegeben werden.

Die Spaltung der Schizophrenen ist der Versuch, die Einheit des Fühlens zu erhalten, also den Kontakt zur inneren Welt. Ihr »Wahnsinn« ist der Protest gegen eine aufgesetzte und aufgezwungene »Einheit«, die tatsächlich keine ist. Wenn zum Beispiel Mitgefühl eingesetzt wird, um einen anderen zu bemitleiden, um sich überlegen zu fühlen oder um ihn einfach nur herabzuwürdigen, kann der Schizophrene keine Einfühlung zeigen. Er wird da lachen, wo wir, die Angepaßten, eine liebevolle oder besorgte Reaktion erwarten. Dementsprechend wird ihm diagnostiziert, daß er keinen Bezug zur Realität habe und gespalten sei.

Es stimmt, daß sich der Schizophrene in eine innere Sphäre zurückzieht. Aber er tut dies, weil er nur dort in der Realität wirklicher Gefühle sein kann, die der Realismus leugnet. Unglücklicherweise führt sein Versuch, die Integration zu erhalten, indem er sich von der äußeren Welt abspaltet, zu einer Reduktion seines Lebens und zum seelischen Tod. Ein solcher Mensch versucht, sich durch einen Prozeß der Nicht-Identifikation zu entfernen von einer Welt, die er als leer und falsch erfahren hat. So endet der Schizophrene damit, daß er nicht in *unserer* Realität lebt.

Um aber dahin zu kommen, mußte er diese Realität in all ihren Widersprüchen schmerzlicher erfahren haben als wir. Solche Menschen haben nicht von Anfang an eine falsche Wahrnehmung der Realität – sie müssen ursprünglich alles über sie gewußt haben –, sie können vielmehr, gerade weil sie der Wahrheit so nahe sind, den Betrug einer nur vorgetäuschten menschlichen Integrität nicht mitmachen. Krank wurden sie erst, weil sie sich bemühten, mit ihrem Innenleben in Verbindung zu bleiben. *In* die Realität stürzen sich die anderen, die »Gesunden«, um von dem, was in ihrem Inneren ist, nichts wahrnehmen zu müssen. In einem tiefen Sinn treibt den Schizophrenen das Bedürfnis, die Integration zu erhalten, während das Bedürfnis des »Normalen« die Spaltung ist.

Für jene, die in das Erscheinungsbild »normalen« Verhaltens hineinschlüpfen, weil sie die Spannung der Widersprüche zwischen der uns auferlegten Realität und ihrer inneren Welt nicht ertragen, für solche Menschen gibt es bald keine wirklichen Gefühle mehr. Statt dessen gehen sie mit *Ideen* von Gefühlen um, haben keine *Erfahrung* mehr mit ihnen. Sie präsentieren aufgesetzte Gefühle als ihre eigenen und sagen sich von ihren wahren Gefühlen los. Je »gesünder« das Image ihrer Identität, das sie angenommen haben, desto erfolgreicher werden sie diese Manipulation vollziehen können. Und es ist Manipulation, da ihr Ziel nicht der Ausdruck ihrer selbst ist, sondern sie den anderen davon überzeugen wollen, daß sie angemessen handeln, denken und fühlen. Dies sind die Menschen, die ich als die wirklich Wahnsinnigen unter uns zeigen möchte.

Sie bringen uns alle in Gefahr, weil sie dem Chaos, der Wut und der Leere, die in ihnen ist, nicht ins Gesicht sehen können. Während der Schizophrene in einer von ihm als widersprüchlich und quälend böse erlebten Welt den zentralen Gefühlskern aufrechterhält, daß wirkliche Liebe Gültigkeit hat, ist bei denen, die den Wahnsinn überspielen, die Jagd nach Macht der einzige Weg, das bedrängende innere Chaos und die innere Zerstörung abzuwehren. Um die Leere nicht als die eigene innere Leere anerkennen zu müssen, schaffen sie Zerstörung und Leere um sich herum. Das Paradox des Schizophrenen ist, daß er seinen inneren Kern zu schützen versucht, indem er ihn versteckt. Dies muß scheitern, weil das Selbst nur leben kann im lebendigen Austausch, und darum bezahlt der Schizophrene diesen Versuch nur allzu oft mit dem vollständigen Verlust von Vernunft, Logik und Kommunikation. Er fügt sich selbst zu, was ihm die Welt zugefügt hat. Er will nicht mehr liebenswert sein, um die Mitmenschen davor zu bewahren, sich für seinen Zustand schuldig fühlen zu müssen. Die aber, die dem Wissen um ihren inneren Zustand entkommen möchten, zwingen den Mitmenschen ihre »Ordnung« auf und damit ihre Art, wie sie mit sich selber umgehen.

Während sich die Schizophrenen selbst reduzieren, um sich vor Entdeckung zu schützen, haben die anderen ein umgekehrtes Verfahren: Sie reduzieren nicht sich, sondern die Realität, indem sie die Widersprüche und die daraus erwachsenden Ängste verneinen. Ihre Art zu leben besteht darin, daß sie diese Reduktion verteidigen und die inneren Ängste verleugnen. Sie klammern sich an diese reduzierte Realität und bestehen darauf, daß diese das *ganze* Erleben repräsentiere. Ihr Selbst folgt dann willig den Ideen, die a priori festlegen, was unser Sein sei, und gründet sich nicht auf den Wechselwirkungen zwischen dem tatsächlichen Sein und der uns umgebenden Welt, in die wir eingebettet sind. Ihr Bewußtsein spiegelt somit nicht die Integration des einzelnen mit der äußeren Realität, sondern das Bedürfnis, diese Realität zu erobern.

So kommt es, daß ein Bewußtsein, das nur Ideen gehorcht, das also nicht das freie Spiel der Gefühle im Erleben von Freude und Schmerz kennt, sich versklavt und destruktiv wird. In dem Maß, in dem wir uns den Ideen überlassen, werden wir das für Gefühle halten, was tatsächlich nur eine Vorstellung von dem ist, was wir meinen, daß wir fühlen *sollten.* Und in gleicher Weise glauben wir zu denken, während unsere Gedanken in Wahrheit nur die scheinlogische Einkleidung rachsüchtiger und destruktiver Gefühle sind. Die »wissenschaftlichen« Theorien vom »lebensunwerten Leben« der Behinderten in der Zeit des Dritten Reiches sind dafür ein extremes Beispiel.

Dieses Dilemma hängt eng mit der Möglichkeit zusammen, unser Denken und Fühlen voneinander zu trennen, die in der uns allen gemeinsamen Entwicklung begründet ist. Wir halten etwas für eine Funktion unseres Denkens, was in Wahrheit eine Funktion unserer Gefühle ist und umgekehrt.

Neigen wir erst einmal zur Trennung von Denken und Fühlen, also zur Entfernung von den Wurzeln unserer Gefühle, so besteht die Schwierigkeit darin, daß wir nicht mehr in der Lage sind, diesen Vorgang zu sehen. Aufgrund unserer Entwicklung werden wir bestrebt sein, uns nicht so zu sehen, wie wir sind, sondern so, wie wir meinen, daß wir gesehen werden sollten. Es werden Image und wirkliches Sein nicht isomorph sein, das heißt, sie werden sich nicht entsprechen. Und wenn sie sich nicht entsprechen, wird dieser Widerspruch der inneren Realität ständige Quelle von Angst sein. Die Angst wiederum wird die Abspaltung verstärken. Ein Beispiel: Das Image von Stärke steht im Widerspruch zum Mitgefühl, das wir für das Leid eines anderen haben, denn Mitgefühl wird mit Schwäche gleichgesetzt. Dieser Widerspruch bedroht uns mit dem Zusammenbruch, und die Angst davor zwingt uns erst recht, auf unsere Gefühle zu »verzichten«.

Dieser Vorgang läßt sich auch auf andere Art beschreiben: Die Vorstellung, daß Herrschaft Stärke ist und Hilflosigkeit Schwäche, ist unterschiedlich verbreitet – aber sie sitzt tief in uns allen. Wir halten diese Vorstellung für eine grundsätzliche Gegebenheit unserer Natur. Doch die Gefühle, die wir über Herrschaft und Hilflosigkeit haben, stimmen nicht überein mit jenen ganz natürlichen Gefühlen während unserer frühkindlichen Entwicklung, als wir gefüttert und von den schützenden Armen der Mutter gehalten wurden. Wenn wir später Hilflosigkeit und Herrschaft als Schwäche und Stärke spüren, sind solche Gefühle im Grunde nur Funktionen von Denkvorgängen, nicht aber Funktion unserer eigentlichen Natur und Erfahrung. Diese Denkvorgänge treten in einer bereits reduzierten Realität auf, die ihrerseits von der Unfähigkeit, Gefühle zu ertragen, bestimmt ist. Also wiederum ein Vorgang, dem Spaltung innewohnt.

In allererster Linie trennt die Unfähigkeit, Gefühle zu ertragen, das Denken vom Fühlen. Dies ist, obwohl es als das Charakteristikum schizophrenen Verhaltens gilt, die Wirklichkeit von uns »Normalen« und nicht die des Schizophrenen. In seinem Fall ist die Spaltung Ausdruck der Verweigerung, aufgesetzte und heuchlerische Gefühle hervorzubringen. Denn es ist nicht so, daß der Schizophrene die wirklichen Gefühle von Schmerz, Kummer, Verzweiflung oder Freude nicht ertragen könnte. Er weigert sich nur, mit ihrer Verzerrung zu leben. Wenn aber »normale« Menschen etwa Hilflosigkeit nicht ertragen, dann brauchen sie Entlastung durch eine »Realität«, die solches Erleben verachtet und die verleugnet, daß dem Erleben von Hilflosigkeit eine Kraft innewohnt, die zu wirklicher Stärke führt.

Diese Realität legt zwangsläufig – als Zeichen der Stärke – besonderen Wert auf die Eroberung dessen, was außerhalb der Grenzen des eigenen Selbst liegt. So kommt es zu einer trügerischen Inbesitznahme der eigenen Seele. Eugene O'Neill sprach einmal von einem Scheitern der USA, da sie immer darauf gerichtet seien, etwas außerhalb ihrer selbst zu besitzen, um in den Besitz der eigenen Seele zu kommen. Dadurch würden sie aber beides verlieren: die eigene Seele und das Eroberte.[14] Martti Siirala hat den gleichen Vorgang auf der individuellen Ebene beschrieben, wenn er vom »halluzinierten Besitz der Realität« als Kernerfahrung des angepaßten Menschen sprach.[15]

Eroberung und Macht dienen dazu, sich selbst zu bestätigen, man sei *in* seinen Gefühlen. Macht und alles, was sich daraus ableitet, scheinen aber nicht nur das Gefühl des Lebendigseins zu geben, sondern sie vermitteln auch einen falschen Begriff von der menschlichen Natur, wodurch diese wiederum verändert wird. Wenn nämlich der Mensch durch sein »Denken« und durch seine Unterwerfung unter das Diktat des Denkens (die innere Logik des Denkens läßt keine Korrektur zu, solange die wahren Gefühle und Erlebnisse abgetrennt sind) von seinem Inneren abgespalten bleibt, wird er nicht nur fortwährend in seiner Autonomie verletzt, sondern es werden auch Wut und Gewalttätigkeit entstehen. Das einzig Authentische in einem solchen Zustand unechten Fühlens ist die Wut. Aber sie wird verleugnet, wird unerkannt bleiben, weil das, was die Wahrheit ermöglichen würde – die wirklichen Gefühle –, die Ideologie der ausgedachten Gefühle bedroht.

Die Spaltung des Bewußtseins ist ganz offensichtlich ein zentraler Organisator vieler psychischer Strukturen. Das Abspalten der frühesten Erfahrungen macht nicht nur das Erleben der inneren Ganzheit unmöglich, sondern gibt auch das Modell ab für den Umgang mit Gefühlen der Hilflosigkeit und Schwäche. Wenn man den eigenen Schmerz nicht mehr in seiner Bedeutung wahrnehmen kann, dann fehlt auch die Übung im Umgang mit Hilflosigkeit, mit Schwäche, mit Ohnmacht. Hilflosigkeit wird darum zur überwältigenden Bedrohung, gegen die man sich durch Machtbesitz wappnen muß. Gelingt dies nicht, so wird die Erfahrung der Hilflosigkeit sehr rasch verlagert auf ein halluziniertes Ereignis, und dieses wird zur Ursache erklärt. Wenn sonst scheinbar normale Menschen ganz überraschend psychotisch reagieren mit blindwütiger Zerstörung, und zwar dann, wenn ihr Selbstwertgefühl verletzt wird – zahllose Beispiele dazu gibt es im Krieg oder bei beruflichem Versagen –, läuft ein solcher Vorgang ab.

Der Mensch kann nicht leben ohne Vertrauen. Vertrauen aber gewinnt er durch liebende Zuwendung. Säuglinge und Kleinkinder können ohne Zuwendung apathisch werden, dahinsiechen oder sogar sterben.[16] Selbst wenn es das Erlebnis des Geliebtwerdens – in welcher Form auch immer – nur einmal gegeben hat, liegt es in der Natur unserer Phantasie, daß wir die nachfolgende Leere selbst ausfüllen können – mit dem Ziel, das lebensnotwendige Gefühl einer Verbindung mit der Mutter aufrechtzuerhalten.

Wenn aber solche Phantasien unter Ausklammerung der schmerzlichen Erfahrungen aufgebaut werden, dann gründet sich das Selbst auf Macht und eine reduzierte seelische Basis.

Der amerikanische Psychiater Harry Stack Sullivan[17] wies einmal darauf hin, daß *eine* positive Erfahrung genüge, um in einem Menschen die Überzeugung entstehen zu lassen, er brauche nur das zu finden, was das »Richtige« zu tun sei, dann würde sich die gewünschte Erfahrung wiederholen. Hierbei spielt die Phantasie natürlich eine entscheidende Rolle: Sie spendet nun jene lebenserhaltende Tröstung, die nicht mehr aus der Realität geschöpft werden kann. Das ist einer der Wege, auf denen der Mensch »überbrückt«. Es gehört zu den tiefsten Verzweiflungen des Menschen, mit dem Verlust von Liebe leben zu müssen. Kinder können nicht in dem Bewußtsein leben, daß ihre Bedürfnisse und Wahrnehmungen abgelehnt oder verneint werden – es sei denn, die seelische Struktur ändert sich so weit, daß am Ende die wahren Bedürfnisse geleugnet werden können.

Um seine inneren Bedürfnisse zu verleugnen, muß das Kind sie ganz oder teilweise abspalten. Dies impliziert eine grundlegende Verdrehung. Um nicht wahrnehmen zu müssen, daß Vater und Mutter ihm Schmerz zufügen und es in Verzweiflung stürzen, sucht das Kind die Ursache in sich selbst. Die Tragödie, die zur Unterwerfung des Kindes führt, liegt nicht nur darin, daß es seine innere Welt abspaltet. Es muß darüber hinaus – um die Verbindung zu Mutter und Vater aufrechtzuerhalten, die ihm das Leben ermöglichen – den Liebesmangel als etwas empfinden, das von einem Defekt in ihm selbst kommt. Es wird darum ringen, die Eltern »umzustimmen«, und es wird dabei immer versuchen, den Fehler in sich selbst zu finden. So nimmt das Kind die vermeintliche Schuld an dem Liebesmangel, den es spürt, auf sich und beginnt ein Leben mit Träumen und Phantasien, die das Bedürfnis nach Macht schüren, um diesen »Fehler« zu überwinden.

Wenn sich ein Kind dem Rahmen, den ihm der elterliche Wille gesteckt hat – er ist davon bestimmt, wie die Eltern das Kind sehen –, anpassen kann, dann wird diese Anpassung eine Strategie des Überlebens sein. Es wird die Vorgänge in seinem Inneren beiseite schieben, seine eigenen Bedürfnisse, Erwartungen und Wahrnehmungen mißachten und wird sein Leben auf dem aufbauen, was außerhalb seiner selbst ist. Dabei verändert sich auch das Bild der

Realität in Anpassung an die scheinbare Kohärenz einer Welt der unechten Gefühle. Deshalb entwickelt sich das Selbst des Kindes ohne Wahrnehmung von Schmerz und Tod, gleichzeitig widmet es sich aber, ohne es zu wissen, dem Schmerz und dem Tod.

Der zentrale Punkt in der seelischen Entwicklung des Menschen liegt in der Frage, welche der beiden grundlegenden Entwicklungsmöglichkeiten gewählt werden: die nach außen oder die nach innen. Die Entwicklung nimmt die Richtung zum *Inneren,* wenn sie von einer Liebe begleitet ist, die dem Kind die Möglichkeit gibt, Hilflosigkeit als etwas zu erleben, womit es nicht alleingelassen wird. Wird das Erleben von Hilflosigkeit auf diese Weise eingebettet, so wird es nicht als völlige Verlassenheit oder Verurteilung empfunden, sondern als Ausgangspunkt der Erfahrung, daß man nicht zerstört wird, sondern durch Schmerz und Leid hindurch zu neuer Kraft findet. Diese Erfahrung führt zur Entwicklung eines Selbst, das Hilflosigkeit nicht als tödliche Bedrohung empfindet, sondern als die Möglichkeit zu neuer Integration und damit zur Möglichkeit, immer wieder neu zu beginnen.

Die andere Richtung, die *nach außen* führt, spaltet das Erlebnis der Hilflosigkeit ab, leugnet die innere Welt und unterwirft sich einem Leben im Sinne einer Ordnung, die von außen kommt: mit Bedürfnissen und Wahrnehmungen eines ausgedachten Lebens, in dem grundsätzlich den anderen – erst den Eltern, später der Schule, der Gesellschaft, dem Staat – die Befehlsgewalt eingeräumt wird. Der verleugnete Schrecken der Hilflosigkeit – als tödliche Gefahr erlebt – wirkt aber fort und wird zu einer dem einzelnen nicht bewußten Motivation seines Lebens. Innen und außen sind Lebensdimensionen für uns alle. Sie können aber auch zu unvereinbaren Gegensätzen werden. Ob diese Dichotomie eintritt, entscheidet darüber, ob wir ein voll verantwortliches Leben führen oder nicht, ob wir uns selbst und das Leben bejahen oder ob wir uns der Destruktivität und dem Haß auf das Leben ergeben, die Verantwortung aber immer anderen zuschieben.

Die klassische Psychoanalyse betont die Allgegenwart eines angeborenen egoistischen Luststrebens. Damit hat sie die Spaltung nicht nur verschleiert, sondern auch gefördert. Diese Betonung läßt uns die Lebendigkeit des Kindes fürchten, denn die Psychoanalyse hat diese gleichgesetzt mit einem angeblich vorhandenen Hang zur Omnipotenz und egoistischem Streben nach schrankenloser Lust.

Damit hat sich die Psychoanalyse, wohl ohne es zu beabsichtigen, auf die Seite angemaßter Autoritäten und gegen das Kind gestellt. Dies ist paradox, aber spiegelt nichts weiter, als daß wir alle an die eigene Vergangenheit gekettet sind, Freud davon nicht ausgenommen, der in seinem ganzen Denken und Arbeiten das Kind in den Mittelpunkt stellte. Aarne Siirala hat das sehr gut beschrieben: »Die von Freud angeführte therapeutische Bewegung schuf eine Rückbindung an den Ausgangspunkt menschlichen Lebens und Wachsens; von dieser Basis ist der Mensch entfremdet durch seine Anstrengung, alles in die Hand zu bekommen und die Realität unter Kontrolle zu bringen im Rahmen der industriellen Gesellschaft.«[18]

Wird das libidinöse Streben nach Lust beim Kind behandelt, als sei das die Hauptfrage seiner Entwicklung, so wird seine Sozialisation als ein Bollwerk gegen seine »instinktiven« Triebe gesehen und nicht als ein natürlicher Wachstumsprozeß, der sich aus sich selbst weiterentwickelt. Sieht man die Triebe im grundsätzlichen Widerspruch zur sozialen Entwicklung, muß die menschliche Natur zwangsläufig als negativ und destruktiv erscheinen. Eine so gesehene Sozialisation spiegelt nichts anderes als die eingefahrene Sicht menschlicher Beziehungen: zwischenmenschliche Beziehungen als eine Frage der Machtverhältnisse. So wird behauptet, das Kind möchte zu Macht und Allmacht gelangen, aber der Erwachsene müsse dies im Namen des »Realitätsprinzips« verhindern. Um dem Kind den rechten Realitätsbezug zu vermitteln, um ihm zur Anpassung zu verhelfen, müsse es dazu gebracht werden, seine Triebe zu »beherrschen«. Dies bedeutet, daß es seine Bedürfnisse als störend erlebt. So lernt das Kind, daß es geliebt wird, wenn es sich erfolgreich dem Willen der Eltern unterwirft. Und etwas beherrschen heißt dann für das Kind, die eigenen Bedürfnisse zurückzustutzen oder zu »sublimieren«, statt sie im Austausch mit der Umwelt zu entwickeln, und seinen Gefühlen zu mißtrauen. Die Psychoanalyse hat den grundlegenden psychischen Konflikt angesiedelt zwischen dem Trieb und den Anforderungen der Kultur. Das »Lustprinzip« mußte durch das »Realitätsprinzip« in Schach gehalten werden. Und so wurde Sozialität zu einer Funktion kulturell entwickelter Werte, die nun einmal in einem grundsätzlichen Widerstreit zur immerwährenden menschlichen Natur lägen.

Mit großem Mut hat Freud die Verbindung des Individuums mit

seiner eigenen Geschichte neu geknüpft, aber doch nur teilweise wieder hergestellt, da er – ein Kind seiner Zeit – zurückschrak vor dem Potential für menschliche Autonomie, das in der Analyse der Kindheit hätte sichtbar gemacht werden können. Darum hat er seine klinischen Befunde zum Teil falsch interpretiert.[19] Heute können wir das besser verstehen, wenn wir davon ausgehen, daß autonome Bestrebungen die Neigung haben, sich zu verbergen, sich hinter Symptomen pathologischen Andersseins zu verstecken.

Natürlich wiesen Freuds Patienten die von ihm beschriebenen Formen von autoerotischer Fixierung auf, sichtbar durch und in ihrer sozialen Isolation, wenn sie sich nur mit sich selbst zu beschäftigen schienen, zum Beispiel unablässig onanierten. Freud aber hielt diese Entwicklungen für die tatsächlichen Formen der Triebstruktur nicht nur seiner Patienten, sondern darüber hinaus für die des menschlichen Lebens schlechthin. Er übersah das folgende: Wenn ein Säugling daran gehindert wird, seine Persönlichkeit durch selbständige Reaktionen auf die elterliche Fürsorge zu entwickeln, dann entwickelt er sich in Abhängigkeit, und das Ausagieren oraler, analer und genitaler Fixierungen wird zur einzigen Möglichkeit des Selbstausdrucks. Die Fixierungen des Kindes an die »Partialtriebe«, die ein Kunstprodukt der Gesellschaft sind, und seine angeblichen Machtkämpfe zur Durchsetzung dieser »Trieb«-Ansprüche sind nicht Ausdruck einer angeborenen Triebstruktur, sondern der Fähigkeit des Kindes, die Eltern genau mit dem zu konfrontieren, wovor sie am meisten Angst haben. Die Erwartungen und Ängste der Eltern sind es, die den Schlüssel zu dieser Art Entwicklung liefern, und nicht die Instinkte des Kindes, die man ihm unterstellt.

Die Triebtheorie, die Freud aufgrund der Beobachtungen an seinen Patienten entwickelte, betrachtet die »Instinkte« als grundsätzlich sozial negativ. Man könnte die Symptome aber viel überzeugender interpretieren, nämlich als Ausdruck des menschlichen Strebens nach Autonomie, das gleichsam in den Untergrund gegangen ist. Erst wenn einer ein so schlechter Mensch oder ein so schlechtes Kind geworden ist, wie Eltern, Schule, Gesellschaft insgeheim von ihm erwarten – also genau das entwickelt, was ihm mit Zwangsmitteln ausgetrieben werden soll –, erst dann kann er sich außerhalb der Reichweite der Autoritäten fühlen. Ganz in diesem Sinne eröffnete mir einmal ein Patient: »Sie können *mich* nicht erreichen, wenn ich mich so verhalte, wie Sie es haben möchten.«[20] Indem er vorwegnahm, was der andere – in diesem Fall der Therapeut – dachte und wollte, blieb er selbst »frei«. Er mußte nicht sich selbst in seine Handlungen einbringen, da er nur das tat, was andere von ihm erwarteten. Man konnte ihn nicht erreichen, weil er seinen eigenen Willen nicht preisgab. Das gab ihm die Illusion von Freiheit. Er hatte nur eine einzige Quelle der »Genugtuung«: die heimliche Verachtung derer, die sein gutes Benehmen für echt hielten. Und diese Verachtung wiederum wurde direkt gespeist von seinem Selbsthaß, der aus der täglichen Unterwerfung seiner eigenen Möglichkeiten unter den Willen anderer resultierte.

Die wirkliche Autonomie, die echten Bedürfnisse nach Nähe und das Bedürfnis, die Welt mit eigenen Augen zu sehen, werden aufgegeben zugunsten von Abhängigkeit. Diese hat zwei Aspekte. Einmal: »Ich bin so hilflos und abhängig, wie du mich haben möchtest. Deshalb mußt du mich immer führen und mich korrigieren, ich habe ja keinen eigenen Willen.« Mit dieser Unterwerfung, die weitgehend unausgesprochen und oft völlig unbewußt ist, nimmt man zugleich Rache. Man besteht auf der Fürsorge und auf der Abhängigkeit sowie darauf, daß sich nichts ändert. Und noch etwas Entscheidendes kommt hinzu: Dies ist die Methode, nie sich selbst verpflichtet sein zu müssen, denn man folgt nur Befehlen.

Gehorsam wird dann zum eigentlichen Sinn des Lebens. Es sei an die Kriegsverbrecher erinnert, die diese Entschuldigung oft vorbringen. Sie sollten uns endlich die Augen öffnen für die wahre Bedeutung jeder Art von Gehorsam. Unter dem Deckmantel des Befehls geschahen alle Arten von Grausamkeiten und Mordtaten, ohne daß einer die Verantwortung dafür hat übernehmen müssen. In einem gewissen Sinn ist diese Entschuldigung sogar richtig: Die eigene Seele hatte nichts damit zu tun, sie wurde außer Reichweite dessen gehalten, dem man gehorsam war. Dieser trug schließlich die Verantwortung. Unter dieser Voraussetzung fällt es solchen Menschen auch nicht schwer, die Herren zu wechseln.

Nicht selbst die Verantwortung zu tragen ist Bestandteil der Grundlüge. Sie verdeckt, was die ursprüngliche Entscheidung – *die* Lebensentscheidung – war: nämlich sich mit der Unterwerfung abzufinden und sein inneres Leben aufzugeben, um an der Macht zu partizipieren. An genau diesem Punkt fällt die Entscheidung darüber, ob ein Mensch Selbstverantwortung und die Verantwortung anderen gegenüber entwickelt. Dieser Punkt bleibt im dunkeln, wenn man nur die verschiedenen Formen gesellschaftlicher Repression namhaft macht, das menschliche Sein nur in einem Reiz-und-Reaktions-Schema sieht und die Möglichkeit der Autonomie außer acht läßt.

Der zweite Aspekt der Abhängigkeit: Wenn das Kind den schlimmsten Befürchtungen seiner Eltern entspricht, entzieht es sich zwar ihren Forderungen, unterwirft sich aber ihren großenteils unartikulierten Negativvorstellungen. Dabei kann es sich rachsüchtig im Recht fühlen, wenn es für ungehorsam gehalten wird. Schließlich hat es doch genau beachtet, was die Eltern »wirklich« wollten – und nun lehnen sie dieses Verhalten ab!

Diese Art der negativen Abhängigkeit bringt die Formen der Triebfixierung hervor, von denen Freud sprach. Es kommt zu einem illusionären Gefühl der »Unabhängigkeit«, zu einem Gefühl, daß man sich selbst in der Hand habe. Masturbation, übermäßiges Essen, Verweigerung von Essen und anderes extrem selbstbezogenes Verhalten sind Verhaltensmuster, die suggerieren, man sei Herr der eigenen Stimulation. Solche Zwänge treten dann an die Stelle eines echten Lebens. Sie nähren die Illusion der Unabhängigkeit und täuschen über die tatsächlich fortbestehende Abhängigkeit hinweg, gegen die sie verzweifelt, aber wirkungslos rebellieren.

Das Hauptproblem der Psychoanalyse liegt darin, daß sie mit ihrer Theorie der Unvereinbarkeit von Triebanspruch und Kulturentwicklung selbst den Verzerrungen einer Kultur zum Opfer fiel, die im Namen der Liebe die Preisgabe der Autonomie erzwingt. Wenn sie die Folgen dieser Verzerrung – Oralität und Abhängigkeit – als fundamentale Lebenstriebe ausgibt, verschleiert die Psychoanalyse nicht nur die gesellschaftlichen Prozesse, die zur seelischen Spaltung führen, sondern leistet ihnen Vorschub. So geben sich viele Therapeuten in der Praxis mit den Schatten von Leben, aber nicht mit dem Leben selbst ab. Statt ihren Patienten zu ihrer eigenen Wahrheit zu verhelfen, die diese erkannt haben, jedoch ohne die Kraft, sie auszuhalten, legen sie sie auf fiktive Krankheiten fest.

Ist unser Blick jedoch nicht getrübt von solchen Vorurteilen über die kindliche Entwicklung, können wir sehen, daß Kinder ganz offensichtlich von Geburt an die Fähigkeit zu integrativer, also nicht gespaltener Annäherung an die Welt haben. Man findet bei

Säuglingen und Kleinkindern nicht von vornherein Allmachtsgefühle – es sei denn, Wut und Verzweiflung über unangemessene Reaktionen auf ihre legitimen Bedürfnisse werden als solche interpretiert: Erst so entstehen tatsächlich Machtkämpfe – der Erwachsene erwartet sie.

Das Kleinkind ist nicht von autoerotischen Bedürfnissen getrieben, sondern es sucht nach den stimulierenden Reizen, auf die es während seiner uterinen Existenz im Austausch mit seiner Mutter vorbereitet wurde. Seine Bedürfnisse und Erwartungen entwickeln sich in der Folge dieser frühesten Wechselbeziehungen.[21] Diese frühen Verhaltensmuster kennzeichnet vor allem die niedrige Intensität der Stimulation. Daher richtet der Säugling von Anfang an sein Bestreben darauf, neue Quellen der Stimulation zu finden, und zieht seine Befriedigung nicht – wie es die Psychoanalyse gerne möchte – daraus, alte Stimulussituationen zu verewigen. Ich möchte noch hinzufügen, daß die Vorgänge, die das Leben aus biologischer Sicht erhalten, auf niedrigen Stimuluswerten basieren. Zu starke Reize führen dazu, daß die Annäherung an die Reizquelle gemieden oder unterbrochen wird. Der größte Teil der psychoanalytischen Theorie baut auf Stimulusvermeidung auf (Beseitigung von Unlustgefühlen und Vermeidung von Gefahr). Deswegen auch versagt sie als Universaltheorie der menschlichen Psyche.[22]

Wo wir zwanghaften Verhaltensmustern der Selbststimulierung begegnen – eine Extremform ist die Weltverweigerung des Autismus[23] –, handelt es sich nicht um ein Steckenbleiben in natürlichen Entwicklungsstadien, sondern um Fehlentwicklungen. Der Rückzug in die Selbststimulierung und in Formen omnipotenten Verhaltens sind Ausdruck eines *Versagens* im Prozeß der Entwicklung zur Autonomie. Sie sind nicht Ausdruck einer angeborenen und universalen Tendenz, vor der der Mensch durch die Zwänge der Sozialisation bewahrt werden müßte. Die Annahme von Natur aus asozialer universeller Triebe verschleiert, daß die Triebe nicht die bestimmenden Faktoren der Entwicklung, sondern selbst bereits Ausdruck von Problemen in der Entwicklung sind. Der Triebbegriff als Erklärungsmodell hat die Erkenntnis verhindert, daß der Kampf um die Autonomie das Kernproblem der kindlichen Entwicklung ist.

Autonomie als integrierende Kraft selbstgesteuerter Persönlichkeitsentwicklung hat nichts zu tun mit Vorstellungen der eigenen

Wichtigkeit oder Einzigartigkeit. Solche Vorstellungen leiten sich von einer Ideologie des Selbst ab, die bewußt oder unbewußt dem Prinzip von Kontrolle und Beherrschung anderer als Quelle des eigenen Selbstwertes folgt. Sogar der Rebell, den sein ungestilltes Verlangen nach Liebe in militante Opposition treibt, bleibt in dieser Ideologie des falschen Selbst befangen. Denn er mißversteht Autonomie als »Freiheit«, Beweise für Stärke und Überlegenheit zu liefern. Es ist nebensächlich, ob die *Form* dieser Beweise im Widerspruch oder im Einklang mit den sozialen Normen steht. Entscheidend ist der Zwang zur anhaltenden und ungehemmten Selbstbestätigung. Und dies ist ein kriegsähnlicher Zustand, der weit entfernt ist von der Fähigkeit, das Leben zu bejahen.

Autonomie, wie ich sie verstehe, ist ein ganzheitlicher Zustand, in dem sich die Fähigkeit verwirklicht, im Einklang mit den eigenen Bedürfnissen und Gefühlen zu leben. Damit sind nicht die Gefühle und Bedürfnisse gemeint, wie sie von der Konsumgesellschaft künstlich erzeugt werden, sondern solche, die aus der Freude erwachsen, die die Liebe einer Mutter zur Lebendigkeit ihres Kindes hervorruft, oder aus dem Leid, wenn sie fehlt. Allein die unverfälschten Reaktionen des Kindes auf seine wahre Situation sind die Quelle seiner autonomen Entwicklung. Nur wenn es weder Wahrnehmungen noch Gefühle verleugnen muß, bleibt es in Verbindung mit den inneren und äußeren Erfahrungen, die sein Wachstum stimulieren, und kann beide miteinander verknüpfen. Nur so behält es den Kontakt mit den Wurzeln seines Gefühls, lebendig zu sein. Und dann wird es auch die Verantwortung dafür übernehmen können, wohin sich seine Lebendigkeit entwickeln wird.

Wird diese Verbindung jedoch gestört, dann wird das Kind beginnen, sich ausschließlich nach der Realität zu richten, die ihm von außen aufgezwungen wird. (Es ist die Realität der Macht, die ausschlaggebend dafür war, daß es sich von seiner eigenen inneren Lebendigkeit abgetrennt hat!) Und es wird in sich einen Selbsthaß nähren, der es immer tiefer in diese Lebensorientierung treibt.

Klaus Barbie, der gefürchtete Gestapo-Chef von Lyon, machte einmal ein bezeichnendes Eingeständnis. Er wurde zur Folterung und Ermordung des französischen Widerstandskämpfers Jean Moulin befragt und sagte: »Als ich Jean Moulin verhörte, hatte ich das Gefühl, daß er ich selbst war.«[24] Mit anderen Worten: Je mehr er in Jean Moulin sein eigenes, zurückgewiesenes Selbst erkannte, um so mehr mußte er ihn – also sich – hassen und töten.

Dieses seltene Eingeständnis macht offensichtlich, daß Haß aus Selbsthaß entsteht. Der Mörder erkennt in seinem Opfer sein eigenes Selbst. Es ist aber ein Selbst, das er zu fürchten begonnen hat, als es nicht in das elterliche Selbstwertgefühl paßte, so daß Mutter oder Vater das Kind zwangen, sich ihrem Willen zu unterwerfen. Ein solches Kind wird dafür später Rache nehmen wollen, es wird als erwachsener Mann danach trachten, dafür geliebt zu werden, daß er anderen Leid zufügt, und gleichzeitig wird er ein solches Handeln entschieden leugnen.

Ist so die Entwicklung eines Mannes verlaufen, wird in der bedrängenden Lage, in der sich sein Opfer befindet, nicht nur das eigene, lang zurückliegende Leiden reaktiviert, es wird das, was von seiner eigenen Menschlichkeit übriggeblieben ist, nun wieder erwachen. Deshalb reagieren solche Männer auf das, was die Reste ihres eigenen Selbst wieder hervorholt, ausnahmslos mit gesteigerter Verachtung und mit Haß, um so die Stimme des Opfers, das sie so sehr in sich selbst hassen, zum Schweigen zu bringen. Die Beziehung zur eigenen Menschlichkeit ist zerstört, weil diese Männer in ihrer eigenen, lang zurückliegenden Geschichte, die eng mit dem Gefühl von Schwäche verbunden ist, die ausbeutende Liebe ihrer Eltern auf Befehl in »wahre« Liebe umdeuten mußten.

Ich habe in erster Linie von Männern gesprochen, obwohl natürlich ebenso Frauen den Zugang zu ihren Gefühlen verlieren können – die schrecklichen Berichte über weibliche KZ-Aufseherinnen haben uns darüber belehrt. Denn in unserer Kultur, die beherrscht ist von der Ideologie der männlichen Überlegenheit, gründet die weibliche Selbstachtung nur zu oft auf den männlichen Kriterien und verleugnet die eigenen weiblichen Eigenschaften.

Diese unglückliche Entwicklung von Frauen ist mitverantwortlich sowohl für den unbewußten Groll einer Mutter gegen den eigenen Sohn, als auch für dessen Überschätzung. Diese Überschätzung verstärkt in der Mutter das Bedürfnis, den Sohn zu beherrschen, um ihn für die Steigerung ihrer eigenen Selbstachtung zu benützen. Forschungen von James R. Cameron und mir[25] haben die Komplexität dieser Vorgänge aufzudecken versucht. Wie sehr sie im Verborgenen wirken, zeigte Cameron, als er feststellte, daß es nach der Geburt eines Sohnes bis zu drei Jahren dauern kann, ehe die ablehnende Haltung der Mutter sichtbar wird. Ähnliches konnte ich in einer Arbeit aufzeigen: Der Schlüssel für schizoides und überintellektuelles Verhalten bei Männern liegt in der kulturellen Überbewertung des männlichen Kindes und in der daraus resultierenden größeren Ambivalenz der Mutter ihrem Sohn gegenüber. Sie lehnt ihn ab, weil seine Überschätzung ihre eigene weibliche Bedeutung leugnet, gleichzeitig ist der Sohn für sie die Quelle ihrer Selbstachtung in einer vom männlichen Mythos beherrschten Welt. Daraus erklärt sich auch, daß Mädchen weniger den mütterlichen Ambitionen ausgesetzt sind, gleichwohl sind Mädchen nicht immun gegen solche Zwänge. Doch welches Geschlecht auch immer ein Kind hat: Wird es erst einmal zum Objekt ausbeutender Liebe, die als »wahre« Liebe ausgegeben wird, so erfährt es eine grundlegende Verzerrung seiner Einstellung zum Leben. Es erlebt, daß nicht der, der ihm Leid zufügt, im Unrecht ist, sondern daß sein eigenes inneres Sein »fehlerhaft« ist. Die Rechtfertigung der falschen Liebe kann dann geradezu zum Lebensinhalt werden: Wer die Menschen unterdrückt und peinigt, meint es gut mit ihnen. Dies wird ganz konkret sichtbar, wenn eine ausbeutende, manipulierende und dominierende Mutter als gute Mutter verteidigt wird. (Was natürlich genauso gegenüber einem Vater geschieht.)

Diese ganz grundsätzliche Lebenslüge beinhaltet mehreres gleichzeitig:

- Sie verneint wahre Liebe, haßt sie, weil das eigene Innere für fehlerhaft erklärt worden war. Wahre Liebe wird nicht ertragen, weil man einmal akzeptiert hat, daß das eigene Selbst die Ursache für die elterliche Unterdrückung war, und weil man alles ablehnt, was dem widerspricht, um nicht die Eltern hassen zu müssen. Einzig die falsche Liebe, die Wohlverhalten belohnt, ist nun das Ziel aller Anstrengungen. Das Bemühen, es denen recht zu machen, die uns als Menschen eigentlich negieren, wird zur treibenden Kraft im Leben.

- Pflichterfüllung tritt damit an die Stelle persönlicher Verantwortung – ein hervorstechendes Merkmal unserer Zeit. Abstrakte Ideen können dabei die dominierenden Eltern ersetzen, von deren falscher Liebe man Bestätigung erhofft hat. Pflichterfüllung wird zur überpersönlichen Motivation des Handelns und vermittelt ein Ersatz-Gefühl des Lebendigseins.
- Eine solche Lebenslüge leugnet, daß man sich aus Schwäche dem Willen eines anderen überantwortet und die eigene Authentizität verwirkt hat, um an der Macht teilzuhaben. Machtteilhabe als Überlebensstrategie und Kompensation des Gefühls der Schwäche zwingt ihrerseits zum Festhalten an der Lebenslüge.

Über Pflichtbewußtsein

Wenn die Pflichterfüllung durch den sozialen Druck zur dauernden Antriebsfeder wird, verstärkt sich fortwährend die Bereitschaft, sich dem Willen eines anderen zu unterwerfen. Außerdem wird immer weiter beschnitten, was noch vom Gefühl der Eigenverantwortlichkeit – und der Fähigkeit zum Mitgefühl – übriggeblieben ist. Pflichterfüllung wird ein willkommener Weg, auf dem man der persönlichen Verantwortung, die durch Mitgefühl erwachen könnte, entkommen kann. Hat man sich für die Pflichterfüllung entschieden, so entgeht man auch dem Schmerz, der von dem eigenen Mitgefühl hervorgerufen werden könnte. Ein so von der Pflicht besessener Mensch ist sogar dazu bereit, in treuer Pflichterfüllung zu sterben – und diese abstrakte Idee hält er für Verantwortlichkeit.

Die wahre Natur einer solchen »Verantwortlichkeit« entlarvt sich nirgends besser als durch die wiederkehrende Rechtfertigung, die Kriegsverbrecher vorbringen: »Ich stand unter Befehl.« Und dem folgt zwangsläufig der Satz: »Man – eine Autorität – hat mich dazu veranlaßt.« Dies macht den wirklichen Hintergrund aller Pflichterfüllung, die sich an Abstraktionen orientiert, offensichtlich. Ihr Kennzeichen ist es, daß jemand die Eigenverantwortung meidet, die aus der Konfrontation mit den eigenen Maßstäben entstehen könnte. Davon schrieb Jakob Wassermann in ›Der Fall Maurizius‹: »Ich meine nämlich, Gut und Böse entscheiden sich nicht im Verkehr der Menschen untereinander, sondern ausschließlich im Umgang des Menschen mit sich selbst.«[26]

Ausschlaggebend für diese Beziehung zu sich selbst ist die empathische Erfahrung, die ein Mensch sowohl mit seinen eigenen Leiden und Freuden als auch mit denen anderer Menschen gemacht hat. Ob diese Fähigkeit lebendig oder abgestorben ist, hängt ab von den Erfahrungen, die ein Kleinkind in der körperlichen Nähe der Mutter gemacht hat. Es lernt im wahren Sinn des Wortes, an der Brust der Mutter »die Welt mit seinem suchenden Mund und seinen tastenden Sinnen wahrzunehmen«.[27] Die Unmittelbarkeit solcher Gefühle vermittelt bereits dem Säugling Leid und Freude des Menschseins.

Wir alle haben diese Erfahrung gemacht, aber sie wird durch den auf uns einwirkenden gesellschaftlichen Druck verzerrt, und unserem Selbst wird eine äußerliche Richtung gegeben. Wenn diese Veräußerlichung uns völlig von unseren empathischen Fähigkeiten abzutrennen vermag, geht auch unsere Fähigkeit verloren, zwischen Pflicht und Verantwortung zu unterscheiden. Diese erscheinen dann als ein und dasselbe, und wir bemerken nicht mehr, daß Menschen, die verantwortungsvoll zu handeln scheinen, in Wirklichkeit nichts anderes tun, als irgendwelchen abstrakten Vorstellungen zu gehorchen. Wo auf dem politischen Spektrum einer angesiedelt ist, spielt dabei keine Rolle. Ein Selbst, das sich nach dem Prinzip der Macht organisiert hat, wird immer darauf bestehen, daß es sich in Übereinstimmung mit der jeweiligen politischen Ideologie verantwortungsbewußt verhält. Doch die wahre Natur eines solchen Seins wird in seiner ganzen Äußerlichkeit offensichtlich, wenn wir beobachten, wie leicht solche »verantwortungsbewußten« Menschen ein ganzes Bündel von »Verantwortungen« in den Wind schlagen und die Richtung wechseln können, sobald die Macht in andere Hände übergeht.

Dieses Phänomen des plötzlichen Wechsels in eine entgegengesetzte Richtung charakterisiert die Ergebenheit eines Menschen an die herrschenden Regeln, an einen Führer oder eine politische Ideologie und demonstriert sehr anschaulich, was es mit dem auf sich hat, was wir gewöhnlich unter »Identität« verstehen. Dieses Phänomen zeigt, daß viele Menschen glauben, Identität und Pflicht seien tatsächlich dasselbe. Pflichttreue und Pflichterfüllung werden für »Identität« gehalten. Wo immer das geschieht, kann man sicher sein, daß kein eigenes inneres Selbst vorhanden ist. Die Geschichte Nazi-Deutschlands demonstriert dies äußerst drastisch.

Kaum war die Nazi-Herrschaft zu Ende, vertauschte man, ohne die Heuchelei zu bemerken, die Treue zum Nationalsozialismus mit dem Gehorsam gegenüber den neuen demokratischen oder kommunistischen Normen. Die Lektion des Nazitums ist nicht nur eine Geschichtslektion über Machtpolitik, Gier, Größenwahn und über das Böse, sondern sie lehrt auch, was Männer und Frauen zu tun imtande sind, wenn sie keine Beziehung zu ihrem inneren Sein haben. Dies zu erkennen könnte dazu beitragen, uns heute vor Ähnlichem zu bewahren. Denn solche Menschen sind nach wie vor überall unter uns. Statt politischen Ideologien folgen sie heute zum Beispiel den Gesetzen des geschäftlichen Erfolges. Und so können sie noch öfter die Loyalitäten, also die Identitäten, wechseln. Wie flexibel man auf die Anforderungen immer neuer Loyalitäten – und damit kollektiver Identitäten – zu reagieren vermag, ist zum Gütesiegel der Anpassungsfähigkeit und des »Realitätssinns« geworden. Dies erschwert es heute sehr, die Gefahr zu erkennen, die diese Anpassungsfähigkeit für die Menschheit darstellt.

Die Nazi-Zeit bietet sehr anschauliche Beispiele dieser Entwicklung. In Albert Speer, unter anderem Hitlers Rüstungsminister, kündigte sich sehr deutlich dieser moderne Typus des erfolgreichen Managers an, wie wir ihn heute kennen: ein verbindlicher Mann, genial im Erspüren und Ausnützen der gerade tonangebenden Strömung, elegant, scheinbar einem großen, überpersönlichen Ziel ergeben, allem gegenüber aufgeschlossen – und deshalb amoralisch und trotz der Brillanz seines Auftretens ohne innere Identität.

Als Albert Speer im Nürnberger Prozeß vom amerikanischen Hauptankläger Robert H. Jackson verhört wurde, kam ein Mann zum Vorschein, der nicht die geringste Empfindung hatte für die Widersprüche zwischen dem, was ist, und dem, was sein sollte. Während des Krieges schickte er Zwangsarbeiter in die Rüstungsfabriken, ohne einen Gedanken an ihre Rechte und an ihr Wohlergehen zu verschwenden. Ihn interessierte nur die Anzahl. Obwohl dieser Mann den völligen Mangel menschlicher Regungen während seiner Tätigkeit offenbarte, beeindruckte er – nicht zuletzt in seinen 1969 erschienenen ›Erinnerungen‹ –[28] mit seiner Weltgewandtheit, seiner scharfen Beobachtungsgabe und: mit seinem Wissen, *was man zu fühlen hat*. Und genau das ist der entscheidende Punkt. Der moderne Mann dieses Typus *weiß*, welche Gefühle er zu haben hat, doch er *erlebt* nicht die widerspruchsvolle Spannung, die entstehen würde, würde er tatsächlich mit seinen Gefühlen leben. Denn dann würde er mit den Widersprüchen konfrontiert zwischen seiner Sicht der organisatorischen Notwendigkeiten und Ziele, für die er sich einsetzt, und der empathischen Wahrnehmung des Leidens der betroffenen Menschen. Ein Mann wie Speer, der nur zu gut wußte, was man zu fühlen hat, verkörpert den seelenlosen Manager, der es versteht, die Öffentlichkeit davon zu überzeugen, welch ein gefühlvoller Mann er ist. Auch seine früheren Feinde glauben es. So schrieb die ›New York Times‹ in ihrem Nachruf auf Albert Speer ganz überwältigt von seiner »Menschlichkeit«.[29] Doch er war nur ein Mann, dem *alles* möglich war, also auch die politische Kehrtwendung nach dem Zusammenbruch des Dritten Reiches.

Wenn wir solches Verhalten als realitätsbezogen einstufen, gerät die dahinter liegende Pathologie aus dem Blick: nämlich das Fehlen eines authentischen Selbst und die Fähigkeit, sich unter dem Deckmantel effizienter Organisation zerstörerischen und mörderischen Handlungen zu widmen. Ein konservativer deutscher Adliger, Friedrich Reck-Malleczewen, der 1945 im KZ Dachau ermordet wurde, beschrieb diesen Albert Speer als einen Mann, der »in seiner konstruktiven Visage diese widerlich mechanistische Bubenseele seiner Generation offenbart«.[30] Dieser konservative Mann, dessen Widerstand gegen den deutschen Faschismus aus dem Kern eines Menschen kam, der Mitgefühl und deshalb moralisches Empfinden hatte, erkannte ganz unmittelbar die Seelenlosigkeit des Konformisten. Genau diese Speers sind es, die mit ihrer Fähigkeit, sich an die »Realität« anzupassen, die erfolgreichen Manager eben dieser Realität werden.

Hans Frank, der mit neununddreißig Jahren Generalgouverneur im besetzten Polen wurde, ist ein anderes Beispiel, das ebenfalls den heutigen Erfolgsmenschen illustriert. Er hat sich perfekt in jede

Lage eingefügt und immer die passende Rolle zu spielen gewußt, was er selbst freilich mit Ehrlichkeit verwechselte. Nach einer Verhandlung während des Nürnberger Prozesses, den er als »gottgewolltes Weltgericht« und als notwendige Untersuchung der Schreckensherrschaft begrüßte, sagte er zu dem amerikanischen Gerichtspsychologen Gustave Mark Gilbert: »Ich denke, es macht den Richtern wirklich Eindruck, wenn einer von uns ehrlich und offen ist und nicht versucht, die Verantwortung abzuschieben. Glauben Sie nicht? Ich war wirklich erfreut darüber, wie meine Aufrichtigkeit sie beeindruckte.«[31] Dies wirft ein bezeichnendes Licht auf einen Menschen, der gemäß der Natur ausgedachter Gefühle tatsächlich Gefühle auftreten lassen kann. Er war, wie Gilbert es formulierte, »der Schausteller seines Gewissens«,[32] der weder Scham noch Trauer spürte oder angesichts seiner Taten Schuld, sondern nur die Rolle spielte, die seine Vorstellung von Gewissen ihm diktierte. Dieser Mann spielte dem Auditorium die Dramatisierung von Scham vor, nicht deren wirkliches Erleben.

Unfreiwillig führt uns Hans Frank auch vor, daß der Wechsel der Identität ein von außen abgeleitetes Selbst kennzeichnet. In seiner weiteren Unterhaltung mit Gilbert sprach er auch über seine »Ergebenheit« an Hitler. »Die drei Tage nach Hitlers Selbstmord waren der Wendepunkt meines Lebens. Als unser Führer hat er die ganze Welt in Bewegung gesetzt, und dann verschwand er einfach – ließ uns zurück und überließ uns die Schuld an allem, was passiert war.« Nachdem Frank seinen Gehorsam auf die demokratischen Sieger verlagert hatte, erläuterte er seine Ergebenheit an Hitler folgendermaßen: »Wissen Sie, die Menschen sind so weiblich ..., so emotional, so wankelmütig, so abhängig von Moden und äußeren Umständen, so beeinflußbar ..., so bereit zu gehorchen ..., es ist nicht nur Gehorsam, sie unterwerfen sich wie eine Frau.«[33] Seine Verachtung den Frauen gegenüber spiegelt nichts anderes als die tiefere Verachtung, die er sich selbst gegenüber hat. Doch weil er sein Inneres nicht erreichen konnte, wußte er das selber nicht, und darum mußte er sich immer wieder neu unterwerfen. So kommt es zu dem wiederholten Wechsel der Identität, von dem ich spreche. Auch dies illustrierte der Nürnberger Prozeß, wo Hans Frank sich so bemühte, seine Reue zu demonstrieren. Im Gerichtssaal wurde ein Film von Hitler gezeigt – und Frank ergab sich erneut: »Als ich ihn in diesem Film sah ..., wurde ich für einen Moment ganz gegen meine Absicht wieder hinweggeschwappt. Ich bin nun mal ein so empfänglicher Mensch ... Für einen Augenblick ist man wie betrunken ..., aber das geht vorbei – man öffnet die Hand, und sie ist leer – völlig leer.«[34]

Der Identitätswechsel dieses Mannes, der ein so außengelenktes Selbst hatte, enthüllt aber noch mehr über Männer, denen die wirklichen Gefühle fehlen. In einem seiner Tagebücher aus der Zeit vor der Niederlage des deutschen Faschismus berichtet Frank von einer Sitzung in Krakau, auf der er sagte: »Meine Herren, ich muß Sie bitten, sich von irgendwelchen Gefühlen des Mitleids freizumachen. Wir müssen die Juden vernichten, wo immer wir sie finden und wie immer es möglich ist ...«[35] Als er später gefragt wurde, wie er das hat schreiben können mit einem solchen Gleichmut und offensichtlich mit Vergnügen an Massenmord und Auslöschung, antwortete er: »Ich weiß es nicht, ich kann es selbst kaum verstehen.«[36] An diesem Punkt sagte er vermutlich sogar die Wahrheit! Ein außengelenktes Selbst gehorcht der Macht, die im Augenblick herrscht. Sobald sein Gehorsam überwechselt – im Fall Franks zu den demokratischen Siegern – kann einer sein früheres Selbst nicht mehr verstehen. Denn würde er *sich* zu verstehen versuchen, würde er seiner inneren Leere gegenüberstehen. Frank konnte sagen, daß er sich leer fühlte, aber er hatte keine innere Kraft, sich dem Schmerz und dem Leid auszusetzen, die eine wirkliche Selbstkonfrontation mit sich gebracht hätte. Er nannte sich ein »empfängliches« Individuum. Aber diese Art von »Empfänglichkeit« ist nur die Suche nach einer äußeren Identität, die Suche nach etwas, dem man sich unterwerfen kann.

Diese Beispiele nötigen uns, den Begriff der Identität neu zu überdenken. Gewöhnlich verstehen wir unter Identität die grundlegende Konstellation von persönlichen Merkmalen, die für einen bestimmten Menschen einmalig sind und ihn von anderen Menschen unterscheiden. Doch eine Identität, die ausschließlich auf Identifikation basiert, kann auch aus nichts anderem bestehen als aus einer Reihe von Pflichten, denen man sich unterwirft, um einer wirklich eigenen Identität zu entkommen. Eine so entstehende Identität ist Verrat am Selbst. Man hat sich auf eine Lüge über das eigene Selbst eingerichtet, und dies verstärkt innere Leere und Haß.

Die Natur dieser inneren Leere entzieht sich nur allzu leicht unserem Blick, gerade weil solche Menschen sehr gut darüber

Bescheid wissen, wie sie sich zu verhalten haben. Sie sind Experten darin, als gefühlvolle Menschen aufzutreten. Wenn wir nicht auf der Hut sind und übersehen, daß sie keine moralische Spannung spüren zwischen dem, was ist, und dem, was sein sollte, werden wir ihren Schein für echt und ihr Verhalten für wahre Menschlichkeit halten. Und dies geschieht so oft, weil unsere Zivilisation eine solche innere »Spannung« für Krankheit hält.

Die Absurdität seiner solchen »Identität« veranschaulicht Adolf Eichmann aufs beste. Dieser Mann konnte während seines Prozesses in Jerusalem sagen: »Ich muß betonen, daß ich mich im juristischen Sinn nicht schuldig fühle«, und andererseits: »Ich sehe die Ermordung, die Auslöschung der Juden als eine der schlimmsten kriminellen Taten in der Geschichte der Menschheit...«[37] Eichmann, der Mann, der über den Tod von Millionen zu entscheiden hatte, konnte also spitzfindig um Einzelheiten seines Bildes in der Geschichte feilschen. Als er aber im Angesicht der Macht jener, die ihn in Argentinien gefangengenommen hatten, seinen Darm entleeren mußte, fragte er seinen Wächter, als er sich auf die Toilette gesetzt hatte, ganz unterwürfig: »Darf ich jetzt?«[38] Während einer der intimsten körperlichen Verrichtungen überantwortete er seinen Willen einem anderen, aber gleichzeitig feilschte er um das Erscheinungsbild seiner äußeren Identität.

Es trifft nicht ganz zu, was Hannah Arendt nahelegt: daß das Böse im Banalen angesiedelt ist.[39] Es hat vielmehr seine Wurzeln darin, daß die menschlichen Möglichkeiten pervertiert, daß Menschen ohne wirkliches Selbst sind. Hannah Arendt kritisierte den Eichmann-Prozeß, der Eichmanns Handlungen aus seinem bösen Charakter heraus zu erklären versuchte. Dem hielt sie entgegen, daß es sich nur um einen »tödlich normalen« Bürokraten gehandelt habe, der nicht wußte, was er tat. Sie hat nicht die äußerste Perversion unserer Zeit gesehen, daß Menschen so auftreten können, als hätten sie Gefühle.

Der Selbsthaß ist nicht nur eine Folge der Selbstunterwerfung, sondern wirkt auch als ständige Verstärkung dieses Selbstverrats. Die Existenz des Selbsthasses wird um so nachhaltiger verschleiert, je mehr die Selbstunterwerfung zur Entwicklung einer fremdbestimmten Identität geführt hat. Wenn einer das Selbst, das er haben könnte, zwar aufgegeben hat, aber sich nicht mit einer Ideologie der Pflichterfüllung identifizieren kann, dann kann daraus offene Kriminalität werden. Sie, die ganz sichtbar gegen die geltenden Gesetze verstößt, ist zu unterscheiden von jener verdeckten Kriminalität, die im Mantel der Legalität Unrecht tut. Beide haben sich der Macht als der einzig gültigen Realität ergeben, aber der offen Kriminelle haßt die »Liebe«, die ihn dahin gebracht hat, und widersetzt sich ihrer Verherrlichung. Er akzeptiert nicht die herrschende Ideologie der Pflicht, identifiziert sich nicht mit ihr und verhält sich so nicht den gesellschaftlichen Erwartungen gemäß. Kriminelles Handeln, das sich im Mantel einer offiziellen Identität verbirgt, braucht dagegen eine autoritäre Ideologie, um die Mordlust vor sich selbst zu verbergen.

Klaus Barbie ist das Beispiel eines solchen Mörders in höherem Auftrag. Er war zwanzig Jahre alt, als sein Vater, ein gewalttätiger Trunkenbold, starb. Bis dahin war er ein braver Katholik gewesen, den Nachbarn in seiner Heimatstadt Trier als freundlichen Jungen, der sich für die Armen einsetzte, beschrieben. Nach dem Tod des Vaters ging er zur Hitler-Jugend. Damit vertauschte er seine fromme Identität mit einer hinterlistigen und rachsüchtigen. Die jugendliche »Ergebenheit« an christliche Nächstenliebe und der missionarische Eifer für die Habenichtse schlugen um in neuheidnische Militanz, die sich der Doktrin verschrieb, daß den Schwachen und Schwächsten kein Lebensrecht zustehe.[40]

Barbies Karriere begann damit, daß er ehemalige Kameraden aus der katholischen Jugend bespitzelte, und mit zweiundzwanzig Jahren wurde er Mitglied einer Sicherheitsabteilung der SS. Es war für ihn offensichtlich nicht schwer, am einen Tag für die Schwachen einzutreten und sie am nächsten Tag zu verhöhnen. Hinter der Fähigkeit, die Identität zu wechseln, steht nicht nur das Fehlen eines authentischen Selbst, sondern beides wirkt zusammen bei der

Entstehung von Destruktivität. Man kann sich der Nächstenliebe widmen *und* hassen. Denn den Regeln einer bestimmten sozialen Gruppe zu gehorchen, kann einfach nur dem Bedürfnis entspringen, an der Macht teilzuhaben. Sich den christlichen Regeln zu unterwerfen kann, wie im Fall Barbie, einzig davon motiviert sein, Hilflosigkeit zu *überwinden*, und braucht nicht dem Bedürfnis zu entstammen, mit ihr zu *leben*. Und dafür haßt ein Mensch sich selbst.

In diesem Dilemma des Gehorsams stecken noch heute all jene Deutschen, die 1945 mit dem Ende des Krieges und der Nazi-Herrschaft so leicht vom Faschismus zur Demokratie überliefen. Das wahre Selbst war nie wirklich beteiligt – weder damals noch heute, und darum hörte das innere Unbehagen nie auf. Es wurde sogar nach 1945 noch schlimmer als in den Hitler-Tagen, weil es im Faschismus leichter war, den inneren Haß nach außen zu projizieren, eingekleidet in die faschistische Ideologie von Tugend und Größe. Eine ›demokratische‹ Identität, die wie die autoritäre nicht von Eigenverantwortung, sondern von Gehorsam bestimmt ist, bleibt ihrem angestauten Haß und Groll hilflos überlassen, weil sie ihn nicht so bequem an Sündenböcken abreagieren kann.

Zu den wichtigsten Merkmalen des Selbstverrats gehört nicht die Hoffnung auf Liebe, sondern die Hoffnung darauf, den Schlüssel zu finden zur Macht, um die als unerträgliche eigene Unzulänglichkeit empfundene Hilflosigkeit zu überwinden. Menschen, für die dieser Schlüssel darin liegt, sich mit der sie unterdrückenden Macht zu identifizieren, glauben, daß sie sich durch diese Partizipation von ihrer Schwäche befreien können. Für andere liegt das Versprechen auf Erlösung in der scheinbaren Befreiung durch »Erfolg«. Im Fall Barbie hängt der Gehorsam gegenüber den Normen seines früheren sozialen Umfelds mit dem Ehrgeiz seiner Mutter für seine Erziehung und Karriere zusammen.

Solange der soziale Rahmen, innerhalb dessen sich Gehorsam und Selbstverrat entwickeln, intakt bleibt, bleiben auch seine Verheißungen in Kraft, und der innere Haß braucht nicht offen zutage zu treten. Erst wenn dieser Rahmen zusammenbricht – wenn also die Versprechen auf Teilhabe an der Macht etwa wegen der wirtschaftlichen Verhältnisse nicht eingehalten werden können –, dann kommt der unterschwellige Haß von Menschen ohne Selbst an die Oberfläche.

Alexander und Margarete Mitscherlichs Analyse des deutschen Unglücks, ›Die Unfähigkeit zu trauern‹,[41] ist trotz ihrer Brillanz und Tiefgründigkeit nicht erklärungskräftig genug. Sie diagnostizieren die Unfähigkeit zu trauern als die Grundlage der deutschen Probleme nach dem Zweiten Weltkrieg und führen sie auf eine narzißtische Verletzung zurück. Aber wie kann ein Mensch trauern, wenn seine Identität auf der Abwesenheit der eigenen Authentizität beruht? Ist kein echtes Selbst vorhanden, fehlen auch die eigenen Gefühle, also ist auch echtes Trauern nicht möglich. Das Narzißmuskonzept, das von einer Verletzung der »Ich-Besetzung« ausgeht, verstellt die Sicht auf die tatsächliche Entwicklung, in der die Lüge von der Liebe zum Drehpunkt der Selbstorganisation des Individuums wurde. Es ist notwendig zu erkennen, daß das Problem im Fehlen eines authentischen Selbst liegt; Narzißmus ist lediglich Begleiterscheinung und nicht Ursache. Mit defizitären Gefühlen therapeutisch zu arbeiten, das setzt voraus, daß man erst einmal erkennt, daß die Person, die man vor sich hat, überhaupt unfähig ist zu *fühlen*. Sie zu dem zurückzuführen, was sie vor langer Zeit weggestoßen hat, heißt sie auf einer Reise begleiten, auf der sie sich so schmerzhaft mit sich selbst konfrontiert, daß eine Psychose ausbrechen oder etwas anderes Schlimmes passieren könnte. Jede andere Annäherung ist leeres Gerede, mit dem ein Therapeut seine eigene Hilflosigkeit zu verbergen versucht.

Der Zusammenbruch des sozialen Rahmens, der den unterschwelligen Haß freisetzt, bringt gewöhnlich die Suche nach einer neuen Identität in Gang, die Suche nach neuen Regeln – selten die Suche nach dem eigenen Selbst. Für Klaus Barbie wurde mit dem Tod des Vaters die Hoffnung auf eine akademische Karriere zunichte gemacht. Und da genau wandte er sich vom katholischen Glauben ab.

Wie sehr er seine früheren Ideale verachtete, veranschaulicht seine spätere Geschichte, als er (mit Hilfe der amerikanischen Spionageabwehr) aus Europa floh. Als Deckname wählte er unter allen Namen, die er hätte nehmen können, ausgerechnet den Namen Altmann. Altmann war der Oberrabbiner seiner Heimatstadt gewesen, den er 1942 in Amsterdam aufgestöbert und in ein Vernichtungslager hatte deportieren lassen. Der Rabbiner Altmann war bekannt gewesen für seine Weisheit und Güte. Dieses Mannes Identität wählte Barbie für seine Flucht nach Bolivien, und er lebte dort unter diesem Namen bis zur Auslieferung nach Frankreich im Jahr 1983! Daß Barbie eine Identität annahm, deren Merkmal Liebe war, muß man sowohl als ungeheure Anmaßung wie auch als eine Verhöhnung sehen. Liebe verhöhnte er auf diese Weise – ebenso wie er die Stimme der Menschlichkeit in sich selbst töten mußte, als er den französischen Widerstandskämpfer Jean Moulin umbrachte.

Wäre Klaus Barbie als Kind dafür geliebt worden, er selbst zu sein, wäre der Welt vielleicht ein Schrecken erspart geblieben. Seine Mutter war nicht im herkömmlichen Sinn irgendwie grausam gegen ihn gewesen. Sie soll sich von seinem Vater darin unterschieden haben, daß sie aufrichtig und zurückhaltend war und zeit ihres Lebens im Zentrum seiner Zuneigung gestanden hatte. Daß diese Zuneigung nicht das gewesen sein kann, was der äußere Anschein nahelegt, macht Barbies besonders teuflische Bosheit gegenüber weiblichen Gefangenen evident. Er vertiefte seine sadistischen Praktiken noch dadurch, daß er mit den Frauen kokettierte und ihnen schmeichelte, während er sie erniedrigte und folterte. Diese Verhöhnung von Frauen zeigt das Maß seines unterschwelligen Hasses dem Weiblichen gegenüber an. Die Grundlüge über die Liebe muß hier etwas ganz besonders Zerstörerisches in der »Anpassung« dieses Mannes bewirkt haben, die darauf hinauslief, daß Barbie seine Mutter als »gute« Mutter verteidigte, während er sie tatsächlich als »schlechte« Mutter erlebt hatte. Der unterschwellige Haß ergoß sich nun über jene Frauen, in denen er die Möglichkeit wahrer Liebe verkörpert sah.

Wenn Kinder lernen, daß »Liebe« nur durch fügsame Manöver zu bekommen ist, tauschen sie die Hoffnung auf Liebe gegen die Hoffnung auf Macht ein. Wenn ein Kind sich damit zufriedengibt, wird es zwangsläufig sich selbst und seine Mutter dafür verachten. Sowohl diese Verachtung wie auch der daraus resultierende Haß werden aber geleugnet, weil das ehrliche Erkennen der eigenen Lage mit der eigenen Unterwerfung und den Motiven dafür konfrontieren würde: Dies ist der schlechte Tausch der eigenen Bedürfnisse nach wahrer Liebe mit der Aussicht auf Macht.

Die Reinheit und Unverletzlichkeit der Liebe wird zum Ziel des Verlangens eines solchen Jungen, später des Mannes. Jakob Wassermann kommt in seinem Roman ›Christian Wahnschaffe‹ in der Beschreibung des Diebs und Mörders Niels Heinrich Engelschall wohl dem am nächsten, was im Inneren von allen Mördern, auch solchen wie Barbie, vorgeht. Niels Heinrichs schreckliche innere Leere und seine rasende Wut werden sichtbar: »... er glaube an nichts außer an den Gestank und an den Jammer und an die Habsucht und an die Freßsucht und an die Tücke und an die Bosheit und an die Wollust.« Die Welt besteht hier nur noch aus Macht, beraubt aller Möglichkeiten lindernder Liebe. Und er fährt fort: »Eine Schandenwelt sei es, und hin werden müsse sie, und wer zu solcher Einsicht mal gelangt sei, der müsse den letzten Schritt tun, den allerletzten, wo die Verzweiflung und der Hohn durch sich selber erstickt werde, wo es nicht weitergehe, wo man an der stumpfen Hautwand den Engel des Jüngsten Tages pochen höre, wo das Licht nicht mehr hindringe und auch die Nacht nicht mehr, wo man allein sei mit seiner Wut, daß man sich doch endlich spüre und vergrößere und was Heiliges packe und zerschmettere; was Heiliges, darum handle sichs; was Reines, darum handle sichs; und Herr werden darüber, es niederzwingen, es auslöschen.«[42]

Wassermann beschreibt hier, was Barbie in dem eingangs zitierten Gespräch enthüllte und was Leute seines Schlages gewöhnlich mit ideologischen Phrasen tarnen. Der wirklich Kriminelle ist ehrlicher und zeigt uns klarer, was beiden gemeinsam ist: Leere und Wut. Beide quälen das zu Tode, was ihnen heilig ist – bei Wassermann eine Frau, die rein ist in ihrem Glauben. Ihre Wut gegen die Liebe, gegen die ursprüngliche Reinheit der Gefühle, die sie als Kinder hatten, gibt ihnen Halt. Nur durch Haß und Zerstörungswut fühlen sie sich lebendig. Nur durch Wut und Morden können sie sich selbst als Ganzes fühlen und ihr Selbst erhöhen.

All dies kann einfach mit dem Versprechen einer Mutter beginnen, daß ihr Kind eine große Bedeutung für sie haben werde, wenn es tut, was sie möchte. Das braucht eine Mutter nicht direkt auszusprechen, die Botschaft wird gewöhnlich auf subtilen, nonverbalen Wegen transportiert. Ein Kind spüren zu lassen, daß es wichtiger ist als *jeder* andere (auch wichtiger als der Vater), ist die sicherste Methode, ihm das Gefühl zu geben, daß es eine Wichtigkeit hat, die es gar nicht haben kann. Das Versprechen auf solche Macht beziehungweise Mächtigkeit veschleiert dem Kind das ausbeutende Verhalten der Mutter und seine eigene Hilflosigkeit. Darin liegt das Verführerische der Macht als ein Gegengift gegen die Verzweiflung und das Leid des Kindes. Ist dieser Prozeß einmal in Gang gekommen, ist das Spiel eröffnet, in dem das Kind selbst den

Zugang zu seinem Leid blockiert, das das Fundament für die Entwicklung seiner Empfindsamkeit und Ganzheit sein könnte.

Der Schmerz des Kindes, nicht angenommen zu werden als das, was es ist, ist nicht immer mit direkter Verführung durch die Macht verbunden. Selbsthaß entsteht auch, wenn dem Kind Minderwertigkeit und Angst vor Selbstverwirklichung suggeriert werden. In diesem Fall bleibt aber die Chance, daß das Leid und seine Ursachen bewußt werden. Solchen Menschen wird man nicht so ohne weiteres eine machtgierige Karriere voraussagen können.

Die aber, um die es mir im Zusammenhang mit der menschlichen Destruktivität geht, gehören zu der Gattung Mensch, die am Ende ihrer fehlgeleiteten Entwicklung fähig zum Gehorsam, aber ohne innere Überzeugung ist. Ihr Gehorsam schürt Selbsthaß und Destruktivität. Dieser Haß ist das Ergebnis des Sozialisierungsprozesses und nicht eines angeborenen Triebes. Sigmund Freud hat richtig beobachtet, daß in allen Menschen Destruktives ist. Aber indem er darin universale Instinkte sah, trug er dazu bei, die Ursprünge des Selbsthasses zu verdecken.

Alles, was die Einheit der Entwicklung schmälert, beeinträchtigt auch die menschlichen Fähigkeiten zur Lebendigkeit und zur Selbstverantwortung. Aus dem Verlust einer ganzheitlichen Entwicklung entsteht eine ständige innere Unruhe. Leid und Schmerz werden als Schwäche abgetan, statt daß ihre Bedeutung als menschliche Reaktion erkannt wird. Macht als das Mittel, die Gefühle von Hilflosigkeit und Schwäche zu kompensieren, soll nun die Folgen der selbstverschuldeten Abhängigkeit ungeschehen machen. Und weil die Macht sich das Recht anmaßt, festzulegen, was Realität ist, wird Machthörigkeit gleichbedeutend mit »Realismus«. Das aber kann nur zur Verherrlichung des Todes führen.

3 Der verheimlichte Todeskult

Wir alle haben zuerst den Schutz des Mutterleibes und dann den Eintritt in die soziale Welt mit ihrem Wechsel von Geborgenheit und Verzweiflung erlebt. Wir alle sind in der Lage, die Einheit unseres Erlebens aufzugeben, um dem Schmerz und der Bedrängnis zu entkommen, die uns durch Nichtbeachtung und falsche Liebe zugefügt werden. Das Ausmaß und die Häufigkeit der daraus entstehenden Spaltungen können die Entwicklung eines Individuums in eine mehr oder weniger starke Außengelenktheit treiben.

Schon sehr früh findet eine Weichenstellung statt; das Individuum muß sich entscheiden: Entweder wird die Verbindung zum eigenen Innenleben aufrechterhalten und das autonome Potential bewahrt, oder das Individuum löst sich immer mehr von seinen inneren Erlebnissen und Erfahrungen. Wenn diese Abspaltung sehr radikal ist, dann sind die betroffenen Menschen – ungeachtet der prinzipiellen Gemeinsamkeit menschlichen Erfahrens – letztlich überhaupt nicht mehr erreichbar für jene, die in Verbindung mit ihrem Inneren leben.

Die Gemeinsamkeiten im zwischenmenschlichen Umgang hören dort auf, wo diejenigen ohne Zugang zu Schmerz und Verzweiflung ihre empathischen Wahrnehmungsmöglichkeiten verloren haben. Gemeinsam ist dann nur noch, was außerhalb des Innenlebens existiert, und dies ist abhängig vom Grad der Machterfahrungen, die Teil der Persönlichkeitsstruktur geworden sind. So ergeben sich zwei unterschiedliche Seinsweisen mit unterschiedlichen Graden von gemeinsamen Erfahrungsmöglichkeiten. Das erklärt, warum es dann zu zwei ganz unterschiedlichen Auffassungen von »Realität« kommt. Die Grundlage der einen ist ein integriertes inneres Sein, das mit der äußeren Realität korrespondiert, die andere ist beherrscht von äußerer Lenkung. Selbstverständlich gibt es zahlreiche Überschneidungen. Hier nun interessiert die Tatsache, daß jene Menschen, die am weitesten von ihrem Inneren entfernt leben und – um ihre Selbstorganisation aufrechtzuerhalten – immer mehr auf die Lenkung und Steuerung von außen angewiesen sind, am aktivsten ihre Sicht der »Realität« durchsetzen. Das zwingt die anderen, in die Defensive zu gehen, und so bleibt kaum Platz für Toleranz im Zusammenleben.

Was diese gegensätzlichen Auffassungen von Realität auch im normalen Alltag unterscheidet, wird unter den verschärften Bedingungen in Kriegszeiten besonders sichtbar. Wilhelm Kütemeyer gibt in seinen Studien ›Die Krankheit Europas‹ ein solches Beispiel. Er berichtet von einem Patienten, der während des Zweiten Weltkriegs ohne jegliches Bewußtsein für sein mörderisches Handeln tötete: »Kürzlich kam zu mir in die Sprechstunde ein Patient von auswärts, der darüber klagte, seiner alltäglichen Arbeit nicht mehr nachgehen zu können. Er werde immer wieder durch Bilder von Szenen überfallen und gequält, die sich auf einem untergehenden Dampfer abspielten. Dieses Schiff, gegen Ende des Krieges ohne jeden Schutz auf hoher See unterwegs, wurde mit zwanzigtausend Menschen, teils Soldaten, teils fliehender Zivilbevölkerung, maximal überladen, kurz nach Eintritt der Dunkelheit von einem feindlichen Unterseeboot torpediert. Es kam zu furchtbaren Auftritten. Das elektrische Licht versagte, die wenigen Rettungsboote kenterten unter den sich in sie hineinstürzenden Menschen. Die schnell eingerichtete Notbeleuchtung wurde sogleich durch außer sich geratene Frauen wieder zerstört. In dieser Situation versuchte der Patient als Offizier, der verwundet auf dem Zwischendeck gelegen hatte, zusammen mit einem gleichfalls verwundeten Kameraden, die Disziplin dadurch wieder herzustellen, daß er eine Reihe von diesen Frauen erschoß. Es geschah mit der Pistole aus nächster Nähe. Die Bilder dieser Situation, wo die Frauen, zum Teil mit Säuglingen auf dem Arm, zusammenbrachen mit jener leicht erstaunten Wehmut auf dem Gesicht, die sich ihm schon durch die Exekution an Kameraden, zu denen er kommandiert war, eingeprägt hatte, lassen ihn nicht mehr los. Er meint sich insonderheit vorwerfen zu müssen, daß er bei dem ganzen Vorgang gar nichts empfand als die leicht gespannte Erwartung auf jenen merkwürdigen Zug im Gesicht der von ihm Niedergeschossenen, sonst gar keine Gemütsbewegung oder gar Erregung. Er gehörte zu den etwa zweihundert Geretteten, was dem Umstand zu danken war, daß er als Flieger eine Schwimmweste auf dem Leibe trug, deren phosphoreszierende Imprägnierung nachts ein Torpedoboot auf ihn aufmerksam machte, das ihn in bewußtlosem Zustand auffischte.«[43]

Diese Geschichte zeigt einen Mann, der tötete, ohne sich über das Mörderische seines Handelns bewußt zu sein. Kütemeyer vervollständigt in der weiteren Schilderung das Bild eines gespaltenen Menschen. Seine Unempfindlichkeit schrecklichen Ereignissen gegenüber deckten die Gespräche über seine Kindheit auf. Im Alter von sechs Jahren habe er erlebt, wie sein Freund an Diphtherie starb. Er beschreibt, wie er seinen Freund nur mit Neugier betrachtet habe, als er vor ihm erstickte, als habe er nur sein Wissen erweitern wollen. Dann sei auch sein Vater gestorben, an dem er besonders stark gehangen habe. Bei dessen Beerdigung habe er aber nur seine eigene Anwesenheit registriert, keine innere Teilnahme. Auch habe er ein halbes Jahr lang keinerlei Trauer gespürt. Erst dann seien seine Gefühle durchgebrochen.

Nachdem Kütemeyer diese Erinnerungen bei seinem Patienten hervorgeholt hatte, fragte er ihn, wie er sich unter Artilleriefeuer oder während der Bombardements gefühlt habe. Seine unmißverständliche Antwort war: »Gut, sehr gut. Er habe sich nie so wohl gefühlt wie in solchen Situationen.« Da sei er richtig in seinem Element gewesen, besonders dann, wenn er handeln konnte, also nicht zur Unbeweglichkeit und Untätigkeit verurteilt war. Katastrophen würden ihn überhaupt anziehen, auch im zivilen Leben. »Zum Beispiel übe ein Autounfall eine unwiderstehliche, wie magnetische Anziehungskraft auf ihn aus. Und auch hier mache die Möglichkeit, den Betroffenen helfen zu können, sein Glück erst voll. Er fühle sich im übrigen einem Menschen, auch dem nahestehenden, nie näher – allerdings nach Ablauf der gefühlsleeren Frist – als dann, wenn er tot sei.«[44]

Dieser Mann hat ganz offensichtlich von früher Jugend an außerhalb seiner Gefühle gelebt. Er hatte kein Mitgefühl, sondern war nur neugierig, mehr zu erfahren, und fasziniert von der Beobachtung um ihrer selbst willen. Wenn man genauer hinsieht, stellt man fest, daß der Gegenstand seiner Aufmerksamkeit Tod und Zerstörung war. Ihn interessierten die Opfer, das Fortschreiten des Todes auf dem Schlachtfeld hielt ihn aufrecht. Sein Erscheinungsbild als Junge freilich bestand aus guten Manieren und gesundem Ehrgeiz. Doch als Erwachsener suchte er die Begegnungen mit dem Tod unter dem Deckmantel von Befehl und Pflicht.

Wilhelm Kütemeyer fragt angesichts solcher Menschen: »Kann es zum Beispiel für Menschen solcher Art einen glücklicheren

Zustand geben als den Krieg?« Sie weichen nie der Gefahr aus und sind immer dort zu finden, »wo die Gefahr am größten ist. Aber wohlgemerkt: nicht aus Opferbereitschaft, sondern weil sie sich auf dieser Erde nirgends ... so gut aufgehoben fühlen wie in solcher Gefahr...«[45] Hier liegt der entscheidende Punkt: Tod und Zerstörung geben dem Leben Bedeutung und Festigkeit. Unter der Maske von Disziplin und Wissensdurst bekommt der unterschwellige Haß solcher Menschen seine »objektive« Verkleidung. In der Szene auf dem Schiff steigerte sich dieses Verhalten sogar noch zu dem wahnsinnigen Versuch, mit Disziplin durchgreifen zu wollen, wo Disziplin sinnlos geworden ist.

Freilich zeigte dieser Mann »Gefühle«, da er doch so oft und gern Unfallopfern zu Hilfe eilte. Aber gerade das bestärkt mich darin, daß solche Gefühle nichts anderes als ausgedachte Gefühle sind. Seine Hilfsbereitschaft wurzelte nicht im Mitgefühl, sondern wurde genährt von der Vorstellung, die er von sich selbst als mitfühlendem Menschen hatte. Wie könnte man es sonst erklären, daß er auf dem Schiff keinerlei Mitgefühl verspürte, als er die Frauen mit Säuglingen auf dem Arm ohne Hemmung niederschoß? Unsere Verwirrung über diesen Vorgang läßt sich beheben, wenn man in Rechnung stellt, daß ein außengelenkter Mensch nur schauspielert, wenn er Gefühle zeigt. Einzig das Bestreben, das richtige Image zu haben, motiviert diese Menschen zu scheinbar mitfühlenden Handlungen.

Das Publikum, dem das vorgespielt wird, kann tatsächlich vorhanden oder aber auch nur eingebildet sein (im letzteren Fall ist es eine internalisierte Öffentlichkeit). Die Ursprünge gehen zu Vater und Mutter zurück, vor denen man »richtig« dastehen wollte. Gefühle, die sich ihren Weg durch eine solche Entwicklung gebahnt haben, erwachsen aus dem Bedürfnis zu gefallen, aber auch sich selbst darin zu gefallen, sich »richtig« und »anständig« zu verhalten. Man trachtet nur danach, angenehm zu sein beziehungsweise zu erscheinen – und in diesem Zusammenhang werden »Gefühle« für andere gezeigt, nicht aufgrund empathischer Wahrnehmung eines anderen gespürt. Hierin liegt die wirkliche Natur des Narzißmus, hervorgerufen durch eine Kultur, die »nettem« Verhalten so bereitwillig Anerkennung zollt.

Gemeinsinn und Mitgefühl sind hier nur vorgetäuscht, werden aber leicht für echte Gefühle gehalten. Und der Darsteller in diesem

Stück hält das, was er veranstaltet, für wirklich und echt, da korrektes Verhalten die Grundlage seiner Eigenliebe ist. Und das bestärkt ein Leben lang fortwährend die Selbsttäuschung und dient gleichzeitig dazu, die immer vorhandenen Zweifel über den lang zurückliegenden Selbstbetrug zu besänftigen. Deshalb wird einer, dessen »richtiges« Verhalten angezweifelt wird, so leicht gewalttätig. Solche Gewalttätigkeit offenbart nicht nur das Reservoir von Haß, das ein Mensch ohne wirklich zentrale Verankerung in sich hat, sondern auch die unterschwellige Selbstverachtung und das Gefühl der Schwäche – das Los eines jeden, der das Versprechen auf Macht eingetauscht hat gegen die Liebe, nach der er sich eigentlich sehnt.

Aus diesem Grund fühlte sich der Patient von Kütemeyer toten Menschen so nahe. Denn da wenigstens werden er und seinesgleichen nicht mehr herausgefordert in ihrer Unzulänglichkeit. Wenn der Tod das ist, was die größte Sicherheit bietet, dann sehnt man sich auch danach. Es ist kein Zufall, daß die Ideologien, die das Mitgefühl am tiefsten verachten und dem männlichen Mythos von Stärke und Größe besonders hemmungslos huldigen, die faschistischen waren und sind. Und jede faschistische Spielart verherrlicht den Tod. Deshalb auch finden sie bei so vielen Menschen – auch bei intellektuellen Gegnern – emotionale Gefolgschaft. Sie rühren an die Neigung vieler, vom Tod als heroischem Erlöser fasziniert zu sein. Er befreit von den nagenden Zweifeln wegen der eigenen Unzulänglichkeit, was für Männer ebenso gilt wie für Frauen, die ihr Selbst auf dem männlichen Mythos aufbauen. Aus diesem Grund haben es faschistische Ideologien so leicht, Männer und Frauen für ihre vernichtenden Ziele zu gewinnen. Wenn dieses Bedürfnis nach Erlösung nicht schon vorhanden gewesen wäre, hätte der Faschismus nie so erfolgreich sein können.

Das Verlangen nach dem Tod ist Bestandteil einer Persönlichkeitsstruktur, die ohne Authentizität ist. Ihre weite Verbreitung belegt die Tradition der tragischen Liebesgeschichten, wo der Tod oft eine erlösende Rolle spielt. Romeo und Julia etwa gehören dazu. Ihr Unglück bewegt uns nicht nur, weil wir Mitleid mit ihnen haben. Ihr Schicksal wird insgeheim auch vom Zuschauer herbeigewünscht. Denn warum, so muß man hier fragen, werden so viele Morde im Namen der Liebe begangen? Töten Liebhaber und Geliebte, Ehemänner und Ehefrauen einander, weil sie sich so lieben? Vielleicht haben die Betörungen der Liebe wenig zu tun mit der Liebe selbst. Vielleicht sind sie nur ein Versuch, die Liebe des anderen zu erzwingen, um eigenen inneren Kämpfen zu entkommen. Und diese Kämpfe haben damit zu tun, daß man nicht fähig ist, sich selbst wirklich zu lieben. Dort, wo die ganz ursprüngliche Liebe zur eigenen Natur verdrängt wurde von narzißtischer Selbstliebe, die auf der Anerkennung von außen beruht, dort ist keine Möglichkeit für das Wagnis, das eigene wirkliche Selbst zu lieben.

Daher versuchen wir, uns selbst im anderen zu lieben, und zwar in dem, den wir einer solchen Liebe für »wert« befinden. Damit verlieren wir aber uns selbst *und* den anderen. Manchmal kommt es so weit, daß wir dieses Selbst zu töten versuchen – indem wir den anderen tatsächlich töten. Denn es ist ja unser eigenes Selbst, das wir einst aufgaben, das wir dann dachten im anderen wiedergefunden zu haben, dann aber – ernüchtert von der Wirklichkeit – wieder verloren. Dann gewinnt der Haß auf dieses verratene Selbst wieder die Oberhand – und deshalb töten wir aus »Liebe«.

Das heimliche Verlangen nach dem Tod kann man überall finden. Dafür verantwortlich ist nicht nur der Verlust des Selbst, sondern auch die Tatsache, daß dieser Verlust durch die eigene Mitwirkung zustande kam. (Auf die Rolle der Mutter, die – gefangen im männlichen Mythos – Instrument einer solchen Entwicklung ist, gehe ich noch ein.) Die Todessüchtigkeit ist heute nicht ausgeprägter als in früheren Epochen. Verändert haben sich nur die Mittel: Die Mittel zur totalen Zerstörung haben enorm zugenommen. Und ebenso ist die Verschleierung, daß Menschen mit ihren Handlungen auf den Tod zielen, größer geworden: Ihre Tarnung ist sehr raffiniert. Sogar Hitler und seine Horden fühlten sich genötigt, Lippenbekenntnisse zum Leben abzugeben.

Im Dritten Reich gab es Anstifter zum Massenmord, die sich nicht scheuten, von der moralischen Belastung des Mordens zu sprechen. Heinrich Himmler sagte im Oktober 1943 in Posen vor den versammelten SS-Gruppenführern im Hinblick auf die Judenvernichtung: »Von euch werden die meisten wissen, was es heißt, wenn hundert Leichen beisammen liegen, wenn fünfhundert oder wenn tausend daliegen. Dies durchgehalten zu haben und dabei – abgesehen von Ausnahmen menschlicher Schwächen – anständig geblieben zu sein, das hat uns hart gemacht.«[46] In dem zur Schau gestellten Entsetzen über die eigenen Handlungen ist das Bewußtsein, etwas Entsetzliches zu tun, durchaus noch vorhanden, aber das Entsetzen wird umgelenkt in Selbstmitleid. Andere Gefühle können so nicht mehr aufkommen. Das gehört zentral zur Natur zur Schau gestellter Gefühle: Selbstmitleid, um der empathischen Wahrnehmung auszuweichen, aber auch, um sich desto berechtigter zu fühlen, diejenigen anzugreifen, die die Grundlüge in Frage stellen.

Und im Mai 1944 sagte Himmler vor einer Versammlung von Gauleitern über die Judenvernichtung: »Ich bitte Sie, das, was ich Ihnen in diesem Kreis sage, wirklich nur zu hören und nicht darüber zu sprechen. Es trat an uns die Frage heran: Wie ist es mit den Frauen und Kindern? – Ich habe mich entschlossen, auch hier eine ganz klare Lösung zu finden. Ich hielt mich nämlich nicht für berechtigt, die Männer auszurotten und die Rächer in Gestalt der Kinder für unsere Söhne und Enkel groß werden zu lassen. Es mußte der schwere Entschluß gefaßt werden, dieses Volk von der Erde verschwinden zu lassen.«[47] Dies zu organisieren sei die schwerste Aufgabe bisher gewesen, aber keiner habe Schaden genommen auf dem gefährlichen Pfad zwischen Skylla und Charybdis, entweder ein herzloser Schläger ohne Gefühl für menschliches Leben oder ein Weichling mit Nervenzusammenbrüchen zu werden. Männer wie Himmler wissen, was man zu fühlen hat, und maßen sich Gefühle an, die in völligem Widerspruch zum tatsächlichen Verhalten stehen. Mit solchen Reden sollte der Eindruck erweckt werden, als ob diese Mörder eine Wahl gehabt hätten, entweder »herzlose Schläger« oder »Weichlinge« zu werden. Diese Sprachregelung sollte jene verwirren, die noch Reste von echten Gefühlen hatten. Indem Himmler sehr subtil das Grauen umlenkte auf eine Heroisierung dessen, der es verursacht, führte er die geheime Waffe des Schuldgefühls ein, für den Fall, daß einer versagt. Zur »wirklichen« Frage wird, ob einer den »Willen« hat, die innere Qual zu überwinden. Damit sollte erreicht werden, daß jeder sich anstrengte, auf den Zug der männlichen Stärke aufzuspringen und alles zurückzulassen, was noch an menschlichen Gefühlen vorhanden war.

Wir neigen dazu, Schuldgefühle für etwas zu halten, was sehr menschlich macht. Das ist aber ganz unangebracht. Echtes Schuldbewußtseins entsteht aus dem Wiedererwachen empathischer Empfindung und weist sich aus durch innere Betroffenheit, verbunden mit dem Bemühen, begangenes Unrecht wieder gutzumachen. Was wir gewöhnlich Schuldgefühl nennen, ist bestenfalls Zerknirschung – eine außengelenkte Reaktion der Unterwerfung, die die Autorität gnädig stimmen soll. Damit wird nur der Kreislauf in Gang gehalten, aus dem die destruktiven Handlungen hervorgehen, aber nicht die Voraussetzung für wirkliche Veränderung geschaffen. Eine solche ist nur dem möglich, der wirklich erschrickt über das, was er aus einer falschen Identität heraus getan hat, und sich dem Schmerz darüber stellt. Nur in einer Entwicklung, die nicht zur Autonomie führt, spielt Schuldgefühl eine herausragende Rolle. Es ist die erste Waffe gegen die Autonomie: Wenn das Kind den Forderungen der Eltern nach »richtigem« Verhalten nicht folgt, wird es in seiner Selbstachtung erniedrigt. Auf diese Weise hat Schuldgefühl teil an dem Prozeß, der einen Menschen immer weiter von sich selbst entfernt, denn das eigene Gefühl wird als Schuld erlebt. Schuldgefühl dient im Grunde nur dazu, die Herkunft der Zerstörungswut zu verbergen. Es reproduziert zugleich einen alten Mechanismus, denn die Erzeugung von Schuldgefühlen war ein bevorzugtes Manipulationsinstrument der elterlichen Macht. Wenn wir also einem schuldbewußten Menschen unterstellen, er sei ein gefühlvoller Mensch, sehen wir meistens Menschlichkeit da, wo sie gar nicht vorhanden ist.

Die Anziehungskraft des Todes ist nur zu überwinden, wenn der Schmerz eines anderen wirklich erlebt wird – nicht durch Selbstmitleid. Wo die Möglichkeiten solchen Erlebens noch vorhanden sind, können sich – ganz unabhängig von äußeren Gefahrensituationen – Haltungen und Handlungen ändern. Der Schweizer Journalist Ernst von Schenck erzählte eine für diesen Zusammenhang aufschlußreiche Geschichte eines deutschen Soldaten während des Zweiten Weltkriegs.[48] Dieser Mann hatte den Befehl erhalten, einen russischen Soldaten zu töten, der sich ihm gerade ergeben hatte. In der Unmittelbarkeit der persönlichen Begegnung war aber der Russe nicht irgendein abstrakter Feind, sondern ein Mensch, der wie er selbst Furcht und Verzweiflung spürte. Der deutsche Soldat konnte ihn nicht töten. Aber noch mehr: In dem Augenblick, in dem er seinen inneren Widerspruch angesichts des Tötungsbefehls erlebte, erkannte er die Natur seiner Ergebenheit an die Nazi-Mythologie. Gleichzeitig mit der Rückkehr seiner Menschlichkeit erwachte in ihm der aktive Widerstand gegen das Nazi-Regime.

An solch einem Wendepunkt erfährt man etwas über echte Gefühle. Sie stammen aus den primären Erlebnissen von Schmerz und Freude, die einst im Austausch mit der Mutter verankert wurden. Durch die Unmittelbarkeit einer menschlichen Situation wird es oft möglich, daß die Wand der Abstraktionen, die uns von unserer Fähigkeit zum Mitgefühl trennt, durchbrochen wird. Dies ist sowohl ein Beweis dafür, daß die innere Welt eine gegenwärtige Realität ist, als auch ein sichtbares Zeichen, daß die meisten, wenn nicht alle Menschen noch über einen Rest verschütteter Menschlichkeit verfügen. Kommt es zu einem solchen Durchbruch von Menschlichkeit, kann man eigentlich nicht anders als handeln. Bleibt eine solche Reaktion aus, zeigt das den Grad der Abgetrenntheit von der Innenwelt und daß die Kraft fehlt, sich der Wahrheit über sich selbst zu stellen.

Das Erlebnis des amerikanischen Soldaten David B. Johnson im Vietnamkrieg veranschaulicht das. Ein siebenjähriges vietnamesisches Mädchen war plötzlich bei seiner Einheit aufgetaucht, in jeder Hand eine scharfe Granate. »Ich war der einzige bewaffnete Mann, der in der Nähe stand. Nach der dritten Aufforderung des Offiziers gehorchte ich und tötete das Mädchen.« Dieser und ein anderer ähnlicher Vorfall am selben Tag veränderte sein ganzes Leben: »Danach wuchs täglich der innere Horror in mir...«[49] David war genau in der Art erzogen worden, die durch Abstraktionen das Mitgefühl und die Fähigkeit, Schmerz und Leid wahrzunehmen, verkümmern läßt. Er erzählte 1971 einem Reporter in Paris, daß er als Freiwilliger zur Armee gekommen und mit Herz und Seele dabei gewesen sei. Sein geistiger Hintergrund war die John-Birch-Gesellschaft gewesen, eine erzkonservative politische Gruppierung, die von einem ehemaligen Süßwarenfabrikanten gegründet worden war. »Und ich habe ernsthaft all die Sachen geglaubt über die Verteidigung der freien Welt gegen den Kommunismus.« Er war dann in Vietnam verwundet und in ein Krankenhaus in die USA verlegt worden. Während der Genesung entfernte er sich unerlaubt von der Armee, um sich an Antikriegsaktivitäten zu beteiligen, wurde aber festgenommen. »Ich will Ihnen erzählen«, sagte er dem Reporter weiter, »wie reaktionär meine Familie ist. Als ich aus dem Gefängnis abgehauen war, ging ich nach Hause, und meine Mutter gab mir zwei Stunden Zeit zu verschwinden, oder sie wollte die Polizei holen.«

Zu einer Auseinandersetzung zwischen Ideologie und Gefühl kann es aber nicht kommen, wenn deren Unvereinbarkeit einen Menschen mit dem Zusammenbruch seines nach außen gerichteten und unechten Selbst bedroht. Wenn in ihm wirkliche Gefühle aufsteigen, entsteht Angst vor Chaos und Wahnsinn. Er wird sich desto stärker an die von ihm einmal gewählte »Realität« klammern. Doch es gibt meist Reste von Beziehungen zu dem Selbst, das am Anfang unser aller Entwicklung stand. Die meisten Menschen können sich nicht vollständig der Verantwortung für den Schmerz eines anderen verschließen, es sei denn, daß ihre Empathie niemals die Chance hatte, sich zu entwickeln. Da diese empathischen Fähigkeiten aber ganz offensichtlich schon im Mutterleib entstehen, haben wir alle die Chance dazu. Psychosomatische Symptome sind oft die Folge verweigerten empathischen Mitfühlens. Natürlich machen psychosomatische Symptome noch keinen besseren Menschen, aber sie zeigen immerhin auf, daß wir die Fähigkeit zu menschlichem Fühlen ursprünglich alle in uns haben. Sogar Heinrich Himmler litt unter Magenkrämpfen, während er die Judenvernichtung organisierte, wie sein finnischer Masseur berichtete.[50] Das bestätigen auch Experimente, wie das berühmte Milgram-Experiment, bei denen die Versuchspersonen anderen Menschen auf Befehl Schmerzen zufügen mußten. Die meisten Versuchspersonen führten die Anweisungen des Versuchsleiters zwar gehorsam aus, hatten dabei aber psychosomatische Symptome wie Zittern, Schwitzen oder auch Krämpfe.[51]

Es gibt viele Berichte über die Aufseher in den Vernichtungslagern des Dritten Reichs und ihre körperlichen Beschwerden, die nichts anderes waren als die Reaktion darauf, daß sie sich innerlich weigerten, die Not anderer Menschen zu sehen. Nach einer besonders grausamen Tötung von achtzig Männern nahe dem Krematorium in Auschwitz ließ sich der SS-Oberscharführer Mußfeld wegen seines zu hohen Blutdrucks untersuchen. Als man ihm sagte, daß dies von dem eben zurückliegenden Ereignis komme, soll er ausgrufen haben: »Ihre Diagnose ist falsch. Es beunruhigt mich nicht mehr, wenn ich hundert Menschen töte oder nur fünf. Wenn ich nervös bin, dann nur, weil ich zu viel trinke.«[52] Alkohol war natürlich die üblichste Methode, mit der diese Menschen sich betäubten; andere steigerten ihre Grausamkeit oder – auch nicht selten – begingen Selbstmord.

Warum fällt es uns so schwer zu erkennen, daß und wie Menschen dem Tod ergeben sind? Wir werden, wie schon gesagt, durch die zur Schau gestellten Gefühle verwirrt. Wir sind so in die Konformität gepreßt worden, daß wir uns des empathischen Mitfühlens mit dem Leiden anderer Menschen schämen. Aber Empathie ist unser ursprünglicher und erster Weg der zwischenmenschlichen Kommunikation. Ihr Vorrang und ihr Fortbestehen in jedem Menschen werden sichtbar, wenn die eingeübten Wege der Wahrnehmung – durch kulturelles Lernen eingeübt – gestört sind oder wegfallen. Zum Beispiel, wenn wir erschöpft sind, oder aber auch, wenn die Nervenzentren des Gehirns, die die Sozialisierungsprozesse verarbeiten, gestört sind.

Eine neuere Forschungsarbeit über Prosoppagnosie hat dies ganz unmittelbar gezeigt.[53] Eine beidseitige Störung der mesialen Hinterhauptsrinde des Sehzentrums macht es unmöglich, Gesichter von vertrauten Personen zu erkennen. Solche Patienten sehen keine Ähnlichkeit mit ihnen früher bekannten Gesichtern. Selbst nach einem Erkennen an der Stimme oder einem anderen Merkmal bleibt die Physiognomie nichtssagend. Die Krankheit ist dadurch gekennzeichnet, daß jede kognitive Erinnerung fehlt.

Diese Untersuchung verließ sich aber nicht nur auf den Bericht der Patienten, sondern berücksichtigte auch mögliche verdeckte Vorgänge, die ohne Bewußtsein der Betroffenen ablaufen. Mit Hilfe des Elektrodermatogramms wurde der Hautwiderstand, der auf Vorgänge des vegetativen Nervensystems reagiert, gemessen. Das vegetative Nervensystem ist auch jener Teil des Nervensystems, durch den Empathie vermittelt wird. Das macht diese Studie so aufschlußreich für diesen Zusammenhang: Obwohl die Patienten die Gesichter nicht erkannten, zeigte ihr Hautwiderstand Reaktionen – und dies nur bei Gesichtern, die ihnen bekannt waren, nicht bei fremden. Die Autoren schlossen daraus, daß ein frühes Stadium im physiologischen Vorgang der Wahrnehmung noch vorhanden ist, das Ergebnis aber dem Bewußtsein nicht mehr gemeldet wird; die Reize werden nur noch unbewußt unterschieden. Das beschreibt auf physiologischer Basis, wovon ich oben sprach!

Der Neurologe Oliver Sacks zeigte ebenfalls, wie Schädigungen der höheren Hirnzentren die empathische Verbundenheit auf der

Ebene des autonomen Nervensystems hervortreten lassen können. Aphasie ist eine Störung, bei der der Patient die Bedeutung von Wörtern nicht mehr erkennen kann, obwohl er sie akustisch hört. Man kann aber nachweisen, daß solche Patienten verstehen können, was ihnen gesagt wird, wenn die Signale, die normalerweise das Sprechen begleiten, vorhanden sind: Ton und Tonfall der Stimme, die Art der Betonung, Gesichtsausdruck, Gestik, Körperhaltung. Sie werden über das vegetative Nervensystem und die propriozeptiven Bahnen, die die Tiefensensibilität der Muskeln übertragen, vermittelt. Diese Tiefensensibilität ist auch Teil unserer empathischen Wahrnehmungen.

Sprachliche Kommunikation besteht also nicht nur aus Wörtern; sie ist eingebettet in Ausdrucksformen jenseits des rein Verbalen. Die Wahrnehmung dafür ist bei aphasischen Menschen besonders stark ausgeprägt. »Emotional stark aufgeladene Äußerungen können«, wie Sacks schreibt, »vollständig verstanden werden, auch wenn kein Wort in seiner richtigen Bedeutung getroffen wird... Ich hatte – wie jeder, der mit Aphasikern arbeitet – manchmal das Gefühl, daß man Aphasiker nicht belügen kann. Sie erkennen die Wörter nicht, also kann man sie auch nicht mit Wörtern täuschen; aber sie erfassen mit unfehlbarer Sicherheit die Ausdrucksweise, die die Wörter begleiten, und dies so treffend, spontan und unabsichtlich, wie es nie vorgetäuscht werden könnte, was mit Wörtern allein nur allzu leicht möglich ist.«[54]

Dies zeigt deutlich, daß wir uns beim Erlernen der Sprache nicht nur Kultur aneignen, sondern auch Denkschablonen übernehmen, die uns der Gesellschaft anpassen und unsere Wahrnehmungen verzerren. Entsprechend beseitigt eine sprachliche Hemmung durch einen Gehirnschaden auch die Hemmung unserer früher vorhandenen elementaren Wahrnehmungsmöglichkeiten, also unserer empathischen Fähigkeiten, die mit dem Spracherwerb zurückgedrängt wurden.

Oliver Sacks erzählt nun, daß ihm, als er einmal die Abteilung mit den Aphasikern betrat, großes Gelächter entgegenschallte. Die Patienten sahen gerade den Beginn einer Fernsehansprache von Präsident Reagan und waren begierig, sie weiter zu sehen. »Sie sahen den alten Charmeur, den als Schauspieler geübten Redner, sein theatralisches Talent, seine emotionale Ausstrahlung – und die Patienten bogen sich vor Lachen... Der Präsident wird gewöhnlich als eindrucksvoller Redner anerkannt – aber bei den Patienten erregte er ganz offensichtlich nur Gelächter... ›Man lügt wohl mit dem Munde‹, schrieb Nietzsche, ›aber mit dem Maule, das man dabei macht, sagt man doch die Wahrheit.‹ Auf Grimassen, auf Falsches oder Unrichtiges im Auftreten oder in der Körperhaltung reagieren Aphasiker mit außergewöhnlicher Sensibilität. Und wenn sie den Sprechenden – dies gilt besonders für blinde Aphasiker – nicht sehen können, haben sie ein untrügbares Ohr für jede akustische Nuance, den Ton, den Rhythmus, die Stimmführung, die Musik, für subtile Modulationen und Intonationen, die der menschlichen Stimme Überzeugung geben oder nehmen. Was echt und was unecht ist, können sie auf diese Weise erkennen, ohne die Bedeutung der Wörter zu verstehen. Die Grimassen, das Theatralische, die Gesten und vor allem Ton und Stimmführung des Präsidenten wirkten auf diese wörterlosen, aber hochsensiblen Patienten vorgetäuscht. Sie reagierten auf die eklatanten, ja grotesken Ungereimtheiten und Unaufrichtigkeiten. Sie ließen sich nicht irreführen und waren nicht irrezuführen durch Wörter... Deshalb lachten sie über die Ansprache des Präsidenten.«

Damit erhebt sich die Frage, ob es diesen Patienten möglich gewesen wäre, zu ihrer tieferen Wahrnehmung vorzudringen, wenn sie keinen Gehirnschaden gehabt hätten. Es haben alle Menschen empfindungsfähige Wurzeln, sie unterscheiden sich jedoch im Grad der Bewußtheit. Da aber der Spracherwerb Teil jenes Prozesses ist, in dessen Verlauf wir die Verbindung zu unserer Empfindungsfähigkeit verlieren, lassen wir uns meistens von äußeren Erscheinungsformen in die Irre führen. Entsprechend folgerte Sacks: »So listig wurden täuschende Wörter eingesetzt, kombiniert mit täuschender Stimme, daß nur Gehirngeschädigte nicht getäuscht werden konnten.«

Manche von uns sind so leicht zu betrügen, weil sie den Betrug nicht bemerken. Der tiefere Grund dafür liegt in unserem Bestreben, uns an der Täuschung zu beteiligen, um unsere Gespaltenheit aufrechterhalten zu können. In diesem Zusammenhang möchte ich noch einmal auf Alexander und Margarete Mitscherlichs Studie über die Unfähigkeit der Deutschen zu trauern zurückkommen.[55] Sie glaubten, daß das Ausbleiben therapeutischer Erfolge auf den Verlust der narzißtischen Objektwahl zurückzuführen war. Damit ist gemeint, daß Hitler das internalisierte Objekt war, mit dem sich die Patienten identifiziert hatten, und daß sein Verlust ihr Ich verarmte.

Diese These zeigt in meinen Augen beispielhaft, wie abstrakte (psychologische) Ideen die Sicht auf das, was tatsächlich vorgeht, verstellen. Wenn man a priori von Narzißmus ausgeht, übersieht man, daß diese Patienten an einer viel grundlegenderen Krankheit litten: Ihre Entwicklung basierte auf jener Art von Identifikation, die innere Authentizität nicht zuließ. Deshalb konnten sie nicht trauern. Ihr Selbst war verarmt, noch ehe sie sich mit Hitler identifizierten. Und erst *wegen* dieser Verarmung identifizierten sie sich mit ihm. Die Betonung der »Objektwahl« verfehlt die Tatsache, daß eine solche Wahl im Dienst einer Vermeidung steht, nämlich der Vermeidung des Selbst. Das verlorene Objekt (Hitler) war nur das Mittel gewesen, kein eigenes Selbst haben zu müssen. Die Trauer über den tatsächlichen Verlust (der eigenen Seele) hätte dagegen das Wagnis bedeutet, den Zusammenbruch der von außen bestimmten Persönlichkeitsstruktur zu riskieren. Dabei aber kann man einem Patienten nicht helfen, wenn man nur ein theoretisches Modell zu bieten hat, das weder den wahren Kern der Krankheit noch die Angst berücksichtigt, der sich sowohl der Patient als auch der Therapeut zu stellen hätten.

Wie kann dem mörderischen Hintergrund der ausgedachten Gefühle begegnet werden? Nehmen wir das Beispiel der SS-Männer in Oradour im besetzten Frankreich. Sie zerstörten den Ort und ermordeten sämtliche Bewohner. Dieses Ereignis wirft die Frage auf, ob die Ergebenheit an den Tod die Rückkehr zu den eigenen Gefühlen grundsätzlich unmöglich macht. Ernst von Schenck hat berichtet, daß die SS-Leute diese grausame Tat in aller Gemütsruhe durchführten. Nachdem alle Männer des Ortes erschossen worden waren, wurden die Frauen und Kinder in die Kirche gebracht. Sie wurde angezündet, und alle verbrannten. Die SS-Leute sammelten die Frauen und Kinder »mit ausgesprochener Güte. Die Mütter waren gerührt über so viel Zartheit dieser gefürchteten Männer, die ihre Kinder herzten, sorgsam auf den Arm nahmen, mit ihnen spaßten, oder sie behutsam wie junge Väter in die Kinderwagen legten, so daß die armen Todgeweihten ihnen folgten, als gehe es zu einem herrlichen Versöhnungsfest. Als alle beisammen waren, wurden die Kirchentüren verschlossen, und der Massenmord konnte beginnen«.[56]

Dieses schreckliche Ereignis bezeugt, wie im Namen der Gefühle Gefühle getötet werden. Darin liegt die Übereinstimmung mit der oben erwähnten Rede Ronald Reagans. Die Patienten lachten, weil sie die Diskrepanz erkannten, die zwischen den zur Schau gestellten Gefühlen (Freundlichkeit, Fröhlichkeit, Liebe) und der Wirklichkeit von Reagans Grimassen – Arroganz und Haß – lag.

Über die SS-Männer schreibt Ernst von Schenck: »Ich bin überzeugt, daß diese SS-Männer in dem Moment, wo sie ein solches Franzosenkind auf dem Arm hatten, von keinem leisesten Haßgefühl belastet waren ... Und ich bin weiter der Überzeugung, daß, wenn plötzlich der Gegenbefehl gekommen wäre (wie leicht wäre das möglich gewesen, es war ja ein Irrtum, und ein anderes Städtchen hätte eigentlich ›gemaßregelt‹ werden sollen), sie mit Überzeugung weiterhin den guten Papa gespielt und ihre ursprüngliche böse Absicht den Müttern vielleicht sogar als etwas wie einen schreckhaften Witz erzählt hätten. Aber – Befehl ist Befehl!«[57]

Das Nebeneinander von »anständigen« Gefühlen und uneingestandener Mordgier ist deutliches Zeichen dafür, daß alle Gefühle nicht im Inneren wurzeln. Erklärt man solche Ereignisse mit dem Außergewöhnlichen der Umstände, dann weicht man den tatsächlichen Zusammenhängen und dem Grundcharakter solcher Vorgänge aus. Hierher gehört auch die Geschichte jener amerikanischen Studentin, die statt ihren Hund sich selbst erschoß. Sie hatte eine Nacht mit einem Mann verbracht, und ihre Eltern erlegten ihr als »Strafe« auf, ihren Hund zu töten.[58] Diese Eltern wollten der Tochter – nur zu »ihrem Besten« – eine Lektion erteilen. Natürlich waren sie dann angesichts des Ergebnisses ihrer »liebevollen« Absichten außer sich. Geschehen konnte das nur, weil sie dachten, sie würden aus ihren Gefühlen heraus handeln. Doch während ihre vermeintlichen Gefühle der Güte nur ausgedacht waren, folgten sie in Wirklichkeit mörderischen Impulsen.

Manchmal erhalten wir einen direkten Einblick in den Selbsthaß, der hinter all dem steckt. Er wird unmittelbar sichtbar als die Verherrlichung des Todes – und dies, wie schon gesagt, besonders deutlich bei Faschisten. Doch wir müssen uns bewußt sein, daß diese nur offensichtlich machen, was ansonsten hinter beschönigender Freundlichkeit verborgen wird: Hinter dem Tod herzujagen, das erhält auch andere Menschen am Leben, nicht nur Faschisten.

Am 12. Oktober 1936 zog der Franco-General Millán Astray die Universität Salamanca in seinen Bann mit dem paradoxen Feldgeschrei, das er in der Legion eingeführt hatte: »Lang lebe der Tod!« Und im Laufe seiner flammenden Rede führte er weiter aus: »... das Baskenland und Katalonien sind zwei Krebsgeschwüre im Körper der Nation. Der Faschismus, der Heilbringer Spaniens, wird wissen, wie beide zu beseitigen sind. Wie ein resoluter Arzt wird er frei von Sentimentalität ins lebendige Fleisch schneiden. Und da das gesunde Fleisch die Erde ist und das kranke Fleisch das Volk, das darauf wohnt, werden der Faschismus und die Armee das Volk auslöschen und die Erde wieder als das heilige Gut der Nation einsetzen ...«[59]

Solche Menschen geben uns ungeschminkt zu erkennen, daß sie Zerstörung suchen, um die innere Leere zu mildern. Ganz direkt zeigt sich hier, was bei Kütemeyers Patient, der sich am wohlsten in Gefahr fühlte, nicht ganz so deutlich zutage trat. Sein inneres Unbehagen wurde für ihn unerträglich, als der Krieg vorüber war und er sich nicht weiter zerstörerisch betätigen konnte. Er begann Morphium zu nehmen, denn auf diese Weise, wie er Kütemeyer sagte, »taut die Kälte, die ich in meinem Innersten empfinde, auf, dann löst sich dieser entsetzliche Krampf unter meinem Herzen ...«[60]

Es gibt also eine Sorte von Männern, deren zentraler Impuls immer nur um den Tod kreist. Es ist bekannt, daß Hitler und seine Schergen morden ließen und selbst mordeten, aber weit davon entfernt waren, zu erkennen, daß sie damit ein Menschsein repräsentierten, das sich nur durch Tod und Zerstörung lebendig fühlt. In seinen ›Spandauer Tagebüchern‹ schrieb Albert Speer über Hitler, wie dieser die zerstörerische Kraft des Feuers liebte. »Daß er eine Welt in Flammen setzte und den Kontinent mit Feuer überzog: das mögen nur Sprachbilder sein. Aber es war ganz unmittelbar das Feuer, das ihn stets in tiefe Erregung versetzte. Ich erinnere mich, wie er sich in der Reichskanzlei die Filme vom brennenden London, vom Feuermeer über Warschau, von explodierenden Geleitzügen vorführen ließ und welche Gier ihn dann jedesmal erfaßte. Nie aber habe ich ihn so außer sich gesehen wie gegen Ende des Krieges, als er wie in einem Delirium sich und uns den Untergang New Yorks in Flammenstürmen ausmalte. Er beschrieb, wie sich die Wolkenkratzer in riesige, brennende Fackeln verwandelten, wie sie durcheinanderstürzten, wie der Widerschein der berstenden Stadt am dunklen Himmel stand.«[61] Ernst Jünger notierte über Hitler im Oktober 1944 in seinen Tagebüchern: »Der frenetische Beifall, der sein Auftreten begleitete, war überhaupt die Zustimmung zur Selbstvernichtung...«[62]

Luise Rinser beschreibt in ihrem autobiographischen Bericht ›Den Wolf umarmen‹ das Erlebnis eines väterlichen Freundes, der sie als junge Lehrerin in den frühen Tagen des Dritten Reiches vor dem Nationalsozialismus bewahrte: »Er war eines Tages auf den Obersalzberg gefahren, um Hitler von Angesicht zu Angesicht zu erleben. Er stand in der dritten Reihe derer, die im Garten auf den Führer warteten. *Er* kam, streichelte den Kindern die Köpfe, redete hier und da jemand an und ging, die Hand in der Luft zu einem perversen Segen, weiter. *Er* hatte den Platz, wo der Doktor Stein stand, bereits passiert, aber nach einigen Metern machte *er* jäh kehrt, stutzte einen Augenblick und ging dann direkt auf den Doktor Stein zu, reichte ihm über die beiden vorderen Reihen hinweg die Hand und schaute ihm dabei fest, wie beschwörend, in die Augen. Der Doktor Stein war sehr verwirrt. Er hatte in jenem Augenblick sehr klar und scharf gedacht, daß Tyrannenmord erlaubt sein müßte.«[63]

Es ist klar, daß Hitler sich überall dort angezogen fühlte, wo Tod und Zerstörung im Brennpunkt standen. Daß er bei jemandem, der in Entfernung zu ihm stand, die Gegenwart solcher Gedanken – wenn auch nicht die Richtung – erfühlen konnte, zeigt, wie stark sein Inneres davon besetzt war. Ich spreche hier nicht von irgendwelchen übernatürlichen Fähigkeiten, sondern nur davon, daß solche Menschen die Korrespondenz zu ihrer eigenen mörderischen Struktur wahrnehmen.

Die Ergebenheit an Zerstörung und Tod wird durch »Abreaktion« keineswegs gemindert. Es ist eine verbreitete Ansicht, daß man Wut und Zorn abreagiert, wenn man sie nur erst einmal ausdrücken kann – die Idee der Katharsis. Dies trifft jedoch nicht zu, wenn Wut und Zorn vom Selbsthaß gespeist sind. Denn der Selbsthaß wird durch die Projektion auf ein äußeres Objekt verstärkt und wird geschürt durch Handlungen, die tief innen unbewußt als neuerlicher Selbstverrat wahrgenommen werden. Die Zerstörungswut erhöht darum mit jedem weiteren Zerstörungsakt ihren Einsatz.

Das ist der tatsächliche Zusammenhang, den man täglich bei solchen Menschen erleben kann. Ihre zunehmende Gier wird allenfalls durch körperliche Erschöpfung gebremst. Alle Eroberer – seien es Politiker oder Industriemanager – können nicht mehr aufhören, wenn sie sich erst einmal auf diesem Weg befinden. Je weniger sie imstande sind, sich der Eroberung ihres eigenen Inneren zu widmen, um so entschiedener stürmen sie auf dem Fluchtweg vor sich selbst voran und suchen verstärkt etwas jenseits der Grenzen ihres gehaßten Selbst zu erobern.

Wenn die Machenschaften solcher Menschen scheitern, dann beginnen sie zu »leiden«. Doch ihre Art des Leidens unterscheidet sich grundlegend von jener, die aus der Verzweiflung darüber entsteht, keine menschliche Verbundenheit finden zu können. Wer versucht, die Verbindung zum eigenen Innenleben nicht abreißen zu lassen, möchte Isolation überwinden und Liebe und Wärme erfahren. Wer aber das Innenleben preisgibt zugunsten der Macht, hat aufgehört, sich von der Hoffnung auf menschliche Verbundenheit tragen zu lassen. Bei ihm entsteht erst Leid, wenn der Erfolg seiner Machtspiele ausbleibt. Sein Scheitern bedroht ihn mit dem Chaos seines gespaltenen Selbst. Und dem versucht er zu entkommen, indem er verzweifelt seine Anstrengungen verdoppelt, die Herrschaft zu behalten, und die Schmach seines Versagens anderen anhängt. Nicht Trauer, sondern Selbstmitleid kennzeichnet sein »Leiden«.

Diese »Gefühle« sind bloße Zurschaustellung von Gefühlen. Sogar der Selbstmord solcher Menschen ist nur die Darbietung eines Dramas. Wenn einer sich das Leben nimmt, weil er sich selbst wegen seiner Taten nicht mehr erträgt, würde das wenigstens Zeichen der Scham und des Eingeständnisses der schrecklichen Selbstverzerrung sein. An dieser Stelle aber wiederum Hitler, der zu Albert Speer sagte: »Glauben Sie mir, Speer, es fällt mir leicht, mein Leben zu beenden. Ein kurzer Moment, und ich bin von allem befreit, von diesem qualvollen Dasein erlöst.«[64] Nur ein leeres und bedeutungsloses Leben wird so leicht beendet. Daß er das Leben anderer zur Hölle machte, drang nicht in Hitlers Bewußtsein. Er kannte nur Selbstmitleid. Die zugrunde liegende Verachtung des Lebens ist in Verneinung des Lebens und gleichzeitige Verherrlichung des Todes übergegangen.

Wir müssen diese unterschiedlichen Leidensformen dieser zwei ganz verschiedenen Lebensentwicklungen auseinanderhalten – andernfalls wird uns unser eigenes Mitgefühl einen Streich spielen. Wenn wir nicht bemerken, daß es sich beim Leiden eines Menschen um Selbstmitleid angesichts mißlungener Machtspiele handelt, wird unser Mitgefühl nur ihre Verachtung verstärken, ohne ihnen wirklich zu helfen. Diese Menschen sind zum Beispiel die besten Kandidaten für Tablettenkuren. Denn mit Pharmaka kann man sehr erfolgreich die inneren Spannungen unterdrücken und damit die Spaltung aufrechterhalten. Solche Art der »Heilung« ist eine »Waffe, die vor der grundsätzlichen Auseinandersetzung schützt, statt sie zu befördern«, wie Martti Siirala so richtig schrieb.[65] Mit pharmakologischen Therapien hilft man nur Leben vermeiden. Ihr Versagen liegt auf der Hand, wenn man bedenkt, daß sie dem Patienten versprechen, ihn wieder auf das frühere Niveau seiner »Effektivität« zurückzubringen.

Die Natur des Selbsthasses liegt so sehr im Verborgenen, weil wir uns alle so leicht von Macht beeindrucken lassen. Denen, die Macht haben, billigen wir immer auch Stärke zu und unterstellen damit, daß sie mehr vom Leben wissen und bessere Menschen sind als wir, die wir ja nur »Versager« sind. Echte Stärke liegt in der Fähigkeit, seelische Schmerzen zu ertragen. Doch in der Regel wird für stark gehalten, wer keine Angst kennt, vor allem nicht die Angst vor dem Tod. Den Tod zu verherrlichen und sich ihm zu ergeben ist nicht »Überwindung« des Todes, sondern lediglich Verleugnung der Todesangst. Dieselben Menschen haben den Schmerz über die ungenügende Liebe ihrer Eltern nicht ertragen können und haben darum den Mythos erfunden, daß die Empfindungsfähigkeit für innere Schmerzen Schwäche sei.

Und so gilt: Menschen, die Schmerz und Leid als nicht ertragbar von sich abgetrennt haben, sind die Verfechter und Wächter eines Zerrbilds der Realität. Weil sie ihre eigene Schwäche angesichts einer manipulierenden Pseudo-Liebe nicht ertragen konnten, verlegen sie sich ihr Leben lang auf den Erwerb von Macht und Besitz. Das bewahrt sie davor, sich mit ihrem Selbsthaß auseinanderzusetzen, der durch ihre Unterwerfung unter falsche Liebe entstanden ist. Dieser, wie Martti Siirala es genannt hat, »halluzinierte Besitz der Realität« wurde die verordnete Definition männlicher Stärke. Das Ergebnis sind »starke Männer«, die von ihren tiefsten Gefühlen abgetrennt sind, weil sie nicht die Stärke haben, sie zu ertragen.

Diese völlige Verkehrung der psychischen Realität ist so schwer zu durchschauen, weil diese »starken Männer«, deren Lebensinhalt es ist, an der Macht zu sein, durch ihre Vorherrschaft auch das Bewußtsein prägen und festlegen, was als Realität gilt.

4 Gefühle, die keine Gefühle sind

Obwohl ich schon in den vorangegangenen Kapiteln immer wieder auf die falschen Gefühle zu sprechen kam, möchte ich noch einmal genauer das Brennglas darauf richten. Wir alle wünschen uns verzweifelt, daß das Erscheinungsbild der Dinge immer wahr sein möge. Denn das hilft, unsere Zweifel an der Verläßlichkeit unserer empathischen Wahrnehmungen zu beseitigen. Entsprechend erschüttert sind wir, wenn Wahrheit und Erscheinungsbild nicht zusammenpassen. Das geschieht besonders dann, wenn wir nicht glauben können, daß bei einem Menschen Gewalttätigkeit hervorbricht, dessen tadelloses soziales Auftreten bisher einen vorbildlichen und gefühlvollen Menschen zeigte. Im Kontrast dazu steht das Ausbleiben von Erschrecken und Verwunderung, wenn Gewalt zur Verteidigung von Recht und Ordnung ausgeübt wird. Das möchte ich in diesem Kapitel anhand von einigen ausführlicher analysierten Fällen und Einzelbeispielen darstellen.

Der Überraschungstäter

An einem Winterabend im Jahr 1975 erschlug Gregg Sanders seine Mutter und seinen Vater mit einer Axt.[66]

Gregg war damals fünfzehn Jahre alt und galt in der exklusiven Privatschule, die er besuchte, als musterhafter Schüler. Er habe keinerlei Probleme gemacht, und man habe keine Warnzeichen erkennen können, sagte der stellvertretende Direktor der Schule. Von den Nachbarn wurde er als ein nachdenklicher und höflicher Junge beschrieben. Am Nachmittag der Tat habe er, so seine Lehrer, keinerlei Anzeichen von Anspannung oder Angst gezeigt. Ebenfalls am Tag der Tat wurde in der Klasse ein Aufsatz von ihm als Beispiel einer besonders guten Arbeit vorgelesen. Er hatte ein imaginäres Gespräch zwischen Jesus und Gott zum Thema und trug die Überschrift ›Der Vater hat immer recht‹. Zwischen Kreuzigung und Auferstehung befahl ein sehr harter Gott, daß Jesus auf die Erde zurückkehren und warten solle, bis sein Vater ihn ruft.

Greggs Vater war Vizepräsident einer bedeutenden New Yorker Bank, und seine Mutter, eine Lehrerin, leitete eine kirchliche Tagesstätte für Kinder. Beide setzten ihren ganzen Ehrgeiz in ihren Sohn und trieben ihn ständig zu immer noch höheren Leistungen an, obwohl er bereits ein sehr guter Schüler war. Ein Freund sagte über ihn: »Wenn man ihn reden hörte, mußte man meinen, daß er ständig am Versagen war.« Ein Schulberater aus dem ersten Schuljahr erinnerte sich an die Meinung der Eltern, daß Gregg ohne Mühe gute Ergebnisse erreiche, diese aber noch steigern könne, wenn er sich auch zu Hause mehr anstrengen würde.

Der Kinderarzt der Familie beschrieb die Mutter als eine steife und verschlossene Frau. Als sie einmal gefragt wurde, ob sie irgendwelche Probleme, die Gregg haben könnte, besprechen wolle, soll sie nur ganz schroff geantwortet haben: »Wir haben keine Probleme!« Zur selben Zeit, ungefähr drei Jahre vor der Mordtat, litt Gregg acht Monate lang unter Schwindelanfällen, denen die Mutter nur organische Bedeutung gab. Sie ließ ein Elektroenzephalogramm machen, das ihn als gesund auswies.

Als Greggs Schulberater die Mutter zu einer Routinebesprechung bat – Gregg selbst hatte nie von Problemen gesprochen –, lehnte sie ab, da sie mit den Ergebnissen ihres Sohnes und mit der Schule zufrieden sei. Das war drei Monate vor der Tat. Die Mutter wurde auch als eine sozial aktive Frau beschrieben, die die kirchliche Tagesstätte nur leitete, um ihre Kenntnisse und Fähigkeiten als Lehrerin nicht brachliegen zu lassen. Ihre Feunde erinnerten sich daran, wie sie jeden Tag eisern zur Arbeit ging, obwohl sie chronische Rückenschmerzen und eine Halsverletzung von einem Autounfall her hatte. Sie erzählten auch, wie sehr sie sich für Gregg aufopferte und daß er ihr ein und alles war.

Der Vater wurde als ein Mann beschrieben, der hart arbeitete, um sich den amerikanischen Traum zu erfüllen. Er war als Sohn eines Dockarbeiters aus Philadelphia zum Vizepräsidenten einer großen Bank aufgestiegen. Er brachte oft Arbeit mit nach Hause, und Gregg erzählte manchmal Freunden, wie hart sein Vater arbeite und daß er einen sehr verantwortungsvollen Job habe.

Die Berichte geben ein Bild von Eltern, die von Pflicht und Erfolg getrieben waren und jedes Gefühl, das in eine andere Richtung gegangen wäre, ablehnten. Die Mutter leugnete sogar ihre physischen Schmerzen, da sie ja ihre Praxis als Lehrerin nicht vernachlässigen durfte. Über die Zukunft ihres Sohnes schrieb sie einmal: »Wir hoffen, daß Gregg aufs College gehen will, aber was immer er tut, er wird es glücklich und gut machen.« Das Wort »glücklich« verwendete sie aber ohne jeden Bezug zur Freiheit, die Glück impliziert. Für diese bedauernswerte Frau bedeutete Glück nicht mehr als das Ausbleiben eines Gehirnschadens bei ihrem Jungen.

Es ist überdeutlich, daß diese Eltern, die so vom Erfolg in Anspruch genommen waren, nichts wußten über das Innenleben ihres Sohnes. Auch Freunde und Nachbarn ahnten nichts davon. Aber es gab genug Anzeichen für eine innere Spaltung:

- Einmal erzählte er einem Freund von einem Erlebnis, das er mit fünf Jahren hatte: Als sein Vater zu ihm ins Zimmer kam, wurde er so wütend, daß er drei Wochen lang nicht mehr mit ihm sprach. Schon damals erlebte er seinen Vater als einen Eindringling.
- Die Schwester erzählte, wie er manchmal auf den Vater schimpfte und fluchte und vor Wut gegen die Wand trommelte. Anschließend habe er keinerlei Erinnerung mehr daran gehabt. Es liegt offen zutage, daß dies Anzeichen seiner Spaltung zwischen Wut und Unterwerfung unter die Normen anständigen Verhaltens und einer außengelenkten Identität waren. Im Inneren Zerstörung und außen die Schale der Anpassung an die Wünsche der Eltern – das sprengte die »Ganzheit« seiner Persönlichkeit.
- Seine Spaltung wurde noch deutlicher sichtbar durch seltsame Angewohnheiten, die erst später entdeckt wurden: Er hatte einen geheimen Raum, einen drei Meter langen Kriechgang, in den er durch eine versteckte Öffnung in seinem Zimmer gelangte. Dort hatte er eine Matratze, eine Lampe, Bücher, leere Schnapsflaschen und ein großes Hakenkreuz auf einem Holzbrett sowie weitere Nazi-Enbleme, außerdem sechs mit Hitler-Zitaten vollgeschriebene Blätter.

Von diesen Interessen hat nie jemand etwas bemerkt. Bei politischen Gesprächen gab er liberale Stellungnahmen ab und berichtete in der Schule, wie er mit seinem Vater gestritten habe, der ein

Anhänger des damaligen Präsidenten Nixon war. Als er einmal bei bei einer Klassendiskussion von einem Lehrer nach seiner Meinung über Hitler gefragt wurde, hatte er geantwortet: »Er war ein Genie, aber leider war er wahnsinnig.« Und Himmler mochte er nicht, weil er ein Sadist war. Es gab noch andere Anzeichen seiner inneren Zerrissenheit:

- Einem Freund schilderte er genau, wie er sich umbringen wolle: Er würde zu dem unbenutzten Wasserturm nahe der Stadt gehen, die Treppen hinaufsteigen und über das Gitter auf der Spitze steigen. Er würde sich mit einer Hand an der Kante festhalten und sich dann das Handgelenk durchschneiden. Er betonte, daß er sich erst, wenn er hängen würde, das Handgelenk durchschneiden würde. – Genau auf diese Weise hat sich Gregg umgebracht, nachdem er seine Eltern erschlagen hatte!
- Demselben Freund sagte er auch, daß er Erschießen für eine unpersönliche Art des Tötens halte. Eine seltsame Bemerkung, die aber die Intensität seiner Mordlust spiegelt. Sein Abschiedsbrief später dagegen vermied völlig dieses persönliche Beteiligtsein. Da wollte er rücksichtsvoll und angemessen in Erscheinung treten. Das paßt zu anderen Ereignissen seiner Vergangenheit.
- Als er elf Jahre alt war, diskutierte er mit einem Freund über die Ermordung einer Frau und ihrer drei Kinder. Der Vater wohnte in der nächsten Stadt. Er war der Mörder und hatte einen Brief geschrieben, daß er seine Familie erschossen habe, um ihnen Leid zu ersparen und ihre Seelen zu retten. Während Greggs Freund darüber sehr entsetzt war, betonte Gregg, daß er es nicht so empfinde. Zu diesem Mordfall hatte er eine richtige Dokumentation angelegt.

Was löste den Mord an seinen Eltern und den nachfolgenden Selbstmord aus? Vier Tage vorher war er von seinem Geschichtslehrer getadelt worden. So etwas hatte er bis dahin nie erlebt. Der Lehrer drohte ihm mit einem Verweis, weil er im Unterricht gesprochen hatte. Das bedeutete gewöhnlich, daß ein Brief an die Eltern geschickt wurde. Am nächsten Tag sagte er zu seinem besten Freund, daß er nun drei Möglichkeiten habe: »Ich kann den Lehrer verhauen, ich kann den Brief abfangen, oder ich kann mich umbringen.« Man sieht hier, wie wenig Spielraum ein Selbst hat, das sich ganz den Wünschen der Eltern entsprechend organisiert, wenn das für echt gehaltene Image mit Entwürdigung bedroht ist. Tatsächlich geschah dem Jungen gar nichts, der Lehrer hat mit seiner Drohung nicht ernst gemacht, und weder der Direktor noch die Eltern erfuhren etwas davon. Aber in dieser Familie war alles auf das Image abgestellt. Als die ältere Schwester das College vorzeitig verließ, interessierten sich die Eltern nicht für die Schwierigkeiten des Mädchens, sondern waren nur um ihr gesellschaftliches Ansehen besorgt, das dadurch beeinträchtigt wurde.

Gegen Ende des Tages, an dem Gregg seine Eltern erschlug, diskutierte er mit Mitschülern, welche Kurse sie im nächsten Schuljahr belegen wollten. Niemandem fiel etwas an Gregg auf. Als er am Abend nach Hause kam, aß er zuerst einmal mit seinem Vater. Dann – der Gutachter sagte, daß es etwa halb zehn Uhr abends war – nahm Gregg eine sechzig Zentimeter lange Axt und tötete seinen Vater mit mehreren Schlägen auf den Kopf, während dieser in der Küche saß und an einem Bericht für seine Bank schrieb. Seine Mutter, bereits im Nachthemd, erschlug er im Eßzimmer. Dann ging er zu dem Wasserturm und sprang hinunter.

Noch beim Morden klammerte er sich an das Image, das er von sich selber hatte. Er hinterließ die folgende Botschaft auf seinem Schreibtisch: »An alle, die es angeht: Ich bedaure die Unannehmlichkeiten, die ich verursacht habe. Ich bin nicht böse auf meine Eltern. Ich konnte es nicht mehr aushalten. Also, es tut mir leid. Alles Gute, Gregg S.«

Menschen, die sich selber völlig dem Image und dem Erscheinungsbild unterworfen haben, werden »Gefühle«, wie Gregg sie hier ausdrückte, für Beweise der Reue und Anteilnahme halten. Seine Schwester schrieb in einem Brief an die Polizei der Stadt: »Gregg hat seine Eltern aus Liebe zu ihnen getötet, er wollte ihnen das Leid über seinen Selbstmord ersparen.« Und mancher wird ihr in ihrer Verkehrung von Haß in Liebe zustimmen, um den eigenen Haß, der sich in ihm regt, zu unterdrücken. Die Schwester fuhr in ihrem Brief fort: »Aus Gründen, die wir und auch niemand anderer je wissen werden, konnte mein Bruder nicht mit dem Druck, der auf ihm lastete, fertig werden. Unter welchem Druck steht ein Fünfzehnjähriger? ... Gregg war ein außerordentlich gefühlvoller und liebender Junge, vielleicht hat ihn deshalb der übliche Druck härter bedrängt als sonst Kinder seines Alters.«

Der wahre Sachverhalt ist, daß Liebe, die verdient werden muß, eine Art der Selbstachtung hervorbringt, die sich nur auf die

Erfüllung von Leistungsforderungen gründet. Die Folge davon ist Haß. Die wirklichen Ursachen für diese schreckliche Tat kann eigentlich nur der erkennen, der in der Lage ist, seine eigenen Verletzungen zu sehen. Um den Haß zu sehen, der Gregg trieb und zerstörte, müssen wir erkennen, wie er auch an uns nagt.

Ganz offensichtlich wurde Greggs innere Zerstörung von dem verzweifelten Versuch beschleunigt, den Mythen gerecht zu werden, mit denen er aufwuchs. Die dagegen, die mit diesen Mythen leben ohne Gefühl dafür, daß Image und Handlungen übereinstimmen müssen, haben die grundlegende Heuchelei unserer Kultur bereits bestens gelernt und verstehen es, ihre Destruktivität auf sozial verträgliche Weise zu »sublimieren«. Die Tragik von Menschen wie Gregg liegt darin, daß sie nicht heucheln können. Wenn ihre Mordwut durchbricht, töten sie ganz unmittelbar die Ursache ihres Unbehagens. Die »wirklich« Angepaßten, die die Heuchelei gelernt haben, morden statt dessen – auf ganz legalem Weg – jene, die sie daran erinnern, wie sie sich selbst verraten haben.

Die Mörder mit gutem Gewissen

Bevor ich mich mit dem amtlich sanktionierten Morden befasse, möchte ich ein Wort zur sogenannten Sublimation sagen. Das psychoanalytische Konzept der Sublimation basiert auf der Vorstellung, daß die Menschen von primitiven Trieben beherrscht seien, deren Energie in sozial »verträglichere« Kanäle umgelenkt werden müsse. Freud sagte, daß »die Triebe ihr Ziel verändern können (durch Verschiebung)«.[67] Die »Grundtriebe« Eros und Destruktion konnten nach seiner Auffassung nur entweder unterdrückt oder sublimiert werden. Bis heute verhinderte dieses Konzept eine Untersuchung von Destruktivität und Aggressivität, die der tatsächlichen Entwicklung entspricht.[68] Indem Freud die Sublimation zum einzigen Weg erklärte, auf dem der menschlichen Destruktivität entgegenzuwirken sei, unterstützte er jene Ideologien, die den Menschen als angeboren destruktiv sehen und dies als seinen »natürlichen« Zustand feiern.

Die Sackgasse der Triebtheorie kann man verlassen, wenn man erkennt, daß Sublimation die wirklichen Ursprünge der Destruktion und Aggression nicht im mindesten berührt. Sie lenkt sie nur in Richtungen, die im Augenblick akzeptabel wirken – wie zum Beispiel im Geschäftsleben, wo dann der unbarmherzige Konkurrenzkampf tobt. Der einzige Weg, mit Destruktion umzugehen, besteht darin, der Hilflosigkeit ins Gesicht zu blicken, aus der sie entstanden ist.

Nur wenn man die eigene Hilflosigkeit akzeptiert und die Grenzen sieht, die sie einem setzt, kann man von dem mythisierenden Schuldgefühl loskommen, durch das man sich klein und unbedeutend fühlt. Wenn man sich von der Idee löst, Hilflosigkeit sei Ausdruck des Versagens, kann man sich von primitiver und zerstörerischer Wut befreien. Ihre Unterdrückung oder Sublimation dagegen hält ihre Quellen am Leben.

Außerdem begünstigt die Sublimationstheorie eine Art von Reformismus, der die Realität der Gewalt mit Nachsicht und falschem Verständnis verharmlost. Wenn es nur darum geht, die Neigung zur Gewalt auf harmlosere Ziele umzulenken, bleibt die Frage nach dem Bösen ausgeklammert: Beherrschen wir es, oder beherrscht es uns?

Wie weit verbreitet die Vorstellung ist, daß das Böse uns in der Hand hat, dafür sind die Ereignisse um die Gefängnisrevolte im amerikanischen Attica am 9. September 1971 ein sprechendes Beispiel. An diesem Tag überwältigten eintausenddreihundert Männer, die Hälfte der Häftlinge des Gefängnisses, etwa drei Dutzend Aufseher und Gefängnisangestellte und hielten sie während vier dramatischer Tage, in denen sie verhandelten, als Geiseln fest. Auf Befehl des damaligen Gouverneurs des Staates New York, Nelson A. Rockefeller, eroberte die Staatspolizei am 13. September das Gefängnis.

Die Hintergründe und der Hergang sind ausführlich dokumentiert:[69] Das Gefängnis von Attica war völlig überfüllt. Die Häftlinge waren vor allem Schwarze und Puertoricaner. Ihre Bereitschaft, für die Wahrnehmung ihrer Rechte zu kämpfen, wuchs. Die Revolte wurde durch einen Zwischenfall am Nachmittag des 8. September ausgelöst: Ein Aufseher dachte, daß zwei Häftlinge miteinander kämpften, trat von hinten an sie heran und legte seine Hand auf einen der beiden. Dieser sprang herum und schlug zu, vermutlich ganz instinktiv, da er nicht sah, wer von hinten kam. Die beiden Häftlinge, ein Schwarzer und ein Weißer, hatten gerade für die Football-Mannschaft des Gefängnisses trainiert – der Weiße war der Trainer –, als der Aufseher, der ihren Kampf mißverstand, dazwischenkam.

Als am Abend alle Häftlinge wieder eingeschlossen wurden, wurden die beiden aus ihren Zellen geholt und in Einzelhaft gebracht. Bald verbreitete sich das Gerücht, daß sie zusammengeschlagen worden seien. Am nächsten Morgen nahm die Rebellion ihren Lauf. Die Häftlinge forderten minimale Reformen und Straffreiheit für die Meuternden.

Der Gouverneur ordnete an, das Gefängnis zu stürmen, nachdem er sich standhaft geweigert hatte, an den Verhandlungen für eine friedliche Einigung teilzunehmen, obwohl diese Verhandlungen von einem Bürgerkomitee unter Leitung des für das Gefängniswesen zuständigen Kommissars der Staatsregierung geführt wurden. Sofort nach der Niederschlagung der Revolte verkündete der Gouverneur, daß die Staatspolizei und das Gefängnispersonal »ausgezeichnete Arbeit« geleistet hätten. Ergebnis dieser »ausgezeichneten Arbeit« war, daß neunundzwanzig Häftlinge und zehn Geiseln getötet und neunundachtzig Menschen verwundet waren. Eine offizielle Untersuchung der Ereignisse führte dieses Blutbad auf die wahllose und unverantwortliche Schießerei im Gefängnis zurück.

Ich will hier die politische Verantwortung des Gouverneurs beiseite lassen und mich nur mit der Handlungsweise der Männer befassen, die das Gefängnis stürmten. Sie waren ganz offensichtlich damit beauftragt, die Geiseln zu befreien, und sie hatten den Befehl, Schießereien zu vermeiden, es sei denn, sie hätten sich selbst oder andere vor Angriffen schützen müssen.

Die Häftlinge verfügten über zwei Tränengaspistolen sowie über Schlagstöcke und Messer. Die angreifende Polizei – tausend Mann – war mit Schrotflinten, Pistolen und Gewehren bewaffnet. Auf fünfundvierzig Meter Abstand befeuern Schrotflinten einen Kreis von über einem Meter Durchmesser. Diese Schrotflinten waren ganz offensichtlich nicht dazu geeignet, die Bedrohung durch eine einzelne Person abzuwehren. In dem überfüllten Gefängnishof trafen diese Waffen zwangsläufig fast jeden. Eine Schrotkugel verletzte zum Beispiel eine der Geiseln tödlich.

Die Geiseln wurden während des Sturmangriffs von Black Muslims, deutlich erkennbar durch ihre kahlrasierten Köpfe, bewacht. Nachdem den Häftlingen ein Ultimatum ausgehändigt worden war, zwangen sie acht Geiseln, sich auf den Boden zu legen, und hielten Messer an ihre Kehlen. Damit war das Ultimatum zurückgewiesen, und die Polizei stürmte das Gefängnis. Sie hatte den Befehl, nicht zu schießen, solange den Geiseln nichts geschah. Vor dem Sturmangriff ging das Gerücht, daß die Geiseln kastriert worden seien. Diese Bestialität entsprach so genau den Erwartungen, daß die angreifenden Männer später den Tod der Geiseln auf die angebliche Verstümmelung durch die Häftlinge zurückführten. Doch bereits am nächsten Tag wurde klar, daß der Tod der Geiseln ausschließlich durch die Schießereien der Polizei verursacht worden war.

Was ist von Menschen zu halten, die ein Gefängnis mit Schrotflinten erstürmen, obwohl sie wissen, daß die Geiseln, die sie befreien wollen, von den Häftlingen umringt sind? Wie paßte die Wahl der Waffen mit dem Ziel der Aktion zusammen?

Tom Wicker, Journalist der ›New York Times‹, schrieb drei Tage später, daß »die sichere Überzeugung, daß ein Angriff die Häftlinge veranlassen würde, alle achtunddreißig Geiseln zu töten, jene nicht beeindruckte, die die Gewehre in der Hand hatten – sie wollten einfach hinein«. Und genau das war es: Sie wollten hinein und töten! Sie verfielen in eine Raserei, völlig unabhängig von ihrem Auftrag, die Geiseln zu befreien und die Revolte von weitgehend unbewaffneten Menschen zu beenden. Sie waren besessen von dem Gerücht, es spornte sie an, und es war nichts weiter als der Ausdruck ihrer eigenen Destruktivität, projiziert auf Menschen, die sie für minderwertig und verachtenswert hielten.

Man muß sich vor Augen halten: Der Kriminelle steht im Gefängnis Leuten gegenüber, die sehr schlecht bezahlt werden, kaum eine Ausbildung haben und auf den unteren Sprossen der sozialen Leiter stehen. Doch sie sind mit Autorität ausgestattet, was jemand, der sich wegen seines niedrigen sozialen Status minderwertig fühlt, als besondere Gunst empfinden muß. Damit hat sich die Gesellschaft selbst in eine widersprüchliche Position begeben. Sie möchte diejenigen, die sich gegen das Gesetz vergangen haben, bestrafen, aber sie möchte nicht den Preis dafür bezahlen, der für ein Gefängnissystem erforderlich wäre, das diesen Menschen zur Rehabilitation verhelfen würde. Daher hat letztlich die Gesellschaft selbst die Tragödie von Attica zu verantworten.

Das Geschehen in Attica wirft aber ein Licht auf jene Menschen, die zwar selbst Opfer der sozialen Ungerechtigkeit sind, sich aber um so mehr mit autoritären Strukturen identifizieren. In Attica waren sowohl die Polizei als auch das Wachpersonal – genauso wie die Häftlinge – eiserner Disziplin und Dienstroutine unterworfen. Sie waren zwar in der Position, andere herumkommandieren zu können, aber selbst nicht weniger Gefangene in diesem Gefängnis. Die Frustration ihres Jobs hatte natürlich ein Ventil: den Kriminellen, der sozusagen per Gesetz minderwertiger als sie selbst war. Wenn man bereit ist, gehorsam zu sein, weil Gehorsam zum Sinn des Lebens geworden ist, dann wird der, der offiziell als der Schwache deklariert ist, zum Sündenbock, an dem man die eigene Wut austoben kann. Der »Schwache« ist hier der Kriminelle, der Rebell, der Außenseiter, der gar noch darauf besteht, menschlich behandelt zu werden.

Das Ereignis von Attica zeigt anschaulich, was Nicht-Autonomie hervorbringt: Wut und Zerstörung in einem solchen Ausmaß, daß die Taten in keinem Verhältnis mehr stehen zu Anlaß und Zweck. Wir sehen hier im Rohzustand, was gewöhnlich verschleiert bleibt: daß die durch den Gehorsam hervorgerufene Abhängigkeit unter dem Mantel angemessenen Sozialverhaltens Rache nimmt. Beim Töten der Häftlinge, die als Untermenschen gelten, dürfen sich die Mörder im Recht fühlen. Entsprechend erwarten sie auch Belobigung, und der Gouverneur sparte nicht damit. Solche Politiker legitimieren praktisch blanken Mord.

Damit wird der Grundstock gelegt für immer mehr Gewalt. Denn das Schuldgefühl, das zwangsläufig durch solche Gewalttätigkeiten entsteht, muß unablässig durch verstärkte Aktivitäten abgewehrt werden. Die schreckliche Geschichte von Attica lehrt, was Gehorsam und Konformität aus dem Menschen machen.

Zur Gewalt neigt nicht nur der Kriminelle. Sie ist in allen Menschen gegenwärtig, die in einer Welt leben, deren Fundament die Gehorsamsbereitschaft ist. Wenn wir uns selbst nur dann lieben dürfen, wenn wir gehorsam sind, fühlen wir uns als rechtschaffene Menschen, wenn wir in anderen den Ungehorsam töten, der einst unser eigener war. Wir brauchen Feinde, nicht nur um uns selbst vor unserem alten inneren Feind zu schützen, sondern auch um die wachsende angestaute Wut abzureagieren.

Und während wir das Leben hassen und verachten, halten wir

uns für gütig, großzügig und menschenfreundlich. Wahr daran ist nur, daß wir uns bemühen, »anständig« zu erscheinen, also den Erwartungen zu entsprechen, denn nur dann können wir uns selber lieben. *Das* aber ist Narzißmus, und diesen Narzißmus fördert unsere Kultur sehr wirkungsvoll. Man liebt die »anständige« Fassade und nicht das Selbst, das man sein könnte.

Die versachlichte Gewalt

Die Erfüllung sozialer Normen kann dazu dienen, einer Neigung zur Gewalt zu frönen und dies zugleich zu verleugnen. Am 27. März 1979 wurde während einer politischen Demonstration in der Schweiz ein Schriftsteller von zwei Polizisten festgenommen und zusammengeschlagen. Einer der Polizisten sagte bei der späteren Gerichtsverhandlung: »Was wollen Sie denn von mir? Ich habe mein Leben lang gehorcht, als Kind, als Schüler, in der Ausbildung, als Soldat und nun als Polizist. Ich habe nur meine Befehle ausgeführt.«[70]

Selbstverständlich bestand sein Befehl darin, für Ordnung zu sorgen. Unter diesem Vorwand haben die beiden Polizisten einfach einen Menschen zusammengeschlagen. Hier interessiert nicht so sehr die Tatsache, daß der Polizist dann vor Gericht für sich in Anspruch nahm, »auf Befehl« gehandelt zu haben, sondern daß er die Entwicklungsgeschichte des Gehorsams vorführte: Man wächst damit auf, daß man gehorsam sein muß, nicht aber damit, daß man selbst – und für sich selbst – denken und fühlen kann. Und es bleibt verborgen, daß diese Einübung genau das hervorruft, wovor die Gesellschaft Angst hat: nämlich Destruktivität – vor der sie sich vergeblich durch die Einübung in Gehorsam zu schützen versucht.

Die Destruktivität hat hier ein doppeltes Gesicht. Einerseits führt sie zur fortgesetzten und erneuten Unterdrückung der Möglichkeiten des Lebendigseins, auf der anderen Seite zur direkten Gewalt gegen alle, die als sozial »abweichend« oder störend gelten. Doch die Bürokratisierung des Lebens arbeitet noch auf andere Weise. Sie erlaubt nicht nur Gewaltanwendung, die als solche nicht erkennbar ist, sondern sie zerstört auch Menschen, indem sie diese dazu veranlaßt, sich von ihren Gefühlen zu distanzieren. Gerade das wird auch durch die Gehorsamspflicht erreicht.

Dazu möchte ich einen früheren wissenschaftlichen Mitarbeiter des Pentagon sprechen lassen: »Ich war daran beteiligt, die Angriffsziele in der Sowjetunion auszusuchen, die im Kriegsfall mit Nuklearwaffen angegriffen werden sollten... Als wissenschaftlicher Mitarbeiter der politischen und wirtschaftlichen Abteilung der Air Target Division war ich zuständig dafür, die Zentralen der KPdSU in verschiedenen sowjetischen Städten zu identifizieren... Während ich an dieser Aufgabe arbeitete, waren die Kollegen in den anderen Büros eifrig damit beschäftigt, strategische Ziele wie Benzinlager, Flughäfen oder Industriezentren auszumachen. Wir machten unsere Vorschläge..., und jeder hoffte, daß seine Ziele in die Pläne aufgenommen werden würden, die in einem Nuklearangriff zur raschen und bedingungslosen Kapitulation der sowjetischen Armee führen sollten. Meine Kollegen waren wie ich selbst Absolventen von liberalen Universitäten, und viele gingen noch am Abend zu Universitätskursen über internationale Beziehungen oder Wirtschaftswissenschaft... Heute werde ich oft heimgesucht von den Erinnerungen an diese Arbeit... Was machte mich damals so unempfindlich für die menschlichen Aspekte?... Wir tranken Kaffee und aßen zu Mittag ohne irgendwelche Schuldgefühle oder Anwandlungen von Selbstkritik... Wodurch war es uns möglich, so ruhig die Vernichtung einer so großen Zahl uns völlig unbekannter menschlicher Ansiedlungen ohne jedes Gefühl moralischer Abscheu zu planen? Zumindest war davon nichts zu spüren, wenn wir bei mehreren Martinis feierten, daß wieder einige der von uns eruierten Angriffsziele in die Liste der sowjetischen Hauptangriffsziele aufgenommen worden waren.«

Henry T. Nash, der dies schrieb,[71] notierte viele der Merkmale, die ein solches Arbeiten ermöglichten. Der Kalte Krieg ließ eine solche Arbeit – Ziele in der Sowjetunion zu ermitteln – ehrenwert erscheinen. Da die Mitarbeiter immer nur an Details arbeiteten und nicht die gesamte Planung kannten, blieb ihr Gewissen unbelastet. Daß man vom Feind immer nur das Schlimmste annahm, erlaubte die Projektion von Phantasien, ohne sie an der Realität messen zu müssen. Nash schrieb weiter: »Die Immunität gegen Kritik war dadurch gesichert, daß die Ergebnisse der einzelnen Mitarbeiter oder des Teams höchster Geheimhaltung unterlagen.« Außerdem sorgte der hierarchische Aufbau der Abteilungen für eine Ablenkung von den zerstörerischen Zwecken dieser Arbeit. Worüber die Leute wirklich nachdachten, das war ihre Position im Verhältnis zu der der anderen. Der Verschleierung diente ferner eine verharmlosende Sprachregelung. »Beamte arbeiten lieber in einem Verteidigungsministerium als in einem Kriegsministerium. Angriffsziele heißen – wie im Vietnam-Krieg – ›strategische Dörfer‹, Bombardements ›chirurgische Angriffe‹, der Feind wird nicht getötet, sondern ›handlungsunfähig‹ gemacht, und militärische Bodenoperationen heißen ›aggressive Verteidigung‹.«

Über ein späteres Treffen mit alten Kollegen in Washington berichtet Nash: »Es war immer noch so wie früher – Menschen, deren Sprache und Verhalten sie in ihrer Ehrenhaftigkeit ausweist, aber auch in ihrer festen Überzeugung, daß das, was sie tun, getan werden muß und deshalb rechtens ist. Nichts Finsteres oder die Andeutung von Schuldgefühlen umgab sie. Es ist die Arbeitsatmosphäre einer Bank oder Versicherung.« Und genau das ist es: Der Gehorsam erzwingt die Unterdrückung jener Gefühle, die solchem Verhalten entgegenwirken könnten. Wenn wir in uns die empathischen Fähigkeiten abtöten müssen, gibt es keine echten Gefühle mehr. Übrig bleibt nur ein Streben nach Leistung, die die Anerkennung einbringt, von der die Selbstachtung abhängt. Auf Kritik aber wird mit entrüstetem Selbstmitleid reagiert.

Die Attraktivität des bürokratischen Lebens beruht aber auch darauf, daß es Sicherheit bietet in einer als chaotisch empfundenen Welt. George W. S. Trow beleuchtete diesen Aspekt in einer Untersuchung der neuen, harten Realität amerikanischen Lebens.[72] Er beschrieb das Schicksal eines Stückes Land, Black Rock Forest. Politiker meinen zwar oft, man müsse zwischen der Mentalität der Bürokraten und der von Körperschaften unterscheiden, doch gemeinsam ist beiden das Denken in Schablonen. Erfolgreiche Beamte oder Manager wissen diese Schablonen geschickt zu handhaben. Sie respektieren die Scheu vor allen Neuerungen, die nur das Chaos vermehren und die innere Angst vergrößern.

Die Harvard Universität hatte 1949 Black Rock Forest zur Erforschung des Naturschutzes bekommen. Doch nach dem Zweiten Weltkrieg begann die Universität, wie Trow schreibt, »genau und unbarmherzig auf ihren Besitz zu achten ..., die Verwaltung der Universität begann sich von ihrer eigentlichen Bestimmung, die ihren besonderen Charakter ausmachte, zu lösen.« Sie tat dies, wie das Individuum seine Innenwelt abspaltet. Der Selbstverrat wurde hier gewissermaßen amtlich vollzogen. Die Realität des Geschäfts – ein Vermögenswert wird verdächtig, wenn er keinen Gewinn bringt – wird zum Dogma einer Universitätsverwaltung. Während Harvard in der Vergangenheit berühmt dafür gewesen war, daß es sich im Sinne seiner humanistischen Zielsetzungen gegen den Geist der Geschäftswelt stellte, entwickelte es sich nun so: »Es besteht kein Unterschied mehr zwischen Harvard und der Welt draußen; die Trennungslinien sind nicht mehr zu sehen. Das Milieu von Harvard ist das gleiche wie das der Times, die das Großmilieu des ganzen Landes repräsentiert.«

Trow stellte fest, daß Black Rock Forest keineswegs eine finanzielle Belastung war, sondern daß sein Stiftungskapital sogar angewachsen war. Doch die moderne Buchführung konnte nichts damit anfangen. Und deshalb beschloß das Management von Harvard, sich dieses Störfaktors zu entledigen, als man am 1. Juli 1970 die Vermögenswerte – nun nach dem Marktwert – neu festlegte. Der Wert des Waldes lag in seiner Schönheit, seiner Lebensfülle und der Bedeutung der Naturschutzarbeit, die dort geleistet wurde. Aber für den neuen Mann in der Finanzverwaltung zählte das nicht mehr. Trow beschrieb ihn so: »Er vertrat seine Sache, als hätte er einen Standpunkt, in Wirklichkeit hatte er aber nur eine Funktion und einen bestimmten Ton in seiner Stimme... Seine Tonlage war neutral, und dieser neutrale Ton war sein Standpunkt. Er mußte sich nie deutlich erklären, seine Tonlage erklärte ihn.«

Hier zeigt sich beispielhaft, wie Gefühle durch Image ersetzt werden. Die daraus resultierende Unpersönlichkeit wird zur neuen Macht, die mehr und mehr unser Leben beherrscht. Diese klugen Leute – deren Fähigkeit zur Anpassung sie zu dem gemacht hat, was sie sind – machen die Unpersönlichkeit zu ihrem Verbündeten, da sie so der Verantwortung entkommen. Menschen, die eine Verbindung zu ihrem Inneren haben, die »Idealisten«, kämpfen dagegen. Doch dieser Kampf ist sehr schwierig, weil die Normen mit den ausgedachten Gefühlen verteidigt werden (»Fortschritt« und »Sicherheit« sind angeblich in Gefahr). Die wirklichen Gefühle, die sich hinter der Unpersönlichkeit und in dem resoluten Auftreten (der »Standpunkt«) verbergen, sind destruktiv und werden genährt von Angst vor dem Chaos. Die sogenannten Erfolgreichen in unserer Gesellschaft, die, die Sicherheit ausstrahlen, halten jene zum Narren, die verzweifelt nach Sicherheit für sich selbst suchen und dankbar für jeden sind, der den Anschein von Sicherheit verbreitet.

Der Ausgang der Waldgeschichte hat an sich gar keine besondere Pointe: Die Universität beschloß den Verkauf des Waldes, dessen Schönheit und Gesundheit damit für alle verlorengingen, und dies nur, weil eine »moderne« Verwaltung unfähig ist, über etwas nachzudenken, was keinen handgreiflichen Profit abwirft.

Gewalttätigkeit zur Aufrechterhaltung der Lüge

Der Gehorsam entfernt einen Menschen von seinem Inneren und bewahrt ihn gleichzeitig vor der daraus entstehenden Beunruhigung. Es gibt sehr viele Varianten gehorsamen Verhaltens. Ihnen allen ist das Bedürfnis gemeinsam, die Lüge über die Liebe aufrechtzuerhalten. Dieser Lüge sich zu unterwerfen wird für realitätsbezogenes Leben gehalten. Wer sich aber die Fähigkeit bewahrt hat, Innen und Außen zu integrieren, dem wird eine solche Realität krank erscheinen.

Als Andrej Sacharow, der sowjetische Menschenrechtskämpfer und Friedensnobelpreisträger, nach Gorki verbannt worden war, wurde gegen ihn und seine Frau Elena Bonner eine Diffamierungskampagne organisiert. Sie nahm besonders gegen seine Frau schlimme Formen an, so daß die Sacharows aus Angst vor Beleidigungen sogar den Einkauf beim Bäcker scheuten, wo sie zu hören bekamen: »Bringt das jüdische Weib um!« Elena Bonner, eine ausgezeichnete Kinderärztin, hatte ein Nachbarskind geheilt, dessen Allergie von den Ärzten in Gorki vergeblich behandelt worden war. Als die Verleumdungen begannen, rief die Mutter dieses Kindes: »Es wäre für mein Kind besser gewesen draufzugehen, als von diesen dreckigen Händen berührt zu werden.«[73] Diese Mutter unterwarf sich so sehr der Meinung der Autorität, daß sie nicht nur auf die Hilfsbereitschaft von Elena Bonner wütend wurde, sondern auch dem Haß gegen ihr eigenes Kind Ausdruck gab.

»Wir sind eine große Gemeinschaft«, bekundet 1941 ein Ausspruch in einem nationalsozialistischen Traktat für die »Arbeitsmaiden«, die zum Arbeitsdienst zwangsverpflichtet wurden. Heute, über vierzig Jahre später, wiederholen die früheren Führerinnen noch immer solche Sentenzen, und dies angesichts der inzwischen bezeugten Sadismen, die damals den jungen Mädchen zugefügt wurden. Diese Frauen lügen gar nicht so sehr im landläufigen Sinne, sondern sie können – wie Sybil Gräfin Schönfeldt in einem Rückblick richtig analysierte – sich nicht der Lüge stellen, die sie so freudig sich dem Gewaltregime hat unterwerfen lassen. Diese Lüge besteht darin, daß Liebe sie angetrieben habe – sie verleugnen den dahinter liegenden Haß. Die offizielle Definition einer Arbeitsmaid lautete damals: »Die Aufgaben des weiblichen Arbeitsdienstes sind: Erziehung zum Nationalsozialismus ...« Und Adolf Hitler dazu: Es »wird eine Jugend heranwachsen, wovor sich die Welt erschrecken wird. Eine gewalttätige, herrische, unerschrockene, grausame Jugend will ich ... Ich will keine intellektuelle Erziehung. Mit Wissen verderbe ich mir die Jugend ... Aber Beherrschung müssen sie lernen. Sie sollen mir in den schwierigsten Proben die Todesgefahr besiegen lernen.«[74] Das Unglaubliche daran ist, daß Hitler ganz offen aussprach, worauf er hinaus wollte, diese Frauen aber noch heute leugnen, daß sie das Schöpferische ihrer eigenen Mütterlichkeit zugunsten männlicher Machtmythologien aufgaben.

Der Ruf nach der Todesstrafe gehört unmittelbar in unseren Zusammenhang der Verachtung des Lebens zur Aufrechterhaltung der Grundlüge und der Furcht vor dem inneren Chaos. Die Befürworter der Todesstrafe argumentieren mit vorgeschobenen Gefühlen der Empörung und halten an der Vorstellung fest, daß Strafe als Abschreckung wirke. Daß diese »moralischen« Gefühle und Argumente Ausdruck mörderischer Absichten derer sind, die sich der Autorität unterworfen haben, erhellt ein Gutachten der American Psychological Association vom Dezember 1985 für den Obersten Gerichtshof der USA.[75] Dieser hatte sich mit der Eingabe eines Verurteilten zu befassen, der geltend machte, daß keine gerechte Verhandlung gegen ihn stattgefunden habe, da das Gericht, das ihn wegen Mordes verurteilt hatte, sich nur aus Befürwortern der Todesstrafe zusammensetzte. (Dies entspricht den amerikanischen Bestimmungen, daß an solchen Verfahren keine Geschworenen zugelassen sind, die gegen die Todesstrafe sind.)

Das Gutachten der Psychologen faßte die Forschungen zusammen, die gezeigt haben, daß Geschworenengerichte, die nur aus Befürwortern der Todesstrafe bestehen, dazu neigen, im Strafmaß dem Staatsanwalt zu folgen, daß sie nicht repräsentativ sind für die Bevölkerung und daß die Billigung der Todesstrafe die Ausübung des Amtes beeinträchtigte. Verschiedene sozialwissenschaftliche Studien hätten außerdem gezeigt, daß so zusammengesetzte Gerichte die Angeklagten schwererer Vergehen überführten als Geschworene, die gegen die Todesstrafe sind. Im Zweifelsfall würden solche Geschworenen öfter das Urteil »schuldig« aussprechen als solche, die gegen die Todesstrafe sind. Der springende Punkt ist, daß in US-Staaten, in denen es die Todesstrafe gibt, die Geschworenen danach ausgewählt werden, ob sie für die Todesstrafe sind oder nicht.

Mich interessiert hier nicht die rechtliche Fragwürdigkeit solcher Geschworenengerichte, sondern die Frage, was für Menschen das sind, die für die Todesstrafe sind. Sie repräsentieren nicht die Gesellschaft insgesamt, maßen sich aber an, in ihrem Namen Recht zu sprechen. Es sind Menschen, die das Bedürfnis haben, jemanden zu verurteilen, auch zum Tode. Die Gefühlshaltung, die sie zur Schau tragen, ist aber die der Gerechtigkeitsliebe.

Ein berühmtes und schreckliches Ereignis legt sehr deutlich offen, wie Mordlust die eigene Lebensunsicherheit kompensiert: die Tragödie von My Lai im Vietnam-Krieg. Am 16. März 1968 wurden mehr als vierhundert Menschen – Männer, Frauen und Kinder – von einer amerikanischen Kompanie zusammengetrieben und in dem Ort Son My in der Provinz Quang Ngai erschossen.[76] Das war eine Kompanie amerikanischer Soldaten, die gerade bei ihrem ersten Zusammenstoß mit dem Vietcong sechs Soldaten verloren und zwölf Schwerverwundete hatte und dies durch Minen, die, wie sich später zeigte, von ihren eigenen Verbündeten gelegt worden waren.

Das war ein Krieg, der von Soldaten unter dem Banner demokratischer Tugenden gegen einen Feind geführt wurde, den sie so gut wie nie zu Gesicht bekamen, an dem sie aber Rache für ihre Verluste nehmen wollten. Und so war My Lai, wie Robert J. Lifton es ausführte, die momentane Illusion der amerikanischen Soldaten, »daß sie, wenn sie Säuglinge, Frauen und alte Männer vor ihren Gewehren haben, sich endlich in einer richtigen militärischen Aktion befänden: Ihr unauffindbarer Gegner war endlich entdeckt, mußte stillhalten und konnte vernichtet werden – eine Illusion, mit anderen Worten, daß sie endlich ihre chaotische Welt in Ordnung gebracht hätten.«[77]

Mit diesem Krieg war ein gigantisches Gespinst von tödlichen Lügen über die amerikanischen Verstrickungen verbunden. Die amerikanischen Soldaten waren in Vietnam völlig verloren, aber viele versperrten sich dieser Wahrheit. Das äußere Chaos, das nur das innere widerspiegelte, konnte nur in Ordnung gebracht werden, indem man draußen einen Feind tötete. Aber es gab auch andere wie Ronald Ridenhour, der mutig und fast im Alleingang die Wahrheit über My Lai an die Öffentlichkeit brachte. Aber die, die sich selbst hassen, führen uns mit ihren Phrasen von Patriotismus, Tapferkeit und moralischer Überlegenheit in die Irre. Dahinter verbergen sich nämlich Destruktivität und das zwanghafte Bedürfnis nach einem äußeren Feind. Daher kann man schlußfolgern, daß »Gefühle«, die aus dem Bedürfnis nach Ordnung entstehen, nie das sind, was sie vorspiegeln. Sie sind Flucht vor dem eigenen Chaos und müssen Zerstörung um sich verbreiten.

Die destruktiven Absichten werden also oft verborgen gehalten. Ein Anzeichen dafür ist die Pervertierung der Empathie: Statt mit dem Opfer zu fühlen, beginnen wir, den Aggressor zu bemitleiden. Dafür gibt es viele Beispiele.

Obwohl die öffentliche Meinung in den USA immer nach Recht und Ordnung ruft, steht sie in Mordfällen nicht selten auf der Seite des Täters. William Wright ging dem Fall Claus von Bülow nach und analysierte, wie von Bülow, seiner reichen Frau, die ihn wie eine Matrone beherrschte, überdrüssig, ihr zwei nahezu tödliche Injektionen Insulin gegeben hatte, worauf sie in ein unheilbares Koma verfiel. Er erhielt ein ordentliches Gerichtsverfahren und wurde wegen versuchten Mordes verurteilt.

Binnen kurzem war Claus von Bülow zum Helden geworden. Seine Anhänger sahen in ihm einen unterdrückten Mann, Opfer einer Verschwörung, um ihn um seine Erbschaft zu bringen. Sie versammelten sich vor dem Gerichtsgebäude und trugen T-Shirts mit der Aufschrift »Freiheit für Claus«. In Fernsehinterviews wurde er gefragt, ob er seine Frau wirklich habe töten wollen, und große Erleichterung war den Gesichtern der Gesprächspartner abzulesen, als er dies natürlich verneinte. Die Vollstreckung des

Urteils – einmal zehn und einmal zwanzig Jahre Haft – wurde gegen eine Kaution von einer Million Dollar ausgesetzt, da er Revision eingelegt hatte. Er kehrte in seine Wohnung zurück, um das Ergebnis der Berufung abzuwarten. Dort gab er glanzvolle Feste und wurde der gefragteste Mann auf Dinner-Partys in Manhattan.[78]

Eine ähnliche öffentliche Unterstützung erhielt der Mörder Richard Herrin, ein Yale-Student, der seiner Freundin mit einem Hammer den Schädel zertrümmert hatte.[79] Nach der Tat ging er zur Polizei und gestand. Seine Freundin habe schon geschlafen, und sie hätten einen schönen gemeinsamen Abend verbracht. Er habe den Mord ganz sorgfältig und methodisch vorbereitet, und hinterher sei er keineswegs unbeherrscht oder unvernünftig gewesen. Gleich danach fanden sich verschiedene Gruppen der Yale Universität zu seiner Verteidigung zusammen: Geistliche und andere Angehörige der katholischen Universitätsvereinigung, Fakultätsmitglieder und Leute der Verwaltung sowie Studenten der unteren und höheren Semester.

Bald wurde der geständige Mörder gegen Kaution freigelassen und kehrte vorübergehend an die Universität zurück. Ein sehr bekannter Rechtsanwalt übernahm seine Verteidigung, und das Gericht befand, daß dieser Angeklagte – der eine wahrhaft grausame Tat verübt hatte – sich nicht des Mordes, sondern nur des einfachen Totschlags schuldig gemacht habe. Die Eltern des ermordeten Mädchens sowie viele andere Menschen waren empört. Doch die Priester von Yale, die Richard Herrins Verteidigung auf die Beine gestellt hatten, sprachen von der »Botschaft der Vergebung«, und eine Ordensschwester sagte, daß jeder zum Mord fähig, sie aber froh sei, daß sie bisher nicht in Versuchung geführt worden sei; sie sei davon überzeugt, daß man eben nur Glück habe, wenn in einem die mörderischen Impulse nicht ausgelöst würden. Diese Einfühlung in den Mörder paßt nicht im geringsten zu der erstaunlichen Gelassenheit dieser Schwester der wirklich grauenvollen Tat gegenüber.

Willard Gaylin fragte daher mit Recht, wo hier die Abscheu vor der grausamen Ermordung eines unschuldigen Mädchens geblieben war. Es liegt auf der Hand, daß hier »Mitgefühl« für den Täter vorgeschoben wurde, um das Mitgefühl für das Opfer abzuwehren, dessen Leben grausam beendet wurde, ehe es richtig begonnen hatte. Daß eine andere Wahrheit hinter solchen vorgeschobenen

Gefühlen steckt, zeigt das »Vergnügen«, das diese katholische Schwester an einem Scherz Richard Herrins über die Nichtzugehörigkeit seines Opfers zu Yale hatte. »Die Leute hielten es für schrecklich, daß er einen solchen Witz zwei Wochen nach der Ermordung seiner Freundin machen konnte. Ich meine, es zeigt seine Lebendigkeit, daß er zu einem anderen Yale-Studenten sagen konnte, es war wenigstens jemand von Harvard.« Solche verlogene Freude an der »Lebendigkeit« des Mörders läßt empathisches Mitgefühl mit dem Opfer nicht nur nicht aufkommen, sie tötet es ab. Das ganze Ausmaß der Gefühlsverzerrung zeigt die Tatsache, daß weder von der Universität noch von der Kirche jemand zu den Eltern des ermordeten Mädchens gegangen war, um ihnen ihr Beileid auszusprechen.

Solche Beispiele sind keine Einzelerscheinungen. Ähnliches geschieht überall, wo empathisches Mitfühlen zur Bedrohung geworden ist. Ein sehr aufschlußreicher Kommentar dazu sind zwei zeitlich auseinanderliegende Berichte über deutsche Greueltaten. Der eine betraf das Unwesen der Deutschen während des Ersten Weltkriegs im besetzten Belgien, der zweite den Völkermord an den Juden im Zweiten Weltkrieg. Die Berichte über Greueltaten der »Hunnen«, also der Deutschen, die angeblich Kinder und Frauen umbrachten, gehörten zur offiziellen Propaganda, die die USA zum Kriegseintritt ermuntern wollte. Haß gegen die Deutschen sollte geschürt werden – mit Erfolg. Als aber die Amerikaner über zwanzig Jahre später von Hitlers »Endlösung« hörten, reagierten sie großenteils mit Zweifeln und Unglauben.

Den Lügen über Greuel im Ersten Weltkrieg wurde geglaubt, den wahren Berichten über die tatsächliche Existenz von Leichenfabriken im Zweiten Weltkrieg nicht. Einmal davon abgesehen, daß führende Kräfte der USA im Hinblick auf den Holocaust die öffentliche Meinung stark manipulierten,[80] zeigt dieser Vorgang sehr deutlich: Wir neigen dazu, den Lügen zu glauben, wenn sie sich dazu eignen, unseren Haß zu schüren, aber es fällt uns schwer, das zu glauben, was uns Mitgefühl für ein Opfer abverlangen würde.

Oft hassen wir die Opfer nachgerade: Sie verursachen in uns großes Unbehagen, wir schämen uns für unser Mitgefühl, weil wir das Opfer in uns selbst hassen. Der Haß resultiert aus der Scham, daß wir uns selbst einmal zu Opfern gemacht haben, als wir uns unterwarfen. Und daran wollen wir nach Möglichkeit nicht erinnert werden. Darin liegt, so meine ich, der tiefere Grund dafür, daß man vom Schicksal der Juden nichts hören wollte. Schreckensberichte, die Haß wachrufen, verursachen einen Kurzschluß des Gefühls, der Mitgefühl für die Opfer ausschließt. Die oben berichtete Geschichte der Gefängnisrevolte in Attica zeigt das deutlich. Das Schicksal der Geiseln interessierte die »Befreier« nicht – die Gerüchte ihrer angeblichen Verstümmelung rechtfertigten den mörderischen Taumel der angreifenden Männer.

Auch das falsche Mitgefühl dient der Leugnung destruktiver Gefühle. Am 9. März 1983 sprach der Gerichtshof von San José in Kalifornien eine Mutter von der Anklage frei, sie habe ihren acht Jahre alten Sohn umgebracht. Die fast zwei Zentner schwere Frau hatte beinahe zwei Stunden lang auf der Brust ihres Sohnes gesessen, um ihn dafür zu bestrafen, daß er mit Streichhölzern gespielt und sechs Cents aus dem Küchenschrank genommen hatte. Neun Tage später starb der Junge an einem Gehirnschlag, der von der Erstickung verursacht worden war. Das Gericht entschied, daß man der Mutter nicht habe unterstellen können, sie sei gefühllos mit dem Leben umgegangen. Beim Prozeß begründete die Mutter ihr Handeln damit, daß ihr ein Erziehungsberater empfohlen habe, sich mit ihrem ganzen Gewicht einzusetzen, wenn ihr Sohn ungehorsam sei. Sie nahm dies wörtlich und setzte sich tatsächlich so lange auf ihn, bis seine zehn Jahre alte Schwester, die ihren Bruder nach Luft schreien hörte, die Polizei holte.[81]

Wie soll man mit einer Mutter verfahren, deren empathische Gefühle so verschüttet sind, daß sie nicht weiß, was es bedeutet, auf der Brust eines anderen Menschen zu sitzen, und auch nicht empfänglich ist für die Todesschreie ihres Kindes, die die Schwester immerhin verstanden hatte? Bei der Gerichtsverhandlung wirkten zwölf brave Bürger als Geschworene mit an dieser Pervertierung der Menschlichkeit. Es geht mir hier nicht um die juristische Schuld der Frau, sondern um die Verdrehung der Gefühle. Diese Frau gab sich besorgt um die anständige Erziehung ihres Sohnes; dahinter aber verbarg sich Haß.

Gewalt gegen Kinder ist ganz allgemein ein Indikator für ausgedachte Gefühle. Das volle Ausmaß der Gewalt gegen Kinder beginnt eigentlich erst heute bekannt zu werden. David Bakan zeigte in seinen Forschungen über den Mißbrauch von Kindern, wie stark die Menschen die Existenz von etwas leugnen, das ihrem Mythos der Ordnung zuwiderläuft.[82] David G. Gil wies nach, daß mehr als ein Fünftel der Erwachsenen in Amerika nach eigener Aussage Kindern etwas zufügen könnten und daß sechzehn Prozent zugaben, daß sie manchmal nahe daran sind, ein Kind zu schlagen.[83]

1979, im »Jahr des Kindes«, berichtete amnesty international, daß vor allem Kinder zu Opfern politischer Gewalt geworden sind. Amnesty international veröffentlichte das Schicksal von fünfunddreißig Kindern aus einundzwanzig Ländern, die verfolgt, gefangengenommen, gefoltert, von ihren Eltern getrennt oder hingerichtet wurden. Außerdem berichtete amnesty international von der Ermordung von knapp hundert Kindern durch den damaligen Kaiser von Zentral-Afrika und vom Massaker an nahezu fünftausend Kindern und Jugendlichen zwischen Dezember 1977 und Februar 1978 in Äthiopien.[84] Gewalttätigkeit und Grausamkeit gegen Kinder fügen sich ein in die Logik des Selbsthasses, da die Hilflosesten und Schwächsten am meisten Wut bei jenen wachrufen, die am weitesten ihre Autonomie zugunsten einer Unterwerfung unter den Willen anderer aufgegeben haben.

Aus Guatemala wurde berichtet, daß der damalige Staatschef General Oscar Humberto Mejia Victores alle Bürger, die sich für die Verschwundenen einsetzten, der Subversion bezichtigte und verfolgen ließ. Es verschwand zum Beispiel die vierundzwanzigjährige Mutter Rosaria Godoy de Cuevas, deren Mann verschleppt worden war und die sich einer Hilfsgruppe guatemaltekischer Frauen auf der Suche nach ihren verschwundenen Männern angeschlossen hatte. Ihre Leiche wurde später zusammen mit der ihres Bruders und ihres kleinen Sohnes gefunden. Die Fingernägel des Säuglings waren herausgerissen.[85] Mit »Patriotismus« tarnen sich nicht nur Mordimpulse, sondern ganz besonders auch Haß gegen Kinder.

Die Leugnung destruktiver Gefühle hat zahllose Spielarten. Heinrich Wiesner, Sprecher des Bayerischen Innenministeriums, sagte 1981 im Hinblick auf das Konzentrationslager Dachau und seinen Ausbau als Gedenkstätte für die Opfer des Nationalsozialismus: »Einmal muß auch Dachau wieder normal werden.«[86] Das ist genau das, was Menschen, die Angst vor dem Leiden haben, unter »normal« verstehen – das Auslöschen der Erinnerung.

Am 1. Mai 1986 verurteilte ein Bundesgericht in Tuscon in

Arizona nach sechsmonatiger Gerichtsverhandlung sechs Führer einer kirchlichen Asylbewegung, da sie aus El Salvador und Guatemala illegale Ausländer in die USA eingeschmuggelt hatten. Zwei andere wurden für schuldig befunden, einen illegalen Ausländer versteckt und befördert zu haben. Angeklagt waren zwei katholische Priester, eine katholische Nonne, ein presbyterianischer Pfarrer und vier Laienhelfer. Diese Asylbewegung hatte 1982 ihre Arbeit aufgenommen, als verschiedene Kirchen öffentlich erklärten, daß sie politischen Flüchtlingen aus Mittelamerika eine Zufluchtsstätte gewähren wollten. Der Bewegung schlossen sich etwa dreihundert Kirchen, über zwanzig Städte, elf Universitäten und die Staaten New Mexico und New York an. Die Reagan-Administration erklärte jedoch Menschen aus El Salvador und Guatemala zu illegalen Ausländern und gewährte ihnen als Flüchtlingen keinen Schutz vor politischer Verfolgung und Folter.

In diesem Prozeß spielte der Richter Earl H. Carroll eine besondere Rolle. Er teilte die Auffassung der amerikanischen Regierung, daß in El Salvador und Guatemala kein Bürgerkrieg herrsche und daß deshalb Flüchtlinge von dort nichts anderes als illegale Ausländer seien. Entsprechend untersagte er noch vor Prozeßbeginn alle Vorlagen der Verteidiger, die mit Menschenrechtsverletzungen zu tun hatten. Sie durften sich in der Verteidigung nicht darauf berufen, daß es den Angeklagten um die Rettung von Menschenleben gegangen sei, nicht mit religiösen Motiven argumentieren und weder die Genfer Konvention von 1949, noch die UNO-Deklaration von 1967 und auch nicht das Gesetz des amerikanischen Kongresses von 1980 über die Behandlung von politischen Flüchtlingen vorlegen. Damit hatte dieser Richter alles verhindert, was die Verteidigung zugunsten der Angeklagten hätte vorbringen können.

Eine der Angeklagten, Schwester Darlene, berichtete in einem Interview, wie die Einwanderungsbehörde in ihre Wohnung eingebrochen sei, Dokumente beschlagnahmt und eine zwanzigjährige Frau aus El Salvador verhaftet habe. »Zwei ihrer Brüder waren von Todesschwadronen ermordet und ihr Mann von einem betrunkenen Wachmann aus Versehen erschossen worden. Sie mußte fliehen und zwei kleine Kinder zurücklassen... Daß ich während des Prozesses darüber keine Aussage machen durfte, hat mich sehr deprimiert... Auch untersagte mir der Richter zu erzählen, was ich in Mittelamerika gesehen hatte und was meine religiösen Vorstellungen von Asyl sind. Wir wurden aufgrund der einfachen Beschuldigung angeklagt, daß wir diesen Menschen dazu verholfen hätten, illegal in die USA einzureisen. Dies haben wir nie geleugnet. Wir leugneten nur, daß wir damit ein Verbrechen begangen haben.«[87]

Dieser Prozeß zeigt, wie die Breite unserer Erfahrungen durch die Definition, was Erfahrung zu sein hat, reduziert und damit von vornherein das Mitgefühl ausgeschaltet wird. Auf diese Weise wird zwischenmenschliche Entfremdung herbeigeführt – in diesem Fall unter der offiziellen Schirmherrschaft eines hohen Repräsentanten des Gesetzes. Damit erhalten alle jene Unterstützung, die bereits in diesem Sinne deformiert sind. Daß dennoch selbst unter einem solchen Druck nicht jeder ganz selbstverständlich mitmacht, belegt die Tatsache, daß die Geschworenen fast fünfzig Stunden tagten, ehe sie das Urteil verkündeten.

Ich möchte eine Gerichtsentscheidung aus Deutschland anführen, die mit noch groteskeren Verrenkungen die Menschlichkeit verleugnet. Ein Lüneburger Gericht entschied, daß Türken keinen Anspruch auf Asyl haben, obwohl sie in ihrer Heimat die Folter zu erwarten haben. Dies begründete das Gericht damit, daß in der Türkei die Folter sich aus traditionellen Einstellungen erkläre. Und weiter, daß die Folter in diesem Land eine ganz selbstverständliche Maßnahme der Sicherheitsbehörden zum Schutz des Landes sein könne. Solche Traditionen könne man nicht einfach zurückweisen. Der Asylbewerber in diesem Verfahren war ein Kurde, also Angehöriger einer in der Türkei traditionell verfolgten Minderheit, der schon mehrmals in türkischen Gefängnissen gesessen hatte und gefoltert worden war.[88] Angesichts einer solchen »rechtlichen« Entscheidung kann nicht überraschen, daß das allgemeine Niveau der menschlichen Verantwortung immer mehr sinkt.

Das Fehlen echten Mitgefühls kennzeichnet die Welt der falschen Gefühle, die hinter einer Fassade moralischer Korrektheit Destruktivität verbirgt. Die Formen sind so vielfältig, daß wir leicht an unseren eigenen Gefühlen irre werden können. Im November 1985 verurteilte ein Gericht in Duisburg fünf Anhänger eines Fußballclubs zu einer geringen Geldstrafe. Sie hatten einen Bus mit Anhängern des gegnerischen Fußballvereins mit Steinen beworfen und einige von ihnen verletzt. Der vorsitzende Richter sagte, daß nicht nachzuweisen gewesen sei, daß die fünf Angeklagten im *Bewußtsein* einer tödlichen Gefährdung gehandelt hätten.[89] Hier liegt der entscheidende Punkt. Die wirklichen Motive, die hinter diesem »jugendlichen Überschwang« standen, waren selbstverständlich tödlich – aber ohne »Bewußtsein« davon. Auch hier beteiligte sich ein Gericht an der Mystifizierung. Jeder Mensch, der noch fühlen kann, weiß, daß Steine töten können und daß man Mordimpulse haben muß, wenn man mit Steinen wirft. Indem dieses Gericht den wahren Hintergrund ignorierte – ein Hintergrund, von dem jeder gewalttätige Mensch als seiner inneren Wahrheit weiß –, lieferte es sich auch der Verachtung dieser jungen Gewalttäter aus. Hier wird sichtbar, wie jene, die Recht und Ordnung zu vertreten haben, deren Geltung selbst untergraben.

Wie schlimm sich die falschen Gefühle auswirken, kommt vollends zutage, wenn im Namen des Gefühls versucht wird, das Fühlen zum Schweigen zu bringen. Pauline Kael veröffentlichte 1985 in der amerikanischen Zeitschrift ›The New Yorker‹ eine Besprechung des Dokumentarfilms ›Shoah‹ von Claude Lanzmann – ihr Beitrag ist ein Dokument genau solchen verheerenden Schweigens.[90] Lanzmann interviewte für seinen über neun Stunden langen Film Überlebende, Beteiligte und Täter des Mordes an den Juden, frühere Zwangsarbeiter, Bahnbedienstete, Techniker, Behördenangestellte oder auch nur unbeteiligte Zuschauer, die von den Vernichtungslagern wußten. Pauline Kael schrieb nun, daß sie während der Vorführung des Films unruhig hin- und herrutschte und ihre Aufmerksamkeit kaum auf den Film habe richten können.

Ihre Einwände galten der »tyrannischen« Nähe der Gesichter in Großaufnahme, der kleinlichen Schilderung der Fahrpläne der Todeszüge, der Exaktheit der Zahlen, wer woran in den Zügen gestorben sei, den Details über die Entkleidung der Häftlinge, über das verwendete Gas und darüber, wieviele Menschen in welcher Zeit in den Gaskammern getötet worden waren. Und so kam sie zu dem Schluß: »Shoah gibt sicher eine lebendige Vorstellung der grundlegenden Fakten – und der Scheußlichkeit – dieses Völkermords.« Was ist »Scheußlichkeit« für eine Beschreibung angesichts eines Völkermords, den man nur mit dem Wort »Wahnsinn« und das auch nur annähernd beschreiben könnte!

Nur die »grundlegenden Fakten« zu sehen und sie wie nebenbei als »Scheußlichkeit« zu bezeichnen, wo einem eigentlich jedes Wort im Mund ersterben müßte, weil es jenseits aller Worte und des menschlichen Fassungsvermögens ist, damit verlagerte Pauline Kael das Entsetzen über Menschen, die töten und im nächsten Augenblick ihren täglichen Geschäften nachgehen können, auf eine völlig unangemessene ästhetische Ebene. Selbstverständlich hielt auch sie sich für sehr mitfühlend. Sie zitiert die Frau eines Nazi-Lehrers aus dem Film, die über die angstvollen Schreie, die aus dem Konzentrationslager bei Chelmno kamen, sprach, und schreibt dazu: »Ich glaube, wir sollten dazu veranlaßt werden, die Gespaltenheit dieser Frau angesichts der schreienden Menschen zu spüren und die Gleichgültigkeit, die hinter ihrem ›traurig, traurig, traurig‹ stand. Als sie dann weiter vor sich hin plapperte, wie primitiv die sanitären Verhältnisse gewesen seien, zeigte sie eine viel größere Anteilnahme, und deshalb wurde wohl ihr Geschwätz in diesem Film gezeigt.«

Uns läßt Pauline Kael etwas anderes wissen: Wenn sie schreibt, der Film wolle uns dazu »veranlassen«, die Gespaltenheit dieser Frau zu spüren, dann zeigt sie uns ihre eigene Unfähigkeit, sie als solche zu *erleben.* Genau deshalb ertrug sie diesen Film nicht, der anhand des Entsetzens und Wahnsinns die menschliche Fähigkeit, unermeßliches Leid zu verursachen, dokumentierte. Sie konnte nicht nachfühlen, was die Spaltung dieser Un-Menschen für die Opfer bedeutete. Sie konnte sich nicht auf den Schmerz einlassen, da sie nur Verachtung für ihn hatte und nicht zugeben konnte, daß sie Angst davor hat. Sie ist so außer sich darüber, daß Lanzmann ihr so viele schmerzliche Gefühle zumutete, daß sie ihn beschuldigt, nur darauf aus zu sein, das Ausmaß von Ignoranz und Vorurteilen in der polnischen Bevölkerung zu demonstrieren. Sie unterstellt, daß er etwas konstruiert habe, um beim Betrachter Schuldgefühle zu verursachen. »Shoah ist eine unendliche Klage«, schreibt sie. Und das schreibt jemand, der die Gespaltenheit der Lehrersfrau intellektuell erkennt, aber selbst noch weniger Mitgefühl mit den Opfern hat als diese. Offenbar muß man wohl die Opfer dafür beschuldigen, daß man einem solchen Leid ausgesetzt wird. Und das tut Kael auch, wenn sie höhnisch sagt, daß die Opfer durch Lanzmann »mit dem Finger auf die christliche Welt zeigen und weinen«. Und über Lanzmann: »Würde man ihn nur lassen, dann würde er wahrscheinlich überall Antisemiten finden.« Dazu meinte ein amerikanischer Journalist: »Man stelle sich vor: Er würde tatsächlich Antisemiten in Treblinka finden!«[91]

Gefühle, die keine Gefühle sind, erkennt man an der Gewalttätigkeit, die sie in den verschiedensten Erscheinungsformen hervorrufen. Darin liegt auch der Grund, warum es der Welt der Angepaßten nicht möglich ist, die Gewalt einzudämmen, die sie verschlingt. Um zu ihren Wurzeln zu gelangen, muß man erkennen, daß die offene Gewalt und die latente konformistische Gewalt von gleicher Herkunft sind.

Die Angepaßtheit an die etablierten Werte und Formen unter Mißachtung des eigenen Innenlebens ist eine unerschöpfliche Quelle alltäglicher Gewalt. Solange Erfolg definiert wird als Kontrolle und Beherrschung und Erfolg wiederum den Selbstwert definiert, sind alle Unterschiede der gesellschaftlichen Struktur ziemlich bedeutungslos: Das Selbst bleibt in jedem Fall verstümmelt. Ein Wechsel der politischen Ideologie ändert weder etwas an der Verstümmelung des Selbst noch an der daraus resultierenden Gewalt.

Karl Marx glaubte an eine Befreiung und Erneuerung des Menschen durch Umverteilung der Produktionsmittel. Er analysierte zusammen mit Friedrich Engels anhand brillanter Details die ökonomische Struktur des Kapitalismus, der Habgier und Besitz fördert. Doch er ging davon aus, daß Ohnmacht Schwäche sei, die der Mensch überwinden müsse, und erklärte die Eroberung der Dinge – auch die der Natur – zum obersten Ziel des Menschen. Damit verewigte er die Ideologie des machtorientierten Selbst sowie das soziale Übel, das er bekämpfen wollte. Er hat den Machtkämpfen eine neue Richtung gegeben, aber nicht die Ursachen verändert. Und noch schlimmer: Indem er die menschlichen Möglichkeiten – auch die Moral – nur unter ökonomischen Gesichtspunkten behandelte und nichts anderes zuließ, versperrte er den Weg zur Erkenntnis der tatsächlichen Wurzeln des Machtstrebens.

Hilflosigkeit kann aber nicht durch Machterwerb und Herrschaftsausübung bewältigt werden. Jede Theorie, die dies anstrebt, tut dem einzelnen Menschen und seiner Entwicklung Gewalt an. Die linke Gesellschaftstheorie nimmt zwar für sich in Anspruch, den Menschen aus dem Gang seiner Geschichte erklären zu können. Sie tut dies aber auf Kosten des Individuums, weil sie Macht nur aus dem Blickwinkel der Macht analysiert. Das mag sich tautologisch anhören, ist aber der entscheidende Punkt, da sie den Menschen allein durch die *Macht* wirtschaftlicher Kräfte determiniert sieht. Georg Plechanow, der frühe führende Theoretiker und

Propagandist des russischen Sozialismus, glaubte, daß er in seiner Untersuchung der historischen Prozesse die Rolle des Individuums beschreiben würde, tatsächlich aber leugnete er die Rolle, die das Individuum für den Fortgang der Geschichte spielt: »Die menschliche Natur kann heute nicht länger als die letzte und allgemeinste Ursache des historischen Fortschritts gesehen werden: Wenn sie unveränderlich ist, kann sie nicht den wechselvollen Gang der Geschichte erklären; kann sie sich aber wandeln, dann geschieht dies ganz offensichtlich durch den historischen Fortschritt selbst.«[92]

Doch nicht nur die marxistische Theorie leugnete die Bedeutung, die die Innenwelt des Menschen für historische Vorgänge hat. Russell Jacoby hat den weitverbreiteten Gedächtnisschwund im Hinblick auf die Bedeutung des menschlichen Innenlebens aufgezeigt.[93] Während sich die Marxisten wenigstens um die historische Analyse bemühen, sehen die meisten übrigen Theorien nicht einmal einen Sinn darin, den Menschen aus seiner geschichtlichen Entwicklung verstehen zu wollen. Selbst ein Marxist wie Louis Althusser verkündete, daß das Studium der Geschichte nicht nur wissenschaftlich, sondern auch politisch nutzlos sei.[94] Dazu merkte der englische Sozialist Edward P. Thompson an, daß Althussers Ablehnung der Geschichte ihn unfähig zum Umgang mit Erfahrung mache.[95] Wenn man sich aber nicht mehr auf Erfahrung bezieht, die immer historisch ist, dann hat die Theorie ihre Bezugspunkte verloren.

Wo die Ideologie der Macht gilt, wird das Selbst von seinem inneren Kern und damit auch von den Wurzeln seiner historischen Erfahrung abgeschnitten – unabhängig von der speziellen Färbung dieser Ideologie und der jeweiligen Organisation der Produktionsmittel. Die daraus resultierende Destruktivität kann ihren Ausdruck entweder im Konformismus oder in der Rebellion finden.

Anpassung wie Rebellion sind Formen der Abhängigkeit und haben eine gemeinsame Herkunft: Indem die Mutter die Sehweise des Mannes übernimmt, akzeptiert sie seinen Mythos der Macht und leitet unbewußt jene Prozesse ein, die ihre Kinder entweder zu angepaßtem oder zu rebellischem Verhalten führen.

Die Übernahme des männlichen Mythos durch die Frau ist ein Akt des Selbstverrats. Der Glaube an die männliche Überlegenheit verneint die mütterliche Fürsorge als Grundlage des Selbstwertgefühls. Daher überrascht es nicht, daß das Selbstwertgefühl vieler Frauen in unserer Kultur auf »männlichen« Eigenschaften beruht, die nichts zu tun haben mit ihrer eigenen weiblichen Fähigkeit, Leben zu geben und für neugeborenes Leben zu sorgen.

John K. Antill und John D. Cunningham meinen herausgefunden zu haben, daß allein »Männlichkeit«, gekennzeichnet von Tatkraft, Macht und Erfolg, für Frauen wie Männer die Grundlage des Selbstwertgefühls ist. »Weibliche« Merkmale schienen ihnen bei Männern überhaupt keine und bei Frauen eher eine negative Bedeutung für die Selbstachtung zu haben.[96] Entgangen ist ihnen offenbar, daß die Ergebnisse ihrer Befragung von zweihundert College-Studenten lediglich das verzerrte Wertsystem unserer Kultur widerspiegeln, in der Frauen ihre eigene Weiblichkeit negativ erleben.

In diesem Zusammenhang ist bemerkenswert – und Ausdruck des männlichen Wahns –, daß die Homosexualität zwischen männlichen Strafgefangenen sich ganz anders äußert als die zwischen weiblichen. Während weibliche Häftlinge Nähe, Wärme und Geborgenheit suchen, um die Einsamkeit des Gefängnisses, die Entwürdigung und die seelischen Verletzungen zu überleben,[97] demonstrieren die Männer im Gefängnis »männliche Stärke«, sie kämpfen, quälen die Schwächeren sexuell, erkaufen die Gunst anderer und erpressen mit sexuellen »Vergünstigungen«. Und wer in diesem sexuellen Machtspiel unterlegen ist, wird von denen verachtet, die sich als die männlich Starken fühlen.[98] Selbstverständlich halten sich letztere keineswegs für homosexuell!

Diese Studie läßt durchaus noch ein weibliches Selbstwertgefühl erkennen, das sich vom männlichen unterscheidet – es handelt sich eben nicht um College-Studenten. Diese Frauen hatten *nicht* die männlichen Kategorien übernommen. Fast siebzig Prozent von ihnen waren Mütter, hatten also in Geburt und Kinderpflege das Lebendige erfahren, und die meisten hatten vor der Haft keine homosexuellen Kontakte gehabt.

Wo das Selbstwertgefühl der Frauen sich an den männlichen Mustern orientiert, geben sie sich selbst auf und werden letztlich nur noch Verachtung haben für ihre Weiblichkeit. Das kann so weit gehen, daß eine Frau sich selbst verachtet, weil sie von einem Mann vergewaltigt werden könnte, wie mir einmal eine Patientin sagte. Das ist der äußerste Ausdruck der weiblichen Unterwerfung. Weil sie sein Opfer ist (oder sein könnte), übernimmt die Frau den Glauben des Mannes an seine Überlegenheit und seine Verachtung des Weiblichen. Und darum haßt sie sich.

Den an der männlichen Welt orientierten Frauen wird Macht zwangsläufig zum Ziel ihrer Wünsche. Zuallererst ist Macht notwendige Kompensation, um das Gleichgewicht ihrer psychischen Struktur zu erhalten. Da sie Macht in der Regel nicht zugestanden bekommen, finden sie, wie Ronald V. Sampson es formulierte, nirgends müheloser Erleichterung als im Umgang mit den eigenen Kindern.[99] Diese werden zu Objekten ihrer unechten Zuneigung, die sie manipuliert und ausbeutet. Der springende Punkt hierbei ist, daß diese Mütter weiterhin im männlichen Mythos gefangen sind und ihn ihren Kindern aufzwingen. Von hier aus bahnen sich zwei verschiedene Entwicklungswege an. Den einen schlägt ein Kind ein, wenn die Mutter es ständig bewundert – vor allem wenn es ein Junge ist –, um sich durch das Kind stark und mächtig zu fühlen. Durch ihre Bewunderung verführt sie das Kind zu glauben, eine außerordentliche Bedeutung für sie zu haben, wodurch sie bei ihm den Traum ruhmreicher Größe hervorruft und immer wieder bestärkt. Weil sie alles gut findet, was das Kind tut, kann das Kind kein Gefühl für Recht und Unrecht entwickeln. Die andere Entwicklung ist davon gekennzeichnet, daß die Mutter auf der Unterwerfung im Namen des Vaters besteht.

Auf dem ersten Weg entwickelt sich das Kind zu einem Menschen ohne Gewissen. Der zweite Weg führt, wenn die Entwicklung »erfolgreich« verläuft, zu angepaßtem Verhalten, das nicht selbst Macht sucht, sondern nur an ihr teilhaben möchte. Hier wird Schuldgefühl zum entscheidenden Angelpunkt.

Samuel Butler hat in seinem 1903 erschienenen Roman ›Der Weg allen Fleisches‹ die perfekte Beschreibung einer Mutter gegeben, der es genügt, Macht *über* ihre Kinder auszuüben (im Unterschied zu einer Mutter, die *durch* ihr Kind zu Macht kommen will.) Sie betreibt die Unterwerfung der Kinder im Namen des Vaters, den sie selbst haßt, was sie aber nicht zugeben kann. Kurz vor der Entbindung ihres jüngsten Kindes schreibt sie als Vermächtnis, falls sie die Geburt nicht überleben würde – eine klassische Situation für Schuldgefühle! –, einen Brief an ihre Kinder und ermahnt sie im Hinblick auf ihren Vater: »... er hat euch sein Leben gewidmet, eurer gedacht und sich bemüht, euch zu dem zu führen, was richtig und gut ist. Und dann, seid versichert, ihr seid sein Trost. Seid gehorsam und voll Zuneigung, achtet seine Wünsche, seid aufrichtig, selbstlos und gewissenhaft; nie soll er sich schämen müssen oder bekümmert sein über die Sünden und Torheiten jener, die ihm so viel Dankbarkeit schulden.«[100] Sie gibt ihr eigenes Gefängnis an ihre Kinder weiter und vergewissert sich, daß die Verhaltensmuster von Herrschaft und Kontrolle als ihr Erbe weiterleben.

Mit dem Pochen auf der väterlichen Autorität, um die eigene Machtstellung aufzubauen, führen solche Mütter und Väter ein Maskenspiel auf. Und wenn Autorität gleichgesetzt wird mit Güte und Fürsorge, erleben Kinder ihre Eltern nicht in ihrem wirklichen Sein, sondern nur das elterliche Image, das diese für ihr eigenes Selbstwertgefühl benötigen.

Dies ist die Ausgangslage für konformistische Kinder. Ann Roskam zeigte in einer Untersuchung heranwachsender Mädchen, die ein großes Bedürfnis nach Leistung und einen hohen Grad der Anpassung vereinten, daß sie ihre Eltern als abstrakte Einheit sahen und nicht als lebendige Einzelwesen mit Schattierungen von Gut und Schlecht.[101] Ähnlich stellte Helen Bluvol bei einer Gruppe heranwachsender, leistungsorientierter Jungen fest, daß sie ihre Eltern nicht als differenzierte Individuen zu sehen in der Lage waren.[102] Diese konformistischen Jugendlichen waren so weit von ihren innersten Gefühlen abgetrennt, daß sie zum Beispiel Erfahrungen von Angst und Konflikt leugneten. Es war ihnen nahezu unmöglich, sich an Träume zu erinnern. Für sie bestand die Möglichkeit, sich autonom zu fühlen, darin, mit anderen zu kämpfen – nicht mit sich selber. Sie erlebten sich als »autonom«, wenn sie andere sich unterlegen machen konnten!

Ann Roskam zeigte auch, warum die Mädchen sich so sicher fühlten: Sie vermieden alles, was neu, anders, fremdartig war. Sie hatten ein ganz grundsätzliches Bedürfnis, ihre Welt als gleichbleibend und unzweideutig zu bewahren, genauso wie sie das Image ihrer Eltern aufrechterhielten, die sie als Mythos, nicht als reale Menschen sahen. Ihre Unfähigkeit, in den Eltern lebendige Einzelwesen zu sehen, hing mit ihrem Streben nach Sicherheit zusammen, das sie zwang, die Eltern so zu sehen, wie diese gesehen werden wollten. Die wirkliche Erfahrung mit ihren Eltern verschoben sie auf eine andere Ebene. In der Untersuchung von Helen Bluvol waren es die »Versager«, die Unangepaßten, die ihr Selbstbild aus ihrem Inneren und nicht aus der Überlegenheit über andere gewannen, also der echten Autonomie näher waren.

Die gute und die schlechte Mutter

Die Verzerrung, die aus all dem resultiert, möchte ich auf die folgende Formel bringen: Die Mutter, die real in ihren schlechten Seiten erlebt wurde, muß als gute Mutter gesehen werden. Denn die Vision der wirklich guten Mutter, auf die das Kind einmal gehofft hat, ist verbunden mit der Erinnerung an die Verzweiflung und wird daher als Bedrohung der psychischen Einheit empfunden, die keine Ambivalenz erträgt. Man hält sich zwanghaft an den von den Eltern errichteten Mythos, da man mit der Doppelbödigkeit, die in dem Widerspruch von Mythos und Realität liegt, nicht zurechtkommt.

Solche konformistischen Kinder werden als Erwachsene ihren Haß und ihre Verachtung auf Frauen richten, die über natürliches Mitgefühl und Fürsorglichkeit verfügen. Die Spaltung der psychischen Organisation wird am deutlichsten sichtbar in einer sehr extremen Entwicklung: wenn ein Mensch andere quält und foltert. Die gewalttätigsten von ihnen können mit sadistischem Vergnügen Frauen foltern und gleichzeitig der Mutterschaft große Verehrung zollen. Klaus Barbies Beispiel wird vielleicht nur noch von der argentinischen Junta übertroffen, die bis 1983 das Land mit unvergleichlicher Bösartigkeit beherrschte und Frauen folterte. Doch die offizielle Verehrung des »Mütterlichen« war in Argentinien groß: Als die »Mütter der Plaza de Mayo« wegen ihrer verschwundenen Söhne und Töchter jeden Donnerstag nachmittag vor dem Regierungsgebäude in Buenos Aires demonstrierten, wurden sie nur selten daran gehindert. Dieselben Männer, die die Töchter verschleppten, folterten und in den meisten Fällen umbrachten, rührten die Mütter nicht an.[103]

Hier offenbart sich die Gespaltenheit in ihrer ganzen Dimension: Einerseits wird den Müttern eine abstrakte Verehrung entgegengebracht, und auf der anderen Seite werden Frauen aus Fleisch und Blut gehaßt und geschändet. Man sollte dies nicht als extremen Sonderfall abtun. Denn das Grundmuster ist bei der konformistischen Entwicklung immer das gleiche: Die schlechte Mutter wird als gute Mutter glorifiziert, und die tatsächlich gute Mutter in jeder Frau (auch die »gute Mutter« in jedem Mann) wird mit Ingrimm verfolgt und gehaßt. Der Vater bleibt dabei immer die Autorität, bleibt distanziert und undifferenziert. Vielleicht bewirkt seine Unerreichbarkeit den homoerotischen Beigeschmack eines jeden (männlichen) konformistischen Lebens.

Der Taschenspielertrick des Konformisten

V. S. Naipul zeichnete einmal ein sehr treffendes Porträt eines Konformisten – eines Mannes ohne allzu großen Ehrgeiz, aber mit der Fähigkeit, sich die Welt so zurechtzulegen, daß er ohne Zwiespalt leben konnte. Er porträtierte den Amerikaner E. J. innerhalb eines größeren Berichts über den Republikanischen Nationalkonvent des Jahres 1984 in den USA.[104] E. J. war ein zweiunddreißigjähriger Mann, der sich auch unter persönlichen finanziellen Opfern für die Wiederwahl Ronald Reagans einsetzte. Als Naipul mit ihm sprach, arbeitete er für die »Conservative Alliance on a Human Rights and National Survival Program«. Unter anderem erklärte er: »Unser oberstes Ziel ist es, den Kommunismus einzudämmen und ihn zurückzudrängen. Es darf ihn nicht geben. Wir wollen, daß die ganze Welt so frei ist wie wir.« Die politische Arbeit, für die er sich einsetzte, habe, wie er betonte, vor der eigenen Haustüre begonnen. Die »Conservative Alliance« galt dem Kampf gegen die liberale Gesetzgebung und E. J. bezog sich vor allem auf das »busing«, ein Versuch aus den sechziger Jahren, der Rassendiskriminierung zu begegnen, indem Schüler mit Bussen in andere Bezirke gefahren wurden, um in den Schulen ein Gleichgewicht zwischen weißen und schwarzen Kindern zu erreichen. »Diese Busbeförderung brachte vielen Familien Unglück«, seine eigene Schwester habe sehr darunter gelitten. »Ich selbst ging zwar in eine Privatschule, aber ich erinnere mich noch sehr gut an die Verzweiflung der Eltern.«

Wenn hier von Verzweiflung und Unglück die Rede ist, dann nur zur Abwehr einer sozialen Verantwortung für das Schicksal von unterprivilegierten und diskriminierten Mitbürgern und weil um Zustimmung zu dieser Abwehr geworben wird. Es besteht keinerlei Mitgefühl für das Schicksal anderer, und das Selbstmitleid soll von diesem Mangel an Mitgefühl ablenken und ihn rechtfertigen. In einem Taschenspielertrick wird die tatsächliche Gefühllosigkeit in »Gefühl« verwandelt, und auf diese Weise will man das Publikum für sich einnehmen. Dies gelang bei einem Kollegen Naipuls, der von E. J. s »Verzweiflung« sehr beeindruckt war, ohne daß er ihm politisch irgendwie nahegestanden hätte. Die Pose des Selbstmitleids wird eben tatsächlich oft für Gefühl gehalten, und so bleibt unbemerkt, daß die Absichten böse sind. Die wirkliche Situation wird damit ins Gegenteil verkehrt. Die Motive derer, die den wirklich Verzweifelten helfen wollen, werden verdächtig, weil die hysterisch verengte Sicht des eigenen »Leids« alle Aufmerksamkeit auf sich zieht.

Dieser E. J. mißachtete christliche Nächstenliebe und legte im selben Atemzug ein Bekenntnis zum Christentum ab: »Ich gehörte zur Episkopalkirche. Es ist eine große Kirche der Vereinigten Staaten, aber ich trat aus. Ich trat aus, weil ich dort nichts von Religion hörte. Ich hörte die Pfarrer über die Regierung schimpfen, über soziale Ungerechtigkeit und über Vietnam ... Ich verließ die Kirche ..., weil die Pfarrer sie zu einer sozialen Bewegung machen wollten.« E. J. hatte kein Bewußtsein dafür, daß alle Religionen als soziale Bewegungen beginnen. Wenn sie im Lauf ihrer Entwicklung mehr und mehr nur noch dazu beitragen, die bestehenden Verhältnisse aufrechtzuerhalten, werden Pfarrer, die ihnen ihre ursprüngliche Bedeutung zurückgeben möchten, zwangsläufig unbequem. An dieses jungen Mannes kirchenkritischer Haltung bestürzt aber noch mehr, daß Hilfe für den Nächsten – unter anderem das Ziel der Pfarrer, die E. J. angriff – denunziert wird mit dem Vorwurf, sie würden einem den Seelenfrieden stören. So kann man sich auf einen Schlag den eigenen mitmenschlichen Gefühlen entziehen und dabei sehr sensibel erscheinen. So könnte auch der kleine Junge reagieren, wenn ihm Herzlosigkeit vorgeworfen wird: »Sieh doch, was du mir antust!« Womit er erfolgreich vom Anlaß des Vorwurfs ablenken kann.

Damit nähern wir uns auch dem Ausgangspunkt der Bereitschaft, die tatsächlichen Vorgänge zu verdrehen: Wenn Mutter und Vater in einer solchen Situation auf das verlogene Selbstmitleid mit Freundlichkeit reagieren, um sich selbst verständnisvoll und großzügig vorzukommen und damit ihr Selbstgefühl zu steigern, üben sie mit dem Kind das Täuschen ein. Früh wird so der Trick gelernt, wie man andere für sich einnehmen kann: Man appelliert an ihr unterschwelliges Gefühl der Schuld und erlöst sie davon, indem man sich von ihnen bedauern läßt. Jeder hat sich im Lauf seines Lebens schon dieses Tricks bedient: der Lüge zur Aufrechterhaltung der Lüge.

Wir müssen erkennen, daß es zur Grundhaltung des Konformisten gehört, das Gute zu hassen und das Böse zu lieben. Diese Grundhaltung entspringt dem Bedürfnis, die schlechte Mutter als die gute Mutter aufrechtzuerhalten und zu verteidigen. Solche Menschen müssen zwangsläufig den Wert jeder guten Sache leugnen und ihre Kräfte für gesellschaftliche Ideologien einsetzen, die die Wahrnehmung verzerren. Dies ist die Fortsetzung des Versuchs, die Mutter nicht so zu sehen, wie sie tatsächlich einmal wahrgenommen wurde. Wenn er daher in Gefahr gerät, sein Bewußtsein erweitern zu müssen, tritt beim Konformisten unweigerlich Selbstmitleid auf. Es bewahrt ihn nämlich davor, sich mit der Angst vor der Wahrheit konfrontieren zu müssen.

Daß die Verkehrung des Guten ins Böse und des Bösen ins Gute ein durchgehender Zug des Konformisten ist, zeigt auch sein Umgang mit der eigenen Vergangenheit. Dieser E. J. betonte, wie stolz er auf seinen Vater sei, weil er sich aus Armut zum besten Arzt emporgearbeitet habe. Doch Armut ruft bei E. J. nicht Mitgefühl hervor. Mitgefühl ist etwas, das verbannt werden muß: »Mir wurde von Geburt an gelehrt, daß jeder auf der Welt tun kann, was er möchte, niemand kann aufgehalten werden, wenn nur Wunsch und Wille da sind. Das ist das Wunderbare an Amerika. Ich erinnere mich, daß Nachbarskinder wegen allem Möglichen geschlagen wurden. Bei uns in der Familie gab es nur eine schlimme Sache: nicht das Beste zu geben, sei es beim Rasenmähen oder in der Schule.« Nur dafür gab es bei ihm zu Hause Hiebe. »1967 war mein Vater sehr gegen die Regierung. Sie schien ihm einen Wohlfahrtsstaat schaffen zu wollen, was er einen sanften Weg zum Sozialismus nannte. Überdies erschien ihm die Regierung zu nachgiebig gegenüber den Kommunisten. Denn er glaubte, daß die Kommunisten die Welteroberung planten.«

Der eigene Schmerz und das Leiden anderer Menschen werden beiseitegeschoben, indem man sich den väterlichen und mütterlichen Diktaten unterwirft. Die Todessüchtigkeit, die aus der Opferung der Autonomie entsteht, wird freilich geleugnet. So starb der Vater von E.J. mit siebenundfünfzig Jahren an »Überarbeitung«, was wie eine Auszeichnung wirkt. Er sah nie Kummer und Leid seiner Nachbarn, sondern immer nur das, was ihn in seiner eigenen Existenz bedrohte. Der innere Feind solcher Familien ist das eigene Herz, und er wird nach außen auf die bösen Weltverbesserer projiziert, die einem all das sauer Verdiente wegnehmen wollen. »Die Rechte spricht oft von der Geschichte der Armut und des Kampfes«, schreibt Naipul. Doch diese Geschichte des Leidens rief nie Mitgefühl hervor, sondern nur Selbstmitleid, mittels dessen man der Liebe aus dem Weg gehen kann. Die schlechte Mutter, die einen schlug, weil man etwas anderes wollte als das, was sie für einen als das Beste ansah, wird als gute Mutter idealisiert. Die Sehnsucht nach einer wirklich guten Mutter bleibt bestehen, wird aber als etwas gefürchtet, das Gefahr bringt.

Der zweiundzwanzigjährige deutsche Rechtsradikale Stefan, dessen Selbstbericht der gleichaltrige Giovanni di Lorenzo aufgezeichnet und sehr persönlich betroffen kommentiert hat,[105] ist ein erschütterndes Beispiel für die Umkehrung und Verleugnung der eigenen Geschichte als Basis der Entwicklung zur konformistischen Persönlichkeit. Es zeigt, wie die Übernahme der Grundlüge von der Liebe einem Menschen die Fähigkeit zum eigenen Denken und Fühlen nimmt. Dieser Stefan demonstriert uns, wie die im Inneren angelegte Destruktivität in offene Gewalt übergeht und das Ganze unter dem Deckmantel von Moral und Anstand stattfindet.

Die Gewalttätigkeit harmoniert aufs beste mit der Angst vor Veränderungen, die auch den nicht gewalttätigen, angepaßten Bürger kennzeichnet. Daher »bedienen« sich letztere so gern der terroristischen Gewalttäter, um die Ordnung aufrechtzuerhalten. »In jeder Gesellschaft«, meinte ein englischer Gefängnisdirektor, »gibt es kranke und perverse Menschen, die gern ihr Leben damit zubringen würden, ganz amtlich ihre Mitbürger bestrafen, demütigen, erniedrigen, ihnen Schmerzen bereiten, sie foltern und töten zu dürfen – das sind Menschen voller psychischer und physischer Gewalttätigkeit gegen andere. Es gibt sie in jeder Gesellschaft. Wenn aber eine Gesellschaft eine solche Betätigung als Beruf erlaubt, dann ist diese Gesellschaft selbst tödlich erkrankt.«[106] (In Stefans Fall zum Beispiel verhinderte die Polizei nicht, daß seine Gruppe gegen Linke vorging, was ihnen das Gefühl gab, sie würden für die Polizei arbeiten.)[107]

Bemerkenswert an diesem Stefan sind – neben vielem anderen – die Widersprüche in seinen Äußerungen, vieles paßt nicht zusammen, aber er hat ganz offensichtlich keinerlei Bewußtsein dafür. Weil wir diese Widersprüche so oft übersehen, können wir Menschen dieser Art so schwer in ihrer wirklichen Natur erkennen.

Stefan berichtete: »Meine Eltern lieben uns über alles... Wir haben nie über Schwierigkeiten gesprochen, höchstens wenn alles schon zu spät war. Man ist nie aufeinander zugegangen.«[108] – »Ich glaube, unbewußt nehme ich meinem Vater übel, daß er keine Karriere gemacht hat, obwohl er hochintelligent ist.«[109] – »Meine Eltern haben Fehler gemacht, ein echtes Problem. Warum und welche, weiß ich nicht genau. Ich kann mich nicht erinnern, daß zwischen mir und meinen Eltern irgendwelche Zärtlichkeiten abgelaufen sind. Ich glaube, die waren in solchen Dingen ziemlich verklemmt. Über uns Kinder haben meine Eltern auch nie Durchblick gehabt. Sie haben nie gecheckt, wenn ich was Krummes gemacht habe..., ich habe nie Schläge in meinem Leben bekommen.«[110]

Stefan spricht hier in gefühlsbetonten Phrasen, aber ohne jedes Bewußtsein für die Widersprüche. Er kann stolz sagen, »meine Eltern lieben uns über alles«, und im selben Atemzug vermißt er ihre Zärtlichkeit. Er gebraucht die Worte um ihrer Wirkung willen, aber ohne jeden Bezug zu inneren Vorgängen.

Er habe »die Bestätigung durch eine harte und sehr männliche Gruppe gesucht... Wenn ich an den Nationalsozialismus gedacht habe, dann fielen mir zuallererst alte Persönlichkeiten aus der Zeit ein: der Führer, die ganze Bewegung, gute deutsche Soldaten, die Härte, die Gemeinschaft. Da gab es dieses Schlagwort, das für mich faszinierend war: ein Volk, ein Reich, ein Führer. Die ganzen grausamen Sachen, die während der NS-Zeit passiert sein sollen, die sind von uns immer abgestritten worden. Alle Leute aus der rechten Szene, mit denen ich zusammen war, haben immer gesagt, die NS-Verbrechen haben nicht stattgefunden. Die haben das wirklich geglaubt. Gleichzeitig haben die aus Komplexen heraus so etwas wie Gummiknüppel-Brutalität und Härte gut gefunden. Wenn wir bei irgendwelchen Prügeleien einem Roten gesagt haben, du kommst ins KZ, dann haben wir das auch so gemeint... Wir haben nie bestritten, daß die Juden unter Hitler interniert wurden, aber wir glauben nicht an deren systematische Vernichtung.«[111]

»Das neue Jahr fing dann so an, daß ich rumgammelte und krumme Sachen gedreht habe. Anfang Februar habe ich kurz vor dem Abitur die Schule hingeschmissen... Wenige Tage später bin ich wegen eines Raubüberfalls in U-Haft gekommen. Erinnere mich bloß nicht an diese Geschichte. Da kriege ich jetzt noch ein schlechtes Gewissen. Oder wie würde es dir gehen, wenn du eine ältere Frau überfällst? Aber das Ganze ist alles ohne Absicht passiert... Erwischt haben sie uns aber erst, als wir versucht haben, in einer Bank einen gefälschten Scheck einzulösen. Irgendwie darf ich da gar nicht richtig darüber nachdenken.«[112] – »Irgendwo ist es beruhigend, daß wir nur noch fünfzig Jahre zu leben haben.

Materielle Güter haben für mich einen großen Wert. Sie bedeuten für mich mehr Freiheit... Ja, Geld bedeutet vor allem Freiheit. Denn Arbeit ist die unangenehme Seite des Lebens, das Zwanghafte... Glauben tu ich nicht... Vielleicht habe ich immer dann an einen Gott geglaubt, wenn ich etwas von ihm wollte...«[113] – »Mit meinem Aussehen bin ich ganz zufrieden. Das heißt, es geht. Ich gucke viel in den Spiegel... Ich habe meinen eigenen Stil. Nur manchmal halte ich mich einfach für zu weich. Ich möchte männlicher sein...«[114]

»Im Grunde genommen ist die Menschheit schlecht und egoistisch. Meine Freunde und ich schließen sich ab. Freundschaft ist der höchste Wert im Leben. Wenn ich meine Freunde charakterisieren soll, dann fallen mir drei verschiedene Typen ein: Reiche, Leute aus der Halbwelt und Drogen-Freaks... (Mein Freund) lebt noch mit seiner Familie zusammen. Die himmeln ihn völlig an, er ist dort der Mann im Haus. Er läuft da mit nacktem Oberkörper herum und wird richtig bewundert... Zwischendurch läßt er sich von Frauen aushalten. Denen nimmt er dann alles ab, was die haben; und haut dann wieder ab. Eigentlich ist er ihnen gegenüber wirklich ein Schwein... Ein Mann, der nicht fremdgeht, ist für mich kein richtiger Mann. Die Frauen suchen immer irgendwie den starken Mann... Aus dem Alter, wo Frauen für mich etwas Wichtiges darstellen, bin ich inzwischen raus... Natürlich bin ich irgendwo sehr abhängig von den Frauen. Aber das ist doch nichts anderes als der Trieb. Eine gute Freundschaft unter Männern ist mehr wert als jedes Mädchen.«[115] – »Der Begriff Familie bedeutet mir nicht viel... Wenn ich so meine Entwicklung zurückverfolge, war es mir doch eher möglich, in eine rechte Gruppe reinzugehen. Vielleicht hätte ich auch bei einer linken Gruppe landen können, aber wahrscheinlich sind wir von unserer ganzen Erziehung so geschaffen, daß uns die Rechte sympathischer ist. Das fängt schon bei der Kleidung an. Unsere Ideologie besagt, daß man sauber, frisch und anständig herumläuft. Die, die anders aussehen, bekommen zwangsläufig einen Ungeziefer-Charakter.«[116]

Das einzige, was den Widersprüchen in Stefans Bericht einen gewissen Zusammenhang verleiht, sind Selbstmitleid und das Bedürfnis, »anständig« zu sein. Kern der Widersprüche ist die Haßliebe, die von Eltern erzeugt wurde, denen jedes Gefühl für die Bedürfnisse ihres Kindes abging. Solche Kinder werden sehr abhängig von der elterlichen Fürsorge, versuchen aber gleichzeitig, in die Hand zu beißen, von der sie gefüttert werden wollen. Diese Form der Ausbeutung – zum Beispiel von Frauen – gibt ihnen eine Illusion von Freiheit. Und alles, was an die Wahrheit erinnert, erregt Rachsucht. So entsteht Gewalttätigkeit einer Welt gegenüber, die nicht restlos ihrer Abgespaltenheit entspricht. Doch alles geschieht im Namen der »Liebe«, der Liebe für die schlechte Mutter, die als gute Mutter verteidigt werden muß. Die wirklich guten Mütter oder alles, was an sie erinnert, erregen höhnischen Haß. Denn sie rühren an die tiefen echten Bedürfnisse und Sehnsüchte, die die reale Mutter einmal geweckt, aber nicht erfüllt hat und die darum abgetötet werden müssen.

Krieg und Rebellion

Das Abtöten der eigenen Bedürfnisse, um die Idee von Liebe und Reinheit zu bewahren, gehört auch zu den treibenden Kräften der Geschichte – wenn man Geschichte als die Abfolge von Kriegen und Umwälzungen versteht. Norman Cohns Buch ›Das Ringen um das Tausendjährige Reich‹, eine brillante Analyse des revolutionären Messianismus im Mittelalter, gibt davon ein Bild.[117] Er zeigt Menschen, die in Erwartung des Tausendjährigen Reiches Christi auf Erden einen erbitterten Kampf um ein zukünftiges Leben in Glück und Frieden führten. Die Erlösung aber schien unerreichbar zu sein. Sie konnten den Feind, den sie mit Haß und Gewalt verfolgten, nicht töten. Sie suchten ihn ausschließlich außerhalb ihrer selbst und konnten deshalb den wirklichen – inneren – Feind nicht finden. Und so blieb nur ein Kampf um des Kämpfens und Zerstörens willen übrig. Das Verlangen nach Erlösung verwandelte sich in grenzenlose Wut und unermüdliche Rache an einem abstrakten äußeren Feind, dem man keine menschlichen Attribute zugestand. Jeder Kampf wird zur Jagd nach einem Feind.

Kriege werden »notwendig«, wo Menschen die Fähigkeit verloren haben, Menschen als menschliche Wesen zu sehen. Wenn der wahre Feind – die schlechte Mutter – nicht gesehen werden kann, müssen die späteren Erwachsenen das verhaßte Gegenbild zur schlechten Mutter, nämlich die gute Mutter, nach außen projizieren. Sie verteidigen dann die schlechte Mutter als gute Mutter, indem sie jene verfolgen, die sie an das Versprechen auf eine gute Mutter erinnern. Die gute Mutter und jeder, der sie repräsentiert, wird zum Feind, da er die früheren Bedürfnisse nach echter Liebe auszulösen droht. Dies würde das Bild der Mutter in Gefahr bringen, mit deren Macht man einmal einen Kompromiß geschlossen hat. Mit Kriegen verteidigen wir den Zusammenhalt eines Selbst, das sich entschieden von seinem Bedürfnis nach echter Liebe getrennt hat.

Selbstverständlich spielen bei diesem Prozeß äußere Ereignisse eine Rolle. Cohn zeigte für das Mittelalter, wie der Zusammenbruch der Sozial- und Wirtschaftsordnung zum Bedeutungsverlust beim einzelnen führte. Genau das ist der entscheidende Punkt: Das auf Spaltung beruhende Selbst kann seinen Zusammenhalt nicht mehr bewahren, wenn es von sozialen Umwälzungen bedroht ist. Beginnt sich die soziale Struktur aufzulösen, bricht die unterdrückte Wut hervor. Dann offenbaren sich die mörderischen Impulse und das innere Chaos, die nur mittels eines äußeren »Feindes« kanalisiert werden können.

Ein so verfaßtes Selbst wird aber auch davon charakterisiert, daß es ebenso schnell wieder »gesunden« kann, wenn die Autorität der sozialen Ordnung wiederhergestellt zu sein scheint. Damit läßt sich das scheinbare Paradox erklären, daß die russische Armee in den Jahren 1905 und 1906 ständig sowohl selbst meuterte als auch der Niederschlagung der Aufstände diente, wie es John Bushnell beschrieb:[118] Dieselben Soldaten wechselten in rascher Folge ihr Verhalten und durchliefen innerhalb von zehn Monaten zweimal den kompletten Zyklus von Rebellion und neuer Loyalität. Truppen, die von Januar bis Oktober 1905 Aufstände niederschlugen, meuterten von Ende Oktober bis Anfang Dezember, und bereits ab Ende Dezember schossen sie wieder auf Zivilisten, um von Mai bis Juni 1906 erneut zu rebellieren und Ende Juli wieder gegen Aufständische vorzugehen.

Bushnell zeigte, daß das wechselnde Verhalten der Soldaten nichts mit ihrer Behandlung oder mit ihren politischen Anschauungen zu tun hatte. Ausschlaggebend war einzig, wen sie gerade für die Autorität hielten – nur die gab ihrem Selbstgefühl Halt. Glaubten sie, das alte Regime sei am Ende, dann revoltierten sie. Glaubten sie aber, daß es noch Befehlsgewalt habe, dann gingen sie gegen die Zivilisten vor.

Daran wird sichtbar, daß nicht so sehr der Zerfall der äußeren sozialen Struktur Rebellion hervorruft, sondern daß es darum geht, ob eine Autorität vorhanden ist, der man sich unterwerfen kann. Scheint sie nicht mehr vorhanden zu sein, dann bricht das auf Anpassung gegründete Persönlichkeitsgefüge auseinander. Und so kommt es zum – in diesem Fall wiederholten – Umschwenken. Die immer vorhandene Bereitschaft zur Gewalttätigkeit richtet sich unmittelbar gegen das, was vorher noch für gut gehalten wurde.

Natürlich könnte man das auch so interpretieren, daß die Ketten der früheren Anpassung an das Schlechte, das man für gut hielt – das alte Regime –, gesprengt werden. Aber ein nicht auf Autonomie gegründetes Selbst revoltiert nicht, weil sich seine Natur grundlegend gewandelt hat. Es ändert nur die Richtung seiner Gewalttätigkeit. Revolutionen mögen an den Formen der Knechtschaft etwas ändern oder nicht – an der Knechtschaft selbst ändern sie nichts, solange die Autoritätshörigkeit nicht überwunden wird. Dann wird weiterhin das Böse als das Gute verteidigt, und es findet keine wirkliche Befreiung des Selbst statt. Erst sie würde zurückführen zu den wahren Bedürfnissen nach Liebe und aus dem Teufelskreis der Zerstörung hinausführen.

Zurück zum Mittelalter: Norman Cohn befaßt sich in seinem Buch über die mittelalterlichen Endzeiterwartungen mit der wachsenden Hoffnung auf das Kommen eines kriegerischen Messias, der die Getretenen von der unerträglichen Unterdrückung befreien würde. »Armut, Krieg und örtliche Mißernten gehörten so sehr zum normalen Dasein, daß man sie für naturgegeben hielt und sich mit ihnen nüchtern und realistisch auseinandersetzte. Erst wenn sich eine Situation ergab, die nicht nur eine Gefährdung darstellte, sondern auch außerhalb jeder Erfahrung lag; wenn man sich einer Drohung gegenüber sah, die ihrer ungewohnten Art wegen um so schrecklicher war – erst dann kam es zu einer Massenflucht in das Reich der Illusion ... Als – beispielsweise – 1348 der schwarze Tod in Westeuropa eingeschleppt wurde, war man sich sogleich darüber einig, daß irgendeine Gesellschaftsschicht das Trinkwasser vergiftet haben müsse ...«[119] Sofort nahm der Ruf nach einem Retter und Erlöser ungeheure Dimensionen an. »Die sich einem dieser Führer anschlossen, sahen sich als heiliges Volk, heilig gerade deshalb, weil sie sich ihm vorbehaltlos unterwarfen und, ohne zu fragen, für die von ihm gewiesene Mission aufopferten. Sie fühlten sich als seine guten Kinder und hatten als Belohnung teil an seiner übernatürlichen Kraft...; bis (zu ihrem Endsieg) war jede ihrer Handlungen – ob Totschlag, Raub oder Vergewaltigung – nicht nur keine Sünde, sondern ein heiliger Akt.«[120]

Es handelt sich um Revolte, aber sie bringt nur zum Ausdruck, was jeder Unterwerfung zugrunde liegt: das Verlangen nach Erlösung durch Identifikation mit der Autorität. Und die Revolte erlaubt, dem Haß freien Lauf zu lassen: Zerstörung kann als gute Tat ausgegeben werden, ohne daß man die Grundlüge erkennen und sich ihr stellen muß. Daß in kriegerischen Auseinandersetzungen der äußere Feind in der Regel ein Mann ist, verstärkt den ödipalen Aspekt in der Verteidigung der Mutter. Das erschwert erst recht den Zugang zu dieser Lüge. Zwar verkörpert der äußere Feind den schlechten Vater, aber dieser schlechte Vater entspricht letztlich dem Bild, das die Mutter von ihm hatte, und nicht dem wirklichen Vater. Die Mutter hat ihn als überlegen mächtig, übermenschlich und böse gehaßt und/oder gefürchtet, während der reale Vater zwar autoritär, aber schwach war. Als »guter« Vater aber gilt nicht der, der zum eigenen Selbst verhilft, sondern der, der den inneren Konflikt erspart. Er ist der, der die Destruktivität erlaubt, er befreit vom Kampf mit dem eigenen Gewissen. Mit anderen Worten: Der »gute« Vater ist der böse Vater, der die Reste der tatsächlich guten Mutter vollends vernichtet. Also übernimmt Angst, nicht Liebe die Herrschaft.

Rebell und Konformist

Was hat es mit dem Rebellen auf sich, der in Wort und Tat alle Erscheinungsformen des Konformisten ablehnt? Er sucht das Bessere, den Weg zur Menschlichkeit, betont sein Anderssein, um nur ja nicht angepaßt zu erscheinen – doch auch er hat Züge der Gewalttätigkeit. Was also ist der Rebell? Henry Miller, selbst ein großer Rebell, schrieb in seiner Rimbaud-Studie ›Vom großen Aufstand‹, daß alles Rebellische geprägt sei von der Suche nach unserer wahren Verbindung mit der Menschheit. »Man muß den entscheidenden Unterschied seines eigenen besonderen Wesens begründen und hierdurch seine Verwandtschaft mit der ganzen Menschheit, selbst mit dem niedersten Menschenkinde, entdecken. Bejahung ist das Schlüsselwort. Aber Bejahung ist gerade der große Stein des Anstoßes. Sie muß vollständig sein und nicht in Konformismus bestehen.«[121]

Doch der Wille, sich zu unterscheiden, führt dazu, daß alle Facetten des eigenen Andersseins fortwährend ausgespielt werden müssen. Man gerät in eine Falle und hört nie auf, einen Grund zur Klage und damit immer wieder einen neuen Grund zur Rebellion zu finden. Diese Art der Freiheitssuche berücksichtigt nicht »die Unterschiede anderer Menschen, lediglich die eigenen. Sie wird niemals dazu beitragen, daß man seine Verbindung, seinen Zusammenhang mit der gesamten Menschheit herausfindet. Man bleibt für immer abgesondert, für immer isoliert.«[122]

Henry Miller verhilft uns zu einer großen Einsicht: »Alles das hat für mich eine einzige Bedeutung: daß man noch an die Mutter gebunden ist. Die ganze Rebellion sollte nur Staub in die Augen streuen, stellte den verzweifelten Versuch dar, diese Bindung zu verbergen. Menschen dieses Schlages sind stets gegen ihr Heimatland eingestellt; es ist ihnen unmöglich, anders zu handeln. Versklavung ist das große Schreckgespenst, mag es nun dabei um das Land, die Kirche oder die Gesellschaft gehen. Sie verbringen ihr Leben damit, Fesseln zu sprengen, aber die geheime Bindung zehrt sie innerlich auf und läßt ihnen keine Ruhe. Sie müssen mit der Mutter ins reine kommen, bevor sie sich vom Alpdruck der Fesseln befreien können. ›Draußen, für immer draußen! So sitzen wir auf der Türschwelle des Mutterschoßes.‹ ... Kein Wunder, daß man der Mutter entfremdet ist. Man nimmt sie lediglich als Hindernis wahr. Man braucht den Trost und die Sicherheit ihres Schoßes, jene Dunkelheit und Behaglichkeit, die für den Ungeborenen den Ersatz für die Erleuchtung und Bejahung des wahrhaft Geborenen darstellt ... Man mag als großer Rebell gefeiert werden, aber man wird niemals Liebe begegnen. Und der Rebell muß mehr als jeder andere die Liebe kennen, sie schenken, mehr noch als sie zu empfangen, und sogar noch mehr Liebe sein, als sie zu schenken.«[123]

Doch Miller fährt fort: »Er ist im Innersten Verräter, weil er fürchtet, das Menschliche in ihm könne ihn mit seinen Mitmenschen vereinigen ...«[124] Damit bringt es Miller auf den Punkt: Im Rebellen lauert die Angst vor der Mutter, die ihn aufsaugen, ihn gebrauchen und ausnutzen könnte. Dadurch wird er zum Gegensatz des Konformisten, der Lippenbekenntnisse zu seiner Mutter ablegt, während er gleichzeitig alles Weibliche haßt.

Der Rebell verschließt sich den Gefühlen, weil er die Liebe, die er sucht, fürchtet. Der Konformist dagegen haßt die Liebe, weil er andernfalls zugeben müßte, daß er von seiner Mutter nie geliebt worden ist. Beide sind von der Liebe abgeschnitten, und beide vermeiden sie. Der Rebell behauptet, auf sie verzichten zu können, der Konformist, daß sie ihm zuteil würde. Beide aber sind sie abhängig: der Konformist, da er Belohnung für gutes Betragen erwartet, der Rebell, da er zwar nimmt, dies aber nicht zugibt, weil es ja nie genug war. Sie unterscheiden sich dadurch, daß der Rebell auf den Versprechungen der guten Mutter besteht, während der Konformist auf der Anerkennung durch die schlechte Mutter beharrt. Der Rebell will nicht wahrhaben, daß die Versprechungen der guten Mutter und seine Erfahrung der schlechten Mutter etwas miteinander zu tun haben. Genau wie der Konformist übersieht er, daß er die Mutter als schlecht *und* als gut erlebt hat.

Die Möglichkeiten zur Authentizität aber liegen in der Rebellion, nicht in der Anpassung: In der Suche nach der guten Mutter liegt das Verlangen nach der liebenden Verbindung mit der Menschheit. Aber wie kann der Rebell diese Verbindung finden, wenn er – wie der Konformist – sich den Weg zur eigenen Hilflosigkeit abgeschnitten hat. Beide sind in ihren Gefühlen verletzt worden, und beide wehren sich dagegen, indem sie ihre Gefühle aufgeben – mit einem Unterschied: Der Konformist leugnet obendrein seinen Gefühlsverlust, indem er das Schlechte zum Guten erklärt.

Die folgende Fallgeschichte illustriert die Art der Verletzung und den Wendepunkt in der Entwicklung des Rebellen, die ihn vom Konformisten unterscheiden. Paula kam im Sommer 1984 zu mir. Sie war neunzehn Jahre alt, hatte das Gesicht einer Madonna und die Frisur einer Punkerin. Sie gehörte zur »coolen« Generation, bezeichnete sich als revolutionär und hatte in verschiedenen Städten Europas an Demonstrationen teilgenommen. Ihre Eltern waren reiche, erfolgreiche Anwälte und gehörten zur Aristokratie. Paula war sehr intelligent und strahlte keinerlei Wärme aus, sondern nur Wut und hartnäckiges Fordern. Zwar lehnte sie den Staat völlig ab, bestand aber darauf, daß er sie unterstützt. Sie konnte mit ihrer scharfen Intelligenz derart für sich einnehmen, daß ihr ein Ehepaar, von dem sie im Auto mitgenommen worden war, den Schlüssel ihres Wochenendhauses gab. Doch als sie mir gegenüber saß, sprach sie nur abfällig von diesen Leuten und von dem Haus. Sie konnte nicht dankbar sein, wollte sich nicht »verpflichtet« fühlen. Gefühle waren für sie eine Falle: Sich auf Gefühle einlassen hieß für sie, den Erwartungen der Autorität nach Anpassung entsprechen zu müssen.

Darin liegt die geheime Verletzung von Paula und vielen aus ihrer Generation. Sie wurde von ihren Eltern verletzt, weil diese ihre Liebe erkaufen wollten. Und sie wehrte sich dagegen, indem sie Gefühle möglichst wenig an sich herankommen ließ; so konnte ihr niemand weh tun, blieb sie unverletzbar. Mir wurde deutlich, daß sie von ihren Eltern wie ein Aushängeschild behandelt wurde, als ihr Markenzeichen sozusagen. Sie liebten Paula, weil sie ihr Image als gute Eltern bestätigte. Aber sie liebten Paula nicht um ihrer selbst willen. Sie gaben Paula alles, aber dies nur, um sie als ihr Eigentum gefügig zu machen.

Gegen eine solche Manipulation, die nicht straft, aber von besitzergreifender, wenn auch geleugneter, Gewalttätigkeit ist, kann sich ein Kind nur wehren, indem es möglichst wenig fühlt. Es hält sich fern von dem, was es bedroht: vom eigenen Bedürfnis zu lieben und geliebt zu werden. Daher wehren sich Paula und ihre Generation so sehr gegen die, die sie von sich abhängig gemacht haben, und meinen, sie stünden darüber, wenn sie einfach immer mehr fordern. So brauchen sie nicht dankbar zu sein und ihre Abhängigkeit zu spüren. Sie haben sich teilweise der Ideologie ihrer Eltern unterworfen, die sagten: »Wir sorgen für dich, aber du mußt genau so sein, wie wir es wünschen.« Entsprechend abhängig verhalten sie sich. Um aber mit dieser Abhängigkeit leben zu können, verweigern sie zum Ausgleich Dankbarkeit. Nur so können sie mit der Unaufrichtigkeit der Liebe ihrer Eltern leben.

Daraus entsteht jedoch eine weitere Verletzung: Sie dürfen ihr eigenes Bedürfnis nach Liebe nicht selbst erkennen, da sie dann verwundbar wären. Auch der Konformist erlebt diese Verletzung, doch er versteht es, den Schein zu erwecken, als sei er im Einklang mit seinen Bedürfnissen. Er kann die Rolle des liebenden Menschen spielen, ohne selbst wirklich Liebe zu fühlen. Der Rebell dagegen hält seine fiktive Unverwundbarkeit aufrecht, indem er so tut, als habe er keine solchen Bedürfnisse. Beiden ist die Forderung gemeinsam, daß man für sie sorgen muß – für den Konformisten wegen seines guten Betragens, für den Rebellen, weil er damit beweisen kann, daß man ihm nicht genug gibt. Das Leiden beider ist, daß sie nicht fühlen können. (Wenn wir dies auch beim Konformisten leicht übersehen, da er sich ein anderes Erscheinungsbild zu geben vermag.)

Eine der extremsten Formen von Abhängigkeit offenbart sich im neuen Terrorismus. Sein ideologischer Überbau verstellt den Blick auf die dahinterliegende Wut und infantile Abhängigkeit. Schon Lenin nannte 1920 den ultralinken Extremismus eine Kinderkrankheit, die Ungeduld mit ideologischen Argumenten verbrämt.[125] Zieht man den ideologischen Vorhang beiseite, hören wir den rachevollen Ruf des Kindes: »Ich will, daß man mir sofort etwas gibt.« Diese Waffe wurde in einem Elternhaus geschmiedet, wo alles zu haben war außer dem einen, auf das es wirklich ankam: echte Liebe.

Geleugnete Abhängigkeit brachte einen Terrorismus hervor, für den der Akt des Tötens jede Beziehung zu menschlicher Erlebnisfähigkeit verloren hat. Mord wird zum symbolischen Protest, das Opfer hat keinerlei persönliche Bedeutung. Die Unfähigkeit zu fühlen (bedingt durch eigene frühe Verletzung) wird dabei ständig verstärkt in einer Spirale wachsender Selbstentfremdung. Die ganze Aufmerksamkeit gilt dem mechanischen Planen und Ausführen, so daß der Akt des Mordens jeden Zusammenhang mit den letzten Resten von Gefühl verliert. Jedes Bewußtsein für das Mörderische der Tat wird ausgeschaltet. Auf diese Weise wird das Innere des Terroristen ebenso unerreichbar wie die Welt, die ihn hervorbrachte. Die Schrecklichkeit der eigenen Situation dringt so nicht bis zu ihm vor.

Der deutsche Terrorist Bommi Baumann hat dies sehr genau diagnostiziert: »Daß du dich für den Terrorismus entscheidest, ist schon psychisch vorprogrammiert. Ich kann es heute bei mir sehen, das ist einfach Furcht vor der Liebe gewesen, bei mir selber, aus der du dich flüchtest in eine absolute Gewalt. Hätte ich die Dimension Liebe für mich vorher richtig abgecheckt, hätte ich es nicht gemacht.«[126] Dem ins Gesicht zu sehen hätte bedeutet, sich mit dem Schrecken der frühkindlichen Verletzungen konfrontieren zu müssen. Doch dazu haben solche Menschen nicht die Kraft und wiederholen deshalb das, was ihnen angetan wurde – jedoch so, daß die eigentliche Absicht verneint wird.

Dem liegt eine unendlich große Selbstablehnung zugrunde, weil man sich nie geliebt fühlte. Nur allzuoft wird das mit provokantem Auftreten überdeckt. Paula zum Beispiel gab zu, daß sie sich selbst nicht ausstehen und sich nicht vorstellen konnte, daß sie jemals irgendwer mögen würde. Der Wunsch, um seiner selbst willen von Eltern, die ihr eigenes Selbst nicht liebten, geliebt zu werden, das ist die Fessel, von der Henry Miller sprach.

Ich erinnere mich an eine junge österreichische Psychologiestudentin, die sich uns auf einer Wanderung in den Schweizer Alpen angeschlossen hatte. Als wir den Fuß eines Gletschers erreichten, lief sie plötzlich voraus, rannte zum Gletscherrand und verschwand zwischen den riesigen Säulen aus Eis. Wir sahen und hörten nichts von ihr, und die Situation war ziemlich gefährlich, da das Eis gerade sehr arbeitete und mit großem Getöse am Gletscherrand brach und hinabstürzte. Zu unserer großen Erleichterung tauchte sie plötzlich wieder auf. Sie sagte uns, daß sie ein unerklärlicher Impuls dazu getrieben habe, eine Eissäule zu suchen und sie mit den Armen zu umfassen. Sie habe dann eine geeignete gefunden und sie sehr lange umarmt. Sie wisse selbst nicht, warum. Als sie mir später von ihrer Mutter erzählte, die in ihren ersten beiden Lebensjahren jeden Körperkontakt mit ihr vermieden habe, verstand ich, daß sie unter den Säulen ihre eiskalte Mutter gesucht hatte. Sie wollte – unter Einsatz ihres Lebens – die Mutter wärmen.

Immer und immer wieder jagen wir auf der Suche nach einer Liebe, die nie da war, nach Selbstzerstörung. Wir glauben, daß die Liebe genau da ist, wo wir sie nicht bekommen können. Auf diese Weise wiederholen wir die früher erlebte Ablehnung und liefern uns selbst immer wieder den Beweis, daß nichts für uns da ist. Und wenn dann doch einmal wirkliche Liebe unseren Weg kreuzt, weisen wir sie zurück, denn wer sollte uns denn lieben, wo wir doch so unzulänglich sind.

Paula klammerte sich an ihre Eltern, vor allem an ihren Vater, während sie sie gleichzeitig auf jede erdenkliche Art zu schädigen versuchte. Ihr liebstes Kleidungsstück war die Schlafanzugjacke ihres Vaters, gleichzeitig hat sie ihn wegen Unterhaltszahlungen verklagt. Sie wollte die Strukturen einer heuchlerischen Gesellschaft umstürzen, hielt aber an der Grundlage dieser Gesellschaft fest: der Abspaltung des Fühlens. Die daraus resultierende Wut ließ sie sich an die klammern, die die Ursache ihres Unglücks waren. Das erkannte sie nicht. Ihre Handlungen zielten darauf ab, die Eltern zur Fürsorge zu zwingen – natürlich auf ihre Art. Aber gerade der Überfluß an Fürsorge hatte ihre wirklichen Bedürfnisse erstickt. Die Eltern hatten die Liebe, die Paula gebraucht hätte, ersetzt durch die Befriedigung von künstlichen Bedürfnissen mit Dingen, die man mit Geld kaufen konnte.

Die Folge davon war, daß Paula nicht lieben konnte, wie sie es auch selbst sah. Sie konnte sich selbst kein eigenes Leben aufbauen, am Leben fühlte sie sich nur durch ihre Wut. Sie unterschied sich von ihren Eltern nur dadurch, daß sich deren zerstörerische Wut hinter einer Fassade von Korrektheit verbarg. Der Versuch, eine erfolgreiche Tochter in einer Gesellschaft zu erziehen, die Erfolg für den Wertmaßstab des Menschen hält, machte sie zu Mördern an Paulas Seele.

Sie erzählte mir einmal von einem Gespräch, das sie mit ihrer Mutter hatte, als sie zwölf war. Ihre Mutter machte damals eine Psychotherapie und meinte, daß es an der Zeit sei, mit ihrer Tochter ein »offenes Wort« zu reden. Sie vertraute ihr an, daß sie es nie ertragen habe, wenn Paula fröhlich und glücklich gewesen sei. Zu dieser »Freimütigkeit« hatte ihr der Psychoanalytiker geraten. Doch in Wirklichkeit vermied die Mutter auf diese Weise, sich mit ihrer eigenen Wahrheit und mit ihren eigenen Fehlern auseinanderzusetzen. Sie erreichte damit nur, daß sie ihre Tochter noch mehr verletzte. Dieses »offene« Gespräch warb um Paulas Mitgefühl für eine Mutter, von der sie gehaßt wurde.

Für das zwölfjährige Mädchen entstand eine unmögliche Situation. Wie hätte sie Mitleid haben können mit ihrer Mutter, deren Liebe sie immer noch brauchte? Ihr beizustehen hätte bedeutet, ihren Haß gegen Paula zu teilen. Für die Mutter und mit der Mutter zu fühlen hätte bedeutet, daß Paula die Anklage, man könne sie nicht lieben, übernommen hätte. Und so blieb Paula nichts anderes übrig, als Gefühl und Mitgefühl zu unterdrücken und sich nur noch auf ihren Kopf zu verlassen.

Hätte sich die Mutter ehrlich mit sich selbst auseinandergesetzt, dann hätte sie gesehen, daß sie mit ihren eigenen Fehlern hätte leben müssen. So aber belastete sie Paula damit, um sich von ihren Schuldgefühlen zu befreien. Sie bat scheinbar um Verzeihung, tatsächlich aber offenbarte sie nur ihre Gewalttätigkeit. Für eine wirkliche Veränderung hätte sie erkennen müssen, daß ihr Streben nach falscher Sicherheit in Destruktivität führte. Dieser Einsicht entzog sie sich durch ihre »Aufrichtigkeit«.

Rebellion ist ein Versuch, die Ketten der eigenen Vergangenheit abzuwerfen. Wenn der Rebell aber nicht mehr mit seinem Herzen in Verbindung steht, wird die Rebellion nur in neuer Gestalt die alte Krankheit verewigen. Die Schwierigkeit liegt darin, daß eine Erneuerung der Liebe ohne Rebellion nicht möglich ist. Wenn man nie rebelliert, hat man keine Chance, das eigene Selbst zu leben. Der Rebell braucht Lehrer, aber er hat, wie Henry Miller meinte, keine Geduld zuzuhören. Weil er vor allem auf Selbstbehauptung aus ist, wird er nicht herausfinden, daß ungehemmte Selbstbehauptung nicht Freiheit ist. Er fürchtet, akzeptiert zu werden, weil er sich dann für unterworfen hält. Wirkliches Akzeptieren eines anderen Menschen fordert zwar gerade nicht die Unterwerfung. Weil aber der Rebell sich im tiefsten nach Unterwerfung unter die Mutter sehnt und unentwegt gegen diesen Wunsch ankämpft, darf es für ihn kein Akzeptiertwerden geben.

Eben dies ist die Wahrheit, die dem Rebellen wie dem Konformisten verschlossen bleibt, weil sie sich nach der Mutter sehnen, die sie nicht wirklich haben können. Man fürchtet, akzeptiert zu werden, weil man Angst davor hat, sich dabei zu verlieren. Denn in den tiefsten Winkeln der Seele sucht man Erlösung von dem Schmerz der Ablehnung, indem man für immer mit der Mutter zu verschmelzen wünscht. Wirkliches Akzeptieren würde bedeuten, den anderen so zu sehen, wie er ist, ohne daß man sich in ihm verliert. Der unbewußte Wunsch, sich zu verlieren, zerstört den Menschen.

Um dem zu entkommen, übernimmt der Konformist niemals echte Verantwortung, sondern schließt sich nur der Macht anderer an, um desto ungehinderter seiner aufgestauten Rachsucht freien Lauf lassen zu können. Der Rebell dagegen beansprucht, anders zu sein, übernimmt auch die Verantwortung dafür, aber er erkennt nicht, daß er mit diesem Anspruch nur sich selbst beweisen möchte, daß er *nicht* von seiner Mutter (oder seinem Vater) abhängig ist, der er sich so gerne unterwerfen würde. Das meinte Henry Miller, wenn er sagte, daß der Rebell fürchtet, »das Menschliche in ihm könne ihn mit seinen Mitmenschen vereinigen«.[127] Wenn man ihm die Furcht vor der Liebe zur guten Mutter nehmen könnte, die in erster Linie eine Folge der Versprechungen der schlechten Mutter ist, könnte der Kreis durchbrochen werden, der immer nur weiter neue Formen der Tyrannei hervorbringt.

Doch solange wir das noch nicht erreichen können, müssen wir uns Paolo Freires Mahnung vor Augen halten: »Da die Unterdrückten das Bild des Unterdrückers internalisiert und seine Richtlinien akzeptiert haben, fürchten sie sich vor der Freiheit. Freiheit würde verlangen, daß sie dieses Bild aus sich vertreiben und es durch Autonomie und Verantwortung ersetzen.«[128] Wir dürfen aber auch nicht vergessen, daß die Internalisierung durch das Bedürfnis aufrechterhalten wird, sich mit dem zu verbünden, der einem die Nähe verweigert.

In welchem Ausmaß der Rebell insgeheim von der Macht, die er bekämpft, angezogen wird, belegen viele Selbstaussagen. Der Schriftsteller Peter Schneider berichtet von seiner Korrespondenz mit dem RAF-Mitglied Peter-Jürgen Boock.[129] Dieser schilderte eindringlich, wie in ihm die Erkenntnis heranreifte, von welchem Wahnsinn die Strategie der Gewalt war. Er beschreibt, wie ein Individuum, wenn es einmal den ideologischen Konsens der Gruppe akzeptiert hat, »mit atemberaubender Geschwindigkeit die Fähigkeit zum selbständigen Sprechen und Denken und schließlich zur eigenen Wahrnehmung« verliert. Damit ist die Unterwerfung unter eine höhere Macht perfekt. Entscheidend daran ist, daß der Wunsch zur Unterwerfung da ist, ehe man sich anschließt. Er ist beim Rebellen von Anfang an da und hat sowohl seine Rebellion als auch die Aufgabe seines Selbst bewirkt, gegen die er ursprünglich rebelliert hatte.

Peter-Jürgen Boock konnte sich seiner eigenen empathischen Wahrnehmung nicht entziehen und setzte sich – eine Ausnahme unter den Terroristen – mit dem Mörderischen seines Handelns auseinander. Als er bei den Vorbereitungen zu einem Anschlag die Menschen vor einem Bürogebäude beobachtete, wurden sie für ihn plötzlich wirkliche Menschen: »Gerade beim Beobachten der Menschen im gegenüberliegenden Gebäude begannen sich meine, bis dahin unterschwelligen Bedenken immer mehr zu konkretisieren.

Da waren Sekretärinnen zu sehen, Justizbedienstete, jüngere und ältere Menschen, sie konnten Angestellte, aber auch zufällige Besucher sein. Ich kann mich daran erinnern, daß ich das Gefühl von einem wachsenden Eisklumpen verspürte ... Das, was ich jetzt tat, hatte mit meiner Motivation, mich der RAF anzuschließen, einfach keinen Zusammenhang, (es) würde nur erneut sinnlose Opfer fordern, die Situation verschärfen, mich zum Mörder werden lassen.«

Hier möchte ich kurz einhalten und einen Blick auf die konformistische Autorität werfen. Einsichten wie die Peter-Jürgen Boocks oder Bommi Baumanns könnten dazu beitragen, mit dem linken Terrorismus fertig zu werden. Man sollte annehmen, daß der Staatsapparat die Verbreitung solcher Einsichten begrüßt. Das ist aber nicht der Fall. Konformistisches Denken ist, wie Heinrich Böll anläßlich der Beschlagnahmung von Bommi Baumanns Buch ›Wie alles anfing‹ verbittert feststellte,[130] nicht daran interessiert, etwas zu begreifen. Es kann keine Gedanken zulassen, die andere Motive des Handelns voraussetzen als die der Machterhaltung. Nur mit Boocks Bereitschaft zur Kollaboration – indem er seine früheren Genossen verraten hätte – hätte der Staatsapparat etwas anfangen können. Das konformistische Denken widerlegt sich selbst, da es nur die Kategorien von Bestrafung und Unterwerfung, nicht aber das Potential kennt, das im Verstehen liegt. Das Feindbild muß aufrechterhalten werden; darum darf der »Feind« auf keinen Fall menschlicher werden. Sowohl der revolutionären wie der konformistischen Denkweise liegt ausschließlich an dem Feindbild; sie brauchen es beide, um gegeneinander Gewalt ausüben zu können. Sie brauchen beide die Gewalt, um ihrer Rolle treu zu bleiben, und so werden sie beide weiterhin damit beschäftigt sein, diese Gewalt beim anderen zu provozieren.

Zurück zum Terrorismus: Die Abstraktheit seines Denkens festigt die seelische Unempfindlichkeit der Terroristen, wozu die ideologischen Formeln naturgemäß das Ihre beitragen. Antonio Negri, früher Professor für Politikwissenschaft an der Universität Padua und dann einer der Sprecher des italienischen Linksextremismus, schrieb in seinem Buch ›Sabotage‹: »Unmittelbar fühle ich die Wärme der Arbeiter- und Proletariergemeinschaft, jedes Mal, wenn ich mir die Passamontagna – die Mütze, die nur einen Spalt für die Augen frei läßt – herunterziehe ... Weder entgehen mir Freude und

Glück beim Erfolg: jede Zerstörungs- und Sabotageaktion überströmt mich als Zeichen von Klassenverbundenheit. Noch macht mich das eventuelle Risiko bestürzt: es erfüllt mich vielmehr mit fiebriger Emotion, wie wenn ich die Geliebte erwarte. Noch betrifft mich der Schmerz des Gegners: die proletarische ›Justitia‹ hat eben diese produktive Kraft der Aneignung und die Fähigkeit zu logischer Überzeugung.«[131] Wir erleben in solchen Äußerungen nicht nur die Verschiebung der Wut ins Sexuelle, sondern auch die Gleichsetzung von Liebe mit Zerstörung und Tod. Mit diesen orgiastischen Vorstellungen entfernt sich der Schreibende selbst sowie vermutlich seine Leser von den realen Folgen, die das mörderische Tun bei den Betroffenen hat. Durch diese Transformation verliert der Mörder völlig das Gefühl für Verantwortung.

Wo ist da der Unterschied zu dem feurigen Ausruf des spanischen Generals Millán »Lang lebe der Tod!«? Auch das gehört zu den Gemeinsamkeiten des linken und rechten Terrors. Doch ich möchte die Aufmerksamkeit noch auf einige andere Punkte lenken. Antonio Negri wurde ganz offensichtlich vom Risiko als solchem erregt. Das erinnert an einen der Revolutionäre in Dostojewskis Roman ›Die Dämonen‹, über den er schrieb: »Er zog es vor, alles zu riskieren, nur um nicht in Ungewißheit zu bleiben.« Unsicherheit ruft Angst hervor, und die macht uns sehr zum Risiko bereit. Negri romantisierte und sexualisierte das Risiko, um die Angst zu verbergen. Er maskierte die Angst und förderte damit den Mythos von der männlichen Stärke, die solche Gefühle nicht zuläßt. Worin also unterschied er sich von seinen Feinden?

Antonio Negris Begeisterung für die Wärme der proletarischen Arbeitergemeinschaft enthüllt *sein* Bedürfnis nach Wärme; es ist eine Projektion, die er mit all den Intellektuellen teilt, die die Realität der Arbeitswelt nicht kennen. Er und die vielen Intellektuellen, die dieser Fiktion erliegen, verehren zwar George Orwell, aber scheinen sein 1937 erschienenes Buch ›Die Straße nach Wigan Pier‹ und viele andere literarische Zeugnisse nicht zu kennen, wo proletarisches Leben ohne jede Romantik beschrieben wird. Das Bedürfnis von Intellektuellen, das sich in romantischen Projektionen verkleidet, wird von ihnen selbst nicht erkannt. Sie sehen nicht *ihr* Bedürfnis, und deshalb kann Negri von Wärme als menschlicher Qualität schwärmen und gleichzeitig alles in seiner Macht Stehende tun, sie zu töten. Das einzig Eindeutige an einem solchen Text ist, daß die Terroristen den Tod wollen, weil sie dem Leben mißtrauen und es hassen.

Die »ideologiefreie« Gewalt

Die allgemeine Destruktivität um uns herum ist besonders sichtbar in der anwachsenden Gewalttätigkeit bei sportlichen Ereignissen. Auch sie drückt die Verfallenheit an den männlichen Mythos aus, der Männer sich selbst hassen läßt. Nach dem Ende des Zweiten Weltkriegs kam es erstmals im März 1946 zu Krawallen während eines Fußballspiels in England. Das Ergebnis: dreiunddreißig Tote und fünfhundert Verletzte. Aber es handelt sich durchaus um ein internationales Phänomen. April 1961: fünf Tote und über dreihundert Verletzte nach einem Spiel zwischen Chile und Brasilien in Santiago; März 1966: dreihundert Verwundete bei einem Fußballspiel in Kairo; September 1967: vierundvierzig Tote und sechshundert Verletzte in der Türkei; März 1975: zwanzig Tote in Moskau; September 1979: zwölf Kinder werden in Medan, Indonesien, zu Tode getrampelt; Mai 1985: schwere Ausschreitungen nach einem Spiel zwischen China und Hongkong; 30. Mai 1985: bei einem Fußballspiel zwischen England und Italien in Brüssel sterben neununddreißig Menschen, zehn werden schwer verletzt und zweihundert leichter.

In Europa scheinen englische Fußballanhänger einen besonders großen Anteil an diesem Phänomen zu haben; über sie wurde deshalb auch am meisten geschrieben. Das englische Fußballrowdytum läßt sich bis in die Zeit zwischen 1885 und dem Ersten Weltkrieg zurückverfolgen. Das Anwachsen und Abflauen der Ausschreitungen fällt weitgehend zusammen mit den Veränderungen innerhalb der englischen Arbeiterschaft. In Zeiten relativen Wohlstands, wenn sich die Werthaltungen der Arbeiter denen der herrschenden Klasse annäherten, gingen die Gewalttätigkeiten zurück.[132] Mit der zunehmenden Spaltung der Arbeiter in eine begüterte Mehrheit und einen harten Kern von Arbeitslosen, der keine Chance hat, Arbeit zu finden, wuchs das Problem der Fußballkrawalle enorm an, besonders seit den sechziger Jahren.

Ursache hierfür ist nicht die Arbeitslosigkeit allein, denn mittels der Krawalle übertönen die Betroffenen ja gerade das Verzweifelte ihrer Lage. Sie randalieren nicht, um auf ihre Situation aufmerksam zu machen, sondern decken damit ihre eigene Verzweiflung zu. Wilfried Kratz schilderte in einer Reportage arbeitslose Jugendliche in Kirkby bei Liverpool: »Die jungen Leute sprechen mit einer merkwürdigen Heiterkeit, einer Art Galgenhumor über ihr Leben. Bitterkeit ist nicht zu spüren. Es ist, als sei mit dem verlorenen Willen zur Arbeitssuche auch Kritik, Opposition und das Verlangen nach radikalen Änderungen der bestehenden Verhältnisse geschwunden.«[133]

Er interviewte in einer Bar drei junge Männer und fragte sie, was sie die letzten Jahre über gemacht hätten. »›Nichts, in Kirkby gibt es keine Arbeit‹, sagte der eine selbstsicher. Sein Freund verkündete mit gespielter Feierlichkeit: ›Ich habe mich vom Arbeitsmarkt zurückgezogen.‹« Die drei lebten von der Arbeitslosenunterstützung. Solche jungen Leute werden von den Arbeitspsychologen zu den »Verlorenen« gerechnet, die nie Arbeit hatten, keinen Anschluß haben an die Arbeitswelt und im Grunde nicht mehr für sie zu gewinnen sind. Sie sind »in den menschlichen Bodensatz abgesunken«.

Michael Harrington registrierte dies schon 1964, als er über junge amerikanische Arbeitslose schrieb: »Sie sind unruhig, führen ein Schattenboxen auf, brechen in Gelächter aus und kommentieren die Welt wie Jugendliche im allgemeinen ... Unter dieser Maske unterhalten sie sich über Mädchen, Saufereien, Raufereien, über das Leben auf der Straße ... Das sind Jugendliche, die sich ihre Zeit ohne jede Zukunftsperspektive in verzweifeltem und ziellosem Hedonismus vertreiben, von kleinen Diebereien leben und nirgends dazugehören.« Sie versagten in der Schule, »nicht weil sie unfähig waren, sondern weil zu Hause das Geld fehlte, kein Platz war und keine Möglichkeit, für die Schule zu lernen. Diese Jungens, noch nicht einmal zwanzig Jahre alt, waren bereits Opfer.«[134] Ein englischer Polizist sagte über ihre englische Entsprechung: »Sie können sich nur noch gegenseitig anmachen und aufschneiden, wie groß und stark sie sind. Das sind doch alles junge Burschen, die verzweifelt versuchen, Männer zu werden.«[135]

Hier liegt der Kernpunkt: Diese Jugendlichen haben sich ganz der Ideologie der männlichen Stärke ergeben. Sie sind Opfer der Ideologie derer, von denen sie beherrscht und unterdrückt werden, und tragen selbst zum Fortbestand dieser Ideologie bei, indem sie Macht und Gewalt zu ihrem Ideal erhoben haben. Mögen ihre Handlungen auch wie Rebellion aussehen: In den tiefsten Schichten ihres Selbst sind sie Konformisten. Und daher gibt es nur einen Weg, wie sie mit ihrem Unglück umgehen können: die ziellose Rebellion.

Um diese Rowdys verstehen zu können, muß man das Konzept der Anpassung in einen weiteren Rahmen als üblich stellen. Konformität spiegelt sich nicht nur in bravem Sozialverhalten, sondern auch immer da, wo die Gefühle so weit abgestorben sind, daß nur noch mörderische Wut übrigbleibt. Mit der höhnischen Verachtung der gesellschaftlichen Regeln überdecken diese Jugendlichen, wie tief sie in Wirklichkeit in der konformistischen Falle sitzen, denn sie huldigen in ihrer Gewalttätigkeit nur der Macht als der einzig ernstzunehmenden Realität.

Wenn ich sage, daß Konformität definiert ist durch die Abtötung menschlicher Gefühle und mörderische Wut, dann übertreibe ich durchaus nicht. Denn die »Nettesten« unter uns sind genau so. Wie kann man anders das Unglück einordnen, als 1985 die amerikanische Raumfähre Challenger kurz nach dem Start explodierte und die Besatzung umkam? Die Untersuchungskommission traf den Nagel auf den Kopf, als sie resümierte, daß in der Gier nach Erfolg der Sicherheit der Menschen eine weniger als untergeordnete Rolle zugewiesen worden sei.[136] Es drängt sich die Frage auf, welcher Unterschied besteht zwischen den gefühllosen Rowdys und jenen, die kein Gefühl dafür haben, daß sie nicht nur für eine erfolgreiche Raumfahrt, sondern auch für das Leben von Menschen verantwortlich sind. Die Gewalttätigkeit der Rowdys drückt sich im Unterschied dazu nur offener und direkter aus. Bei ihnen ist nur sichtbarer, was im Fall der höchsten Entscheidungsträger verschleiert wird: Der Erfolg steht über allem und ist Teil einer Ideologie, für die das Menschliche nicht zählt.

Die treibenden Kräfte sind in der Tat die gleichen, nur die Erscheinungsformen unterscheiden sich, da die »Erfolgreichen« in unserer Gesellschaft ihre mörderischen Absichten »sublimieren« können, so daß wir sie nicht sehen, wie Bert Brecht formulierte:

Denn die einen sind im Dunkeln
Und die andern sind im Licht.
Und man siehet die im Lichte
Die im Dunkeln sieht man nicht.

Aufgabe der Psychologie sollte sein, das Licht auf das zu richten, was wir im Verborgenen halten wollen. Doch Fußballrowdys sind nicht die einzigen, die scheinbar »ideologiefrei« Gewalt ausüben. Überall stoßen wir auf anwachsenden Selbsthaß und in seinem Gefolge auf Gewalt, die ihren Ursprung im Inneren der Menschen nicht mehr kennt. Man braucht nur die Zeitung aufzuschlagen und die Berichte aus aller Welt zu lesen:

– Zuger Tageblatt (Schweiz) vom 5. Dezember 1979: »Bei einem Konzert der britischen Pop-Gruppe ›The Who‹ sind in der amerikanischen Stadt Cincinnati elf junge Menschen umgekommen. Sie wurden Opfer einer Massenhysterie, als sich eine wild gewordene Menge bemühte, im Coliseum der Stadt die besten Sitze zu erobern. Einige der Opfer wurden einfach niedergetrampelt, die anderen erstickten ... ›Sie waren bereit, Leute umzubringen, um bei dem Konzert gut sehen zu können‹, erklärte ein Augenzeuge. ›Sie kümmerten sich einfach nicht darum, was geschah.‹«

– Luzerner Tageblatt (Schweiz) vom 20. September 1980: »Brenda Spencer (15), Schülerin aus San Diego, Kalifornien, USA, bekam von ihrem Vater ein ganz besonderes Geburtstagsgeschenk: ein Gewehr mit Zielfernrohr. Als der Vater zur Arbeit ging, öffnete das Mädchen ein Fenster der Wohnung der Eltern und zielte mit dem Gewehr auf das Schulgrundstück der ›Patrick Henry Junior High School‹ des Vorortes San Carlos. Die Schüler hatten Pause. Am Tor stand der Direktor der Schule, Burton Wragg (53). Durch den ersten Schuß der Schülerin Brenda wurde er am Hals getroffen und starb auf der Stelle. Den Schülern Paul Carr (11) und Jimmy Lira (10) wurde in Beine und Arme geschossen. Hauswart Michael Sucher (56) rannte hinaus, um den Kindern auf dem Schulhof zu helfen. Er wurde tödlich von einer Kugel am Kopf getroffen. Die Schülerin am Fenster schoß weiter ... Mister Bill Kolander, Chef der Polizei in San Diego, versuchte, die schießwütige Schülerin per Telefon zur Ruhe zu bringen ... Es vergingen sechs Stunden ... Als sie von der Polizei abgeführt wurde, meinte sie: ›Ich wußte überhaupt nicht, wie so ein Ding funktioniert ... Als sie alle auf dem

Schulhof zu Boden stürzten, hat es mir Spaß gemacht, und ich habe weitergeschossen.‹«

– New York Post vom 1. November 1979 (Halloween-Tag): »Vierzig Jugendliche schlugen einen Motorradfahrer zusammen und erstachen ihn. Eine Ehepaar, das den Rockaway Boulevard entlang ging, wurde bedroht, dem Mann wurde in den Rücken gestochen und in den Oberschenkel geschossen. Zwei maskierte Jugendliche gossen Benzin in das Häuschen eines Fahrkartenverkäufers in der U-Bahn und drohten, es anzuzünden.«

– Neue Zürcher Zeitung vom 21. September 1981: »Zahlreiche Verletzte, Verkehrsbehinderungen und geborstene Fensterscheiben sind die Bilanz einer Werbeaktion eines Warenhauses, das zum Hundert-Jahr-Jubiläum am Samstag Gratiseintritte in den Kinos von Bern und Biel offerierte. Tausende wollten vom Angebot Gebrauch machen. Der Einsatzleiter der Stadtpolizei Biel: ›Das war ein scheußlicher Anblick, wie sich mehrere hundert Personen wie Tiere in ein Kino drängten, in dem bereits zweihundertfünfzig Leute den letzten Fleck ausgefüllt hatten. Das waren keine Menschen mehr.‹«

– New York Post vom 28. Februar 1984: »Elf Burschen aus Westchester zerstörten auf ihrem nächtlichen Heimweg aus der Stadt vier Waggons des Vorortzuges und terrorisierten die zweihundertfünfzig Passagiere, die in diesen Waggons saßen. Die meisten der Burschen waren gerade zwanzig Jahre alt.«

– Zuger Tageblatt (Schweiz) vom 12. Oktober 1979: »Mit eineinhalb Jahren Gefängnis muß ein rabiater Tessiner Turnlehrer büßen, daß er einem seiner Schüler mit einem wuchtigen Fußtritt und mehreren Schlägen den Arm doppelt gebrochen hat... Am 16. März dieses Jahres hatte er seiner Klasse zwecks Disziplinierung einen Schnellauf in gebückter Haltung durch den Turnsaal verordnet. Der vierzehnjährige Tiziano Consoli schaffte den Lauf nicht im erwünschten Tempo und mußte ihn zusammen mit dem schnellsten Sprinter der Klasse wiederholen. Der körperlich eher schwächliche Tiziano blieb jedoch auf der Strecke. Unter dem Gelächter der Mitschüler verpaßte der für seine militärischen Zucht- und Ordnungsmethoden bekannte Pädagoge dem hilflosen Kind mit voller Wucht einen Fußtritt und mehrere Schläge.«

– Tages-Anzeiger (Zürich) vom 3. September 1985: »Vor einem Gericht in Piräus bei Athen hat am Montag der Prozeß gegen den

Kapitän und zehn Besatzungsmitglieder des griechischen Frachtschiffs ›Garifalia‹ begonnen, denen vorgeworfen wird, im letzten Jahr elf blinde Passagiere aus Kenia über Bord geworfen und in haifischverseuchtem Wasser ihrem Schicksal überlassen zu haben. Nach Erkenntnissen griechischer Behörden ist offensichtlich keiner der Ausgesetzten mit dem Leben davongekommen.«

– Tages-Anzeiger (Zürich) vom 24. September 1985: »Einen gefährlichen ›Scherz‹ hat sich am Sonntagmorgen ein etwa zwanzigjähriger Bogenschütze geleistet..., der unbekannte Schütze hatte kurz nach elf Uhr vom Rheinufer aus einen Schiffspassagier mit einem Pfeil beschossen und dabei schwer verletzt.«

– Boston Globe vom 26. Februar 1986: »Drei junge Männer gestanden, daß sie einen Vietnam-Veteranen zu Tode gequält hatten, der Alkoholiker und ohne festen Wohnsitz war; sie hatten ihm vorher seinen Whiskey und seine letzten vier Dollar abgenommen, als sie ihn in einem Hauseingang schlafend angetroffen hatten.«

– Tages-Anzeiger (Zürich) vom 21. Juni 1985: »Die japanische Presse hat am Donnerstag in seltener Einmütigkeit Kritik an dem Verhalten von etwa vierzig Reportern geübt, die am Dienstagabend die Ermordung des mutmaßlichen Betrügers Toyota Shoji fotografiert hatten, ohne gegen die Täter einzuschreiten... (Sie) hatten die beiden rechtsradikalen Täter aufgenommen, wie sie mit gezogenen Stichwaffen durch ein Fenster in die Wohnung einstiegen und blutverschmiert wieder herauskamen. Die Reporter hatten ... (statt einzuschreiten) handgreiflich nur um die besten Aufnahmestandorte gekämpft.«

Charles E. Silberman belegte 1978 in einer Studie, daß in Amerika nicht nur die Gewaltkriminalität zunimmt, sondern daß auch immer mehr jugendliche Täter darunter sind.[137] 1967 waren vierundvierzig Prozent der wegen Vergewaltigung und über sechsundzwanzig Prozent der wegen Körperverletzung und Mord Verhafteten im Alter zwischen achtzehn und vierundzwanzig Jahren. Fünfzig Prozent der wegen Diebstahl und Betrug Festgenommenen waren unter achtzehn Jahre alt. Mit dem jugendlichen Alter der Täter scheint außerdem die ungewöhnliche Grausamkeit ihrer Delikte in Verbindung zu stehen. Silberman stellte fest, daß das häufige Verstümmeln oder Töten der Opfer nicht für die Tat selbst notwendig war, sondern einer grundsätzlichen Wut und Brutalität entstammen mußte. Er machte auch deutlich, daß in der Frage der

Entstehung von Kriminalität die Armut nicht die entscheidende Rolle spielt. So ist zum Beispiel die Kriminalitätsrate der spanischstämmigen Bevölkerung mit niedrigem Einkommen bedeutend niedriger als die vergleichbarer Schwarzer.

Dies und etwa die Tatsache, daß es unter der Diktatur Salazars in Portugal nur wenig Kriminalität gab, weist darauf hin, daß man zwei wichtige Voraussetzungen für das Anwachsen von Gewaltkriminalität berücksichtigen muß. Zum einen muß man das Haßpotential sehen, das vom Zwang zur Anpassung erzeugt wird. Zum anderen werden Menschen, solange die Autorität alles unter Kontrolle hat, an offener Gewaltausübung gehindert. Erst wenn dieser Rahmen auseinanderfällt und die Versprechungen, um deretwillen man sich der Macht unterworfen und sein Selbstwertgefühl geopfert hat, nicht mehr eingelöst werden, dann bricht der Haß hervor.

Japan, ein Land mit einer sehr stark auf Anpassung basierenden Gesellschaftsstruktur, verzeichnet eine starke Brutalisierungswelle an den Schulen. Es gibt immer wieder Berichte über Selbstmorde von Schülern, die die Quälereien an der Schule nicht mehr aushielten. Die registrierten Fälle von Gewalttaten an den Schulen haben sich allein 1985 um dreiundzwanzig Prozent vermehrt. Ganze Schülerbanden folterten auf sadistische Weise ihre schwächeren Mitschüler.[138]

Ein japanischer Lehrer, Hiroshi Kusunokie, gab seinen Schülern das Aufsatzthema, was sie tun würden, wenn sie nur noch fünf Tage zu leben hätten.[139] Ein Elfjähriger schrieb: »Am ersten Tag würde ich besonders gut essen. Am zweiten Tag würde ich in einen Spielsalon gehen und viel Geld verspielen. Am dritten Tag würde ich mir eine Pistole besorgen, am vierten eine Weltreise machen und am Waikiki-Strand auf den Hawaii-Inseln baden. Am Tag, an dem ich sterben werde, werde ich meinen Vater zusammenschlagen, auf ihm herumtrampeln, und um elf Uhr, neunundfünfzig Minuten und neunundfünfzig Sekunden werde ich auf den Zug zum Himmel aufspringen.« Ein Zwölfjähriger schrieb, daß er am ersten Tag alle Fenster zertrümmern würde, dann eine Bank ausrauben und das ganze Geld verbrennen, dann einen Menschen zerstückeln, was er oft in Video-Filmen gesehen hat, ein Haus anzünden, über dreihundert Leute mit einem Auto zusammenfahren, und »wenn ich das alles getan habe, wird es mir nicht leid tun zu sterben«. In anderen Aufsätzen warfen die Kinder Bomben, zerstückelten die Eltern und so weiter. Das einzig Wichtige schien für diese Kinder das Töten zu sein.

Etwas länger zurück liegen die Erlebnisse der englischen Lehrerin Muriel Hirsch, die 1972 berichtete:[140] »›Ich hasse die Schule‹, rief Ron am ersten Tag, an dem ich in seiner Klasse unterrichtete ... ›Es geht doch allen so. Glauben Sie mir's! Ich hasse die Lehrer und die Lehrer hassen mich. Und *Sie* hassen mich auch.‹ Ich entgegnete ihm: ›Aber nein, noch nicht! Ich kenne dich doch noch gar nicht gut genug, um dich zu hassen.‹ Ron akzeptierte das widerwillig ... Es war sehr tiefer Haß, aus dem heraus er sprach, und schien mir sein lebenslanger Kampf zu sein.«

Seine Unverschämtheit, so schrieb die Lehrerin weiter, sei für Lehrer sehr schwer zu ertragen gewesen, so daß der Haß bald wechselseitig war und die Autorität nicht mehr damit fertig wurde. »Die Jungens schienen sich nicht im mindesten für Politik zu interessieren. Ich fragte sie: ›Wer weiß, was das Wort Kommunismus bedeutet?‹ Niemand antwortete, einer meinte: ›Können wir nicht über etwas Interessanteres sprechen?‹ Alles, was sie interessierte, schien Sex zu sein. Da ihre Bücher und Taschen alle mit ›IRA‹ verziert waren, fragte ich sie: ›Wer kann mir etwas über die IRA sagen? Was ist das für ein Konflikt in Nordirland?‹ – ›Ach ja, die Katholiken hassen die Protestanten. Können wir nicht etwas Interessanteres tun?‹ – ›Wenn ihr euch nicht dafür interessiert, warum unterstützt ihr dann die IRA?‹ – ›Weil sie Bomben werfen und alles kaputt machen und Menschen in die Luft gehen lassen – riesig!«

Die Lehrerin kommentierte ihre Beobachtungen: »Wahrscheinlich fühlen die Kinder in Belfast dasselbe. Auch sie lieben die Gewalt – nicht die Menschenrechte. Sie hassen ihre Eltern und Lehrer – nicht die Protestanten ... ›Wissen Sie‹, sagte eine hübsche, junge Mutter, die vor der Schule auf mich wartete, ›meine Tochter schrie letzte Woche jeden Morgen, wenn sie zur Schule sollte. Ich gab ihr eine Tracht Prügel, was ich schon öfter getan habe, aber es half nichts!‹ Gewalt zu Hause, Gewalt in der Schule ... Man zwingt die Kinder zur Schule zu gehen, die sie hassen und fürchten. Kein Wunder, daß sie sich dann weigern, lesen und schreiben zu lernen.«

Muriel Hirsch beschreibt dann, daß der scheinbar »lässigere« Erziehungsstil, soweit er überhaupt existiert, nur den guten, angepaßten Schülern zugute kommt, während bei den anderen hart durchgegriffen wird. Die Schulleiter sind zunehmend autoritär, und liberale Lehrer, die nicht einfach auf eiserne Disziplin setzen wollen, haben kaum eine Chance. Auf diese Weise schafft die Schule selbst die Situation, mit der sie ihr Vorgehen rechtfertigt.

Muriel Hirsch sieht darin einen Teufelskreis: Kinder, die zu Hause immer nur bestraft werden und sich in der Schule schlecht benehmen, brauchen tatsächlich Strafe, weil sie Freundlichkeit und Güte nicht verstehen und annehmen können. Dies hat vielleicht einen Vorteil: Kinder, die Freundlichkeit und Abhängigkeit zurückweisen, machen sich wenigstens nichts vor, teilen nicht die übliche Heuchelei. Aber im Ergebnis entsteht das, was ich die »ideologiefreie« Gewalt, die Rebellion ohne Ideologie, nenne. Destruktivität wird zum ungeschminkten Lebensprinzip. Gleichzeitig ist diese Destruktivität auch ein Hilferuf. Aber da die angepaßte Welt nur Bestrafung kennt, reagiert sie nur auf die Rebellion, nicht auf den Hilferuf, und das auf völlig unangemessene Weise, die nur zu einem Anwachsen der blinden Zerstörungswut führt.

Sadismus und Rebellion

Die staatliche Folter und der terroristische Anschlag sind die extremen Erscheinungsformen von Konformismus und Rebellion. Der konformistische Sadist ist meistens ein Mensch mit amtlicher Macht – oder wie die Angehörigen der südamerikanischen Todesschwadrone von der Staatsmacht gedeckt –, der sein Opfer zum Schweigen bringen muß, um die Erinnerung an seine eigene Unterwerfung auszulöschen. Der Terrorist hat keine offizielle Macht; seine Rache gilt der Macht der Unterdrücker, von denen er insgeheim anerkannt werden möchte.

Ein sehr sprechendes Zeugnis über den Sadismus legte Jacobo Timerman ab. Er hatte die Folter der argentinischen Junta und ihr Heer von Sadisten erlebt. In seinen Aufzeichnungen ›Wir brüllten nach innen‹, betont er, daß es den Folterern nicht um die Unterdrückung, sondern um die totale Vernichtung ging. Daraus kann man ableiten, wie stark ihre eigene Unterwerfung unter die Autorität und wie sehr diese von wildem Selbsthaß begleitet war. Er zitiert einen von ihnen: »Wenn wir alle ausrotten, müßten mehrere Generationen Angst haben ... Und dazu ihre Angehörigen. Man muß sie auslöschen und alle, die sich an ihre Namen erinnern können.«[141] Darin kommt natürlich ihre eigene Panik zum Ausdruck, daß es Zeugen gibt, die über ihre Schande und Schwäche berichten könnten, über ihre jämmerliche Verschmelzung mit der Autorität, um ihrer Verwundbarkeit zu entgehen. Ihr Haß gilt allem, was sie an Menschlichkeit erinnert. »Der totalitäre Geist ist besessen von der Notwendigkeit, in einer einfachen, klaren Welt zu leben. Alles Subtile, jeder Widerspruch, jede Komplexität erschreckt und verwirrt ihn und wird ihm unerträglich. Er versucht also, das Unerträgliche zu überwinden durch das einzige Mittel, das er in der Hand hat: die Gewalt.«[142]

Der nigerianische Schriftsteller Wole Soyinka, 1986 Literaturnobelpreisträger, der im Gefängnis saß, weil er eigenständig dachte, zitierte seine Peiniger folgendermaßen: »Wie kommen Leute wie du dazu zu meinen, sie wüßten alles... Wenn die Regierung ihre Politik festgelegt hat, warum glaubst du, es besser zu wissen? Ihr Intellektuellen lebt in einer Traumwelt, trotzdem meint ihr, alles besser zu wissen als die Leute, die alles bedacht und ihre Entscheidungen getroffen haben.« Und: »Wir haben die Wahrheit wieder hergestellt, und die Wahrheit wird jetzt nach unserer Vorstellung definiert... Wahrheit, mein lieber Freund, sind die Tausende, die verschwunden sind, seit wir deinen kleinen störenden Verstand festgesetzt haben.«[143]

Soyinka weiß, daß der Sadist in der Folter den frühen Terror seiner Kindheit wiederaufleben läßt. In seiner Anwesenheit soll man sich vorkommen wie vor einem unbarmherzigen Gott, der die Rettung verspricht, wenn man sich unterwirft und seine Güte anerkennt. Soyinka beschrieb darum sowohl den Wunsch des Gefangenen, sich zu ergeben und seine Seele ganz in die »liebenden« Hände des Folternden zu geben (Timerman belegt vielfach das Bündnis zwischen Folterndem und Opfer), als auch das Gegenmittel: »Der Gefangene sagt plötzlich zu sich selber, diese Kreatur kann mich nicht wirklich treffen. Sie kann mich nicht retten, deshalb kann sie mich auch nicht zerstören. Diese Kreatur ist bedeutungslos, sie ist nicht real. Nur ich selbst bin die Realität.«[144] Hier wird eine ganz tiefsitzende Phantasie sichtbar, die in uns allen schlummert: letztlich doch von der schlechten Mutter gerettet zu werden. Wenn wir diese Hoffnung ablegen – oder zumindest erkennen –, können wir sowohl den Konformisten wie den Rebellen in uns ablegen und den Weg zum eigenen Selbst beschreiten. (Ich meine mit dem Rebellen nicht den Revolutionär im Sinne Erich Fromms, der sein Bündnis mit der Autorität und die dazugehörigen Wünsche, andere zu beherrschen, überwunden hat.)

Beide, der Konformist und der Rebell, benötigen einen äußeren Feind. Dieses Bedürfnis macht es oft unmöglich, zwischen wirklichen und halluzinierten Bedrohungen zu unterscheiden. Seit 1917 fürchtet der Westen die rote Revolution. Tatsächlich aber waren die westlichen Demokratien nach dem Ersten Weltkrieg vom Faschismus, nicht vom Kommunismus bedroht. Dies wurde geleugnet, bis es fast zu spät war. Ähnlich glaubten die polnischen Juden trotz der Berichte von entflohenen Sträflingen aus den Konzentrationslagern[145] nicht daran, daß die Nationalsozialisten ihre größten Feinde waren. Sie fühlten sich von denen, die sie warnten, bedroht und glaubten ihnen nicht. Das Bedürfnis nach einem Feind kommt aus einer Tiefe, die nichts mit der äußeren Realität zu tun hat. Und es schafft sich Bilder, die die schlimmsten Greuel rechtfertigen.

Konformismus verträgt sich mit jeder Ideologie. Er findet sich überall dort, wo Macht ist. Weder der Konformist noch der Rebell stehen in der Realität eines lebendigen Lebens. Weil sie sich nie als wirkliches Selbst geliebt haben, wissen sie nichts über Leben und Tod. Beide halten sich selbst für unsterblich. Ihr Größenwahn nährt die Illusion einer überhistorischen Fortexistenz. Beide glauben weiterzuleben in den Monumenten, die sie sich gesetzt haben. Für den Konformisten sind es die steinernen oder eisernen Monumente der Mächtigen, denen er dient, für den Rebellen die eigenen »großartigen« Taten.

Gerade jene, die die Realitäten des Lebens nicht akzeptiert haben, glauben an Auswege. So bauen manche Menschen beispielsweise Atomschutzbunker. Ihnen kommt nicht in den Sinn, daß es sich vielleicht nicht mehr lohnen würde weiterzuleben, wenn die Voraussetzungen für ein menschenwürdiges Leben nicht mehr gegeben sind.

Der Konformist und der Rebell brauchen einander; sie brauchen gerade die Gewalt des anderen, denn sie bestätigt das Feindbild. Der Rebell aber hält wenigstens unser Bewußtsein dafür wach, daß es Möglichkeiten zur Veränderung gibt und daß wir alle durch unsere Erfahrungen mit der guten Mutter eine Hoffnung mitbekommen haben. Wenn es gelänge, ihn etwas näher zu seinem Schmerz hinzuführen, müßte er vielleicht nicht so zwanghaft den Feind spielen, den die Konformisten nötig haben, um nicht verrückt zu werden.

6 Die Machtpolitik mächtiger Männer als Ausdruck innerer Leere

Wer sich der Macht ergeben hat, für den kann es in den sozialen Beziehungen grundsätzlich keine Ebenbürtigkeit geben. Lippenbekenntnisse können darüber nicht hinwegtäuschen. Der Umgang mit anderen Menschen ist bestimmt von Stärke oder Schwäche. Deshalb muß immer mehr Macht angehäuft werden. Das Ziel dabei ist, unverwundbar zu werden und Unverwundbarkeit beweisen zu können.

Eine der schrecklichsten Folgen eines solchen verzerrten Realitätsbezugs ist der Vietnam-Krieg gewesen. Die Vietnamesen stellten in ihrem Kampf um militärische Ziele wenigstens noch die Moral der eigenen Bevölkerung und die ihrer Gegner in Rechnung. Sie sahen Sieg und Erfolg nicht nur aus dem Blickwinkel eines verengten Begriffs von Stärke. Auf der amerikanischen Seite aber stand eine Vorstellung von Stärke, die auf der frühkindlichen Erfahrung des Überwältigtwerdens durch die Macht der Eltern beruht. Aus dieser Grunderfahrung wurde die Lehre gezogen, daß Schmerz das Mittel ist, um Menschen gefügig zu machen. Etwas anderes als eine Politik der Stärke ist darum gar nicht vorstellbar.

Dieses Denkmuster prägte Richard Nixons Auffassung des Vietnam-Krieges während seiner Präsidentschaft. Er war ein Mann, für den nur Macht Bedeutung hatte. Alle Handlungen seiner politischen Karriere waren von der Verachtung für das Menschliche gekennzeichnet. Wir können seinen eigenen Worten entnehmen, daß für ihn die Möglichkeit, anderen Schmerzen zuzufügen, das einzige Mittel war, auf das Verhalten anderer einzuwirken.

Dies veranlaßte ihn zu den fürchterlichsten Bombardements des Vietnam-Kriegs und offenbarte seine extreme Mißachtung von Menschenleben. Nixon gab Einblick in seine Überlegungen zum Vietnam-Krieg in seinem Buch ›No More Vietnams‹. Weihnachten 1972 befahl er den sehr schweren Luftangriff auf die Zufahrtswege nach Hanoi, um den Nordvietnamesen zu zeigen, daß sie nicht ungestraft das Abkommen, das kurz vor dem Abschluß stand, verletzen konnten.[146] Elf Tage lang führten US-Flugzeuge den konzentriertesten Luftangriff gegen Nordvietnam nicht um eines militärischen Vorteils willen, sondern allein, um mit militärischer Übermacht zu beeindrucken. Das Ausmaß seines besessenen Willens, Macht zu demonstrieren, seine Machtpolitik, die er selbst freilich »Realpolitik« nannte, hat eine sehr persönliche Ursache, die er enthüllte, als er zu dem Vorsitzenden der Vereinigten Stabschefs sagte: »Ich will nichts mehr hören von der Scheiße, daß wir irgendwelche Ziele nicht hätten treffen können. Es liegt an Ihnen, mit militärischer Macht diesen Krieg zu gewinnen, und wenn Ihnen das nicht gelingt, sind Sie dafür verantwortlich.«[147]

Solches »Zeichensetzen«, das wir auch aus dem Zweiten Weltkrieg kennen, beruht nicht auf realistischer Einschätzung der Durchhaltekraft des Gegners. Es ist Ausdruck eines ganz persönlichen Wahns, der 1972 bei dem erwähnten Angriff eintausendsechshundertdreiundzwanzig getötete Zivilisten und hohe amerikanische Verluste zur Folge hatte. Nixon setzte seine »Zeichen«: Im Mai 1972 besuchte er als erster amerikanischer Präsident die Sowjetunion – am Vorabend seines Treffens mit Leonid Breschnew befahl er die Bombardierung Hanois und die Verminung des Hafens von Haiphong. Er begründete es damit, den Vormarsch der Nordvietnamesen in den Süden aufhalten zu müssen, lieferte aber seine machtpolitischen Absichten ungeschminkt nach: »Wenn wir es zugelassen hätten, daß Nordvietnam Südvietnam erobert«, schrieb er, »hätten die hartköpfigen Realisten in den Politbüros von Peking und Moskau meinen können, daß diese Vereinigten Staaten, die keinen Willen haben, ihre Interessen zu vertreten, auch keine würdigen Gesprächspartner sind.« Was hätte besser Überzeugung und Tatkraft der Amerikaner zeigen können als ihre Entschlossenheit, Moskaus Verbündeten Nordvietnam zu pulverisieren? Und Nixon fährt fort: »Breschnew wußte, daß wir es wert waren, daß man mit uns sprach, weil wir in Vietnam gezeigt hatten, daß wir nicht nur stark genug waren, unsere Interessen zu verteidigen, sondern daß wir auch willens waren, es zu tun... Hätten wir in Vietnam nicht gehandelt..., hätten wir uns in eine untragbare Position der Schwäche begeben. Breschnew hätte meinen können, daß, wenn man mich in Vietnam an die Wand drängen kann, man dies mit mir auch in Moskau tun kann.«[148] Macht diktiert hier, was »Realität« ist, und setzt dieses Realitätskonzept brutal durch. Die einzige Realität ist dann der Mythos der Macht, der auf der Phantasie des kleinen Jungen von der unbarmherzigen Herrschaft beruht. Solche kleinen Jungen sind besessen davon, weil es ihre früheste Erfahrung war, sich der Macht der Eltern zu beugen.

Das Innere solcher Machtmenschen ist zugleich angefüllt mit Selbsthaß und Leere. Henry Kissinger berichtete, wie Nixon am Morgen nach seinem überwältigenden Wahlsieg im November 1972 seine Mannschaft mit der Aufforderung begrüßte, zurückzutreten. »Es war fast so, als hätte er den Erfolg nur um seiner selbst willen angestrebt und als hätte das Leben jetzt, da er auf dem Gipfel stand, allen Sinn verloren.« – »Tatsächlich hatte man manchmal den Eindruck, daß er Krisen brauchte, um sich motivieren zu lassen – da er wie ein Besessener nach dem Erfolg um seiner selbst willen strebte und, wenn er ihn errungen hatte, nicht mehr wußte, was er damit anfangen sollte.«[149]

In einem Rückblick auf Nixon und seine Zeit charakterisiert Ronald Steel Nixons Leben und im besonderen die Wirkungen der Watergate-Affäre: »Er warf seine hohe Stellung weg, als würde er unbewußt das wertlos machen wollen, was für ihn nur zu einem hohen Preis zu erringen gewesen war. Wir werden nie wissen, ob er das tat, weil er sich in der Tiefe seines Herzens für wertlos hielt und deshalb den Wert seiner Stellung erniedrigen mußte, oder weil er dem unwiderstehlichen Zwang erlag, immer wieder neue Krisen schaffen zu müssen, um sich selbst messen und siegreich daraus hervorgehen zu können.«[150] Natürlich wissen wir es, wenn wir bereit sind zu sehen, daß Selbstverachtung und die Gier nach Macht dieselben Wurzeln haben: den Verlust des autonomen Selbst.

Mit seinem Ehrgeiz, wie leer er auch sein mag, folgt ein solcher zum Mann herangewachsener Junge noch immer den Erwartungen seiner Mutter, die ihren Willen als den seinen ausgab. Und in den Handlungen dieser Männer lauert immer das Spiel mit Tod und Gefahr, das Spiel mit dem Leben anderer, denn indem sie das Scheitern herausfordern und um sich herum Zusammenbruch betreiben, nehmen sie Rache an ihrer Mutter: Sie vereiteln mutwillig das, was ihre Mutter durch sie erreichen wollte.

Der einzige Weg, den Vietnam-Krieg zu beenden lag, wie Nixon selbst sagte, daher darin, die Verhandlungen durch militärische Aktionen voranzutreiben.[151] Er und sein Außenminister Henry Kissinger waren fixiert auf »Entschlossenheit« und »Feuerkraft«, dies waren die einzigen Dimensionen ihrer Realität, und in diesem Sinn betrieben sie Außenpolitik. Wie unrealistisch ihre Position gerade im Vietnam-Krieg war, wird durch einen Dialog während der Schlußverhandlungen sehr prägnant beleuchtet. Oberst Harry G. Summers schilderte ihn. Ein amerikanischer Unterhändler sagte zu seinem vietnamesischen Gegenspieler: »Sie wissen, Sie haben uns nicht auf dem Schlachtfeld besiegt.« Daraufhin der Nordvietnamese: »Das mag sein, aber das ist auch ziemlich gleichgültig.«[152]

Die Realität der Nordvietnamesen umfaßte eben mehr Dimensionen des Menschen als nur die Macht. Für sie waren Schmerz und Leid nicht in erster Linie ein Mittel, um andere Menschen einzuschüchtern. (Damit will ich nicht sagen, daß die Nordvietnamesen nicht grausam gewesen wären, daß sie nicht amerikanische Gefangene gefoltert hätten. In jeder sozialen Gruppe gibt es Menschen, die glauben, über andere herrschen zu können, indem sie ihnen Schmerzen zufügen; entscheidend ist aber, ob sie die Träger der politischen Verantwortung sind.) Sie wußten ganz im Gegenteil, daß Schmerz und Leid den Entschluß verstärken, sich *nicht* zu unterwerfen. Solch eine Sehweise war aber den amerikanischen »Realisten« nicht möglich, denn ihre Realität war geprägt von den Erfahrungen, die sie in ihrer Kindheit mit der Macht hatten. Weil sie selbst als Kinder vor Schmerz und Demütigung in die Anpassung geflüchtet waren, konnten sie sich andere Reaktionen gar nicht mehr vorstellen.

Die Geschichte der Menschheit ist reich an Beispielen für die Auswirkungen der eingeschränkten Realitätswahrnehmung. Daher nannte Barbara Tuchman ihre Studien über die Kriege von Troja bis Vietnam sehr zutreffend ›Die Torheit der Regierenden‹ (der englische Titel lautete ›The March of Folly‹). »Torheit«, schreibt sie, »ist ein Kind der Macht... Weniger bewußt ist uns, daß die Macht häufig auch dumm macht und Torheit erzeugt; daß die Macht, Befehle zu erteilen, häufig dazu führt, das Denken einzustellen...«[153] Ich würde sagen, daß es nicht so sehr der Verlust des Denkens ist, sondern seine *Reduktion.* Und diese Reduktion wiederum ist eine Folge emotionaler Prozesse, die in direktem Zusammenhang stehen mit der frühen Anpassung an die Macht und der Flucht vor dem Schmerz. Leute wie Nixon, die die Welt nur als Input- und Out-put-Mechanismus sehen, bei dem Schmerz oder die Erwartung von Schmerz die Hebel sind, andere zu bezwingen, spiegeln in ihren Handlungen ihr eigenes Unvermögen, auf Schmerz anders zu reagieren als mit feiger Unterwerfung.

Diese Unterwerfung zielt letztendlich auf die Inbesitznahme der Macht, der man sich ergeben hat. Die Unterwerfung ist immer Teil einer unausgesprochenen Abmachung: »Ich ergebe mich, um mich deiner Macht anzuschließen.« Mit dieser Formel verdeckt man den Selbsthaß, der aus der Unterwerfung entstand. Eine nicht von Macht geprägte Realität wird damit unvorstellbar. Das Streben nach Macht wird zwanghaft, und die Unfähigkeit, Schmerz zu ertragen, führt dazu, daß man um jeden Preis Schmerz vermeidet, denn solche Menschen empfinden Schmerz als Demütigung. Die Demütigung und Erniedrigung anderer dagegen wird eigentlicher Lebenszweck.

Genau diese Logik macht einen Feind erforderlich. Dieser liefert die Rechtfertigung für die eigenen Machtbedürfnisse und für die Eroberungen, zu denen der Selbsthaß treibt. Die zu erobernden Ziele können ein Berggipfel sein, ein wissenschaftliches Problem, ein Naturschutzgebiet, das einer Autobahn im Weg steht, oder ein Feind aus Fleisch und Blut. Man braucht einen Feind oder eine »Herausforderung«. Die meisten Menschen haben eine ähnliche Entwicklung und sind deshalb anfällig dafür, sich auf diesem Weg Erleichterung von den inneren Zweifeln und Haßgefühlen zu verschaffen. Nur allzu schnell fühlen sie sich von äußeren Feinden bedroht. In welchem Ausmaß wir also solche äußeren Feinde zu unserer eigenen Erleichterung benötigen – das entscheidet letztlich darüber, wie bereit wir sind, einem Führer zu folgen, der uns einen passenden Feind offeriert.

Sogar geistig »gesunde« Führer bleiben davon nicht unberührt. Der Psychoanalytiker Horst Eberhard Richter schildert in seinen Erinnerungen eine Begegnung mit dem früheren Bundeskanzler Helmut Schmidt, dem mißfallen hatte, daß Richter die sensiblen, offenen und anfälligen Persönlichkeiten reicher und gesünder genannt hatte als die »robusten« Naturen, die sich allem anpassen können.[154] Alle Vertreter der Macht als einer Ideologie des falschen Selbst fürchten sich vor innengeleiteten Menschen. Und sie verachten sie, weil sie diese Angst nicht zugeben können. Hierbei spielt es keine Rolle, ob einer politisch am linken oder rechten Flügel angesiedelt ist. Überall ist es Machtbesessenheit und nicht Offenheit für die Realität in ihren reichen und lebendigen Möglichkeiten.

Dies wird zu unser aller Problem, da solche Menschen in Positionen sind, von denen aus sie die Geschichte bestimmen können. Die Fixierung auf die Macht und das zwanghafte Bedürfnis, mächtig zu sein, bringen oft gerade jene an die Macht, deren innere Leere am größten ist. Barbara Tuchman arbeitet dies in den erwähnten Studien deutlich heraus und gibt Beispiele dafür, wie die Mächtigen die Realität reduzieren. Als während der amerikanischen Revolution am 17. Oktober 1777 in Saratoga die britische Armee unter General Burgoyne vor der Kontinentalarmee kapitulierte, waren die englische Regierung und das englische Volk tief bestürzt.[155] Doch die englische Regierung überstand alle innenpolitischen Angriffe, weil niemand der Tatsache ins Auge blicken wollte, daß es sich um die Kapitulation eines unzulänglichen Begriffs von Realität handelte. Denn dann wäre sichtbar geworden, daß der »Realimus« der Machtpolitiker keine Ahnung von der tatsächlichen menschlichen Realität hat.

Wie die, die am stärksten auf dem Realismus der Machtpolitik bestehen, sich auch am meisten berechtigt fühlen, die Macht rücksichtslos auszuüben, zeigt Barbara Tuchman anhand der Anklagevertreter in der Gaspée-Affäre von 1772, als der britische Zollschoner Gaspée vor Rhode Island aufgebracht worden war. Die Anklagevertreter, die diesen Protest gegen den englischen Imperialismus zu einem Akt des Hochverrats am englischen Königshaus machten und die Aufständischen vor ein Gericht in England stellen wollten, waren Edward Thurlow und Alexander Wedderburn, Erster und Zweiter Kronanwalt des Königs. Beide verkörperten Menschen, die ihre innere Leere durch äußeren Glanz kompensieren. »Thurlow, der schon als Schüler aufsässig gewesen war ... und der als Jurist seinem Mutwillen und seiner Aggressivität freien Lauf ließ, besaß nicht nur ein zügelloses Temperament, sondern angeblich auch das schändlichste Mundwerk von ganz London. Dennoch war er eine imposante Erscheinung.« Vom König wurde er für seine Unterstützung zum Lordkanzler ernannt und mit einer Baronie beliehen. »Ebenso unnachgiebig gegenüber Amerika war der Schotte Wedderburn, ein von unersättlichem Ehrgeiz getriebener Mann, dem jedes Mittel ... recht war, um voranzukommen ... Obwohl der König ihn verachtete, wurde auch er schließlich Lordkanzler.«[156]

Selbstverständlich sind Männer dieser Art anpassungsfähig, und ihr »Realismus« entspricht den jeweiligen Gegebenheiten und Bedürfnissen ihrer Zeit. Entsprechend hatten sich die Voraussetzungen zweihundert Jahre später verändert. Die militärische Philosophie der massiven Vergeltung etwa wurde entscheidend modifiziert unter dem 1961 gewählten amerikanischen Präsidenten John F. Kennedy. Jetzt avancierten Politiker, die intellektuell brillant, realistisch, wendig, pragmatisch und enorm robust waren. Verteidigungsminister wurde Robert McNamara, Spezialist in statistischer Analyse und voll grenzenlosem Vertrauen in die Lösbarkeit jeder Aufgabe und in die Wirksamkeit der materiellen Schlagkraft der Armee. Die Philosophie der massiven Vergeltung, die noch unter Eisenhower gültig war, wurde unter Kennedy und McNamara in die neue Verteidigungsstrategie des »begrenzten Krieges« verwandelt. »Ihr Ziel war nicht Eroberung, sondern die Ausübung von Druck; Gewalt sollte nach einem rationalen Kalkül eingesetzt werden, um die Absichten und Fähigkeiten des Feindes zu beeinflussen und ihn bis zu dem Punkt zu bringen, an dem ›die Vorteile einer Beendigung des Konflikts größer sind als die Vorteile seiner Fortsetzung‹.«[157]

Es wandelten sich zwar die Formeln, aber der Kern blieb derselbe: »... die Absichten und Fähigkeiten des Feindes zu beeinflussen.« Mit den neuen Spielregeln des Krieges machten die »neuen« Männer den Krieg zu einer Sache, die man »managen« kann, »als würde man eine Botschaft in Form von kriegerischen Maßnahmen an den Gegner schicken, der dann auf die ihm zugefügten Verluste und Schäden rational reagiert, indem er die Aktionen einstellt, die jene Maßnahmen ausgelöst haben«.[158] Ein solches rationales Management verschleiert den Irrsinn, zu glauben, Menschen könnten gefügig gemacht werden, indem man ihnen Schmerzen zufügt. »Wir stecken in einer Zwangsjacke der Rationalität«, zitiert Tuchman William Kaufman, einen der neuen Ideologen der US-Macht.

Eine solche Ideologie stellt jedoch nicht in Rechnung, daß es weiterhin Menschen gab, die anders mit Schmerz umgingen und sich durch ihn nicht unterwerfen ließen. Der »realistische« Typus, der die Realität nur für eine Frage der Unterordnung unter eine Übermacht hält, wußte nichts von der Stärke jener, die trotz des Leids nicht aufhören, auf ihr Inneres zu hören. Vielleicht hatten auch deshalb die USA ein so verlorenes Spiel in Vietnam.

Ich möchte noch ein Beispiel aus Barbara Tuchmans Buch anführen. Während der Berlin-Krise des Sommers 1961 sagte Kennedy nach einer harten Begegnung mit Chruschtschow in Wien zu einem Journalisten: »Wir stehen jetzt vor dem Problem, unsere Macht glaubhaft zu machen, und Vietnam scheint der Ort dafür zu sein.«[159] Weil Chruschtschow nicht angemessen auf Kennedy als Vertreter einer Großmacht reagiert hatte, mußte der Beweis dafür geliefert werden. Menschen scheinen keine Rolle zu spielen, wenn es gilt, Macht »glaubwürdig« zu machen. Die Wirklichkeit eines Volkes, der Vietnamesen, das um seine Selbstbestimmung kämpfte, schien diesen »Realpolitikern« bedeutungslos. Daß die Eskalation des Krieges auch zur Pervertierung des Befreiungskampfes führte, steht auf einem anderen Blatt. Wo Selbstbestimmung unterdrückt wird, gewinnen auch unter den Revoltierenden die »Realisten« der Macht die Oberhand, weil ihre verkürzte Sicht raschere Erfolge verspricht. So werden sich die Gegner im Verlauf des Kampfes immer ähnlicher.

Wie ein politischer Führer, Gefangener seiner eigenen Spielregeln der Macht, noch die letzten Gefühlsreste beiseite schiebt, demonstrierte ebenfalls Kennedy. Senator Mike Mansfield warnte nach einer Informationsreise in Vietnam vor einem stärkeren Engagement, da Amerika nicht die Führungsrolle in einem Bürgerkrieg zukomme, das Ansehen Amerikas in Asien stehe auf dem Spiel und den Südvietnamesen würde nicht geholfen. »Kennedy wurde immer erregter, während Mansfield sprach, und rot vor Zorn fuhr er ihn schließlich an: ›Erwarten Sie etwa, daß ich das für bare Münze nehme?‹ Wie alle Regierenden wünschte er Bestätigung seiner Politik und war, wie er später einem Mitarbeiter gestand, wütend über Mansfield, weil dieser so völlig anderer Ansicht war, und ›wütend über mich selbst, weil ich merkte, daß ich ihm rechtgeben mußte‹.«[160] Was veranlaßte Kennedy zur Fortsetzung einer Politik, die er selbst für falsch hielt? Im Grunde der Mangel an Gefühl dafür, wieviel Leid er damit Menschen zufügte. Er war nur in Sorge um seine Wiederwahl. Einige Monate später beteuerte er Mansfield gegenüber, auch er neige mehr und mehr zu einem amerikanischen Rückzug aus Vietnam. »Aber ich kann das nicht vor 1965 machen – nicht bevor ich wiedergewählt bin.«[161] Macht bedeutete ihm alles, menschliches Leben nichts.

Wie anders war da Abraham Lincoln, ein politischer Führer, der seinem Inneren nie ausgewichen ist. Er ist für mich ein Beispiel dafür, daß Macht nicht zu korrumpieren braucht, wenn die Voraussetzungen dafür im Inneren eines Mannes fehlen. Lincoln hatte die große Fähigkeit, Freude und Leid zu erleben. In ihm war immer ein Sinn für Selbstverantwortung, die aus dieser Fähigkeit entsteht. Er kannte Leid als etwas, das zu den Bedingungen des Menschseins gehört, und wußte, daß man es nicht mit Patentrezepten beseitigen kann. Er wußte um den Schmerz als etwas, das man akzeptieren muß, das tief in uns und unerreichbar für jede Art billiger Manipulation ist. Lincolns Humor gründete auf der Fähigkeit, über sich selbst zu lachen, wie es Sandburg in seiner Lincoln-Biographie vielfach belegt.[162] Menschen, die verstrickt sind in Selbsthaß, können dies nicht. Ein Mann wie Abraham Lincoln konnte den Schmerz durch Humor lindern, anstatt ihm mit Imponiergehabe auszuweichen.

Lincoln hob zum Beispiel, wenn immer möglich, Todesurteile von Deserteuren auf. »Niemand kann von mir erwarten, daß ich die Erschießung eines Mannes billige, der vor der Schlacht davonlief. So wie einer nichts für seinen Buckel kann, so kann ein Mann nichts dafür, daß er ein Feigling ist.«[163] Lincoln konnte Leben als solches achten, ohne Rücksicht auf sein eigenes politisches Image. »Man kann nicht die Massenerschießung von Männern befehlen ... Das kann man niemandem zumuten. Wir müssen die Verhältnisse auf anderem Weg ändern.«[164] Lincoln formulierte die wahre menschliche Verantwortung sehr klar: »Ich hoffe, daß meine Führung aller Angelegenheiten so ist, daß mir am Ende, wenn ich meine Macht niedergelegt und ich keinen Freund mehr auf der Welt habe, ein Freund übrig bleibt, und dieser Freund ganz tief in meinem Inneren sitzt.«[165]

Es geht hier um mehr als nur um Machtlust. Diese ist nur das Symptom einer echten Geisteskrankheit, die auf dem Verlust der Autonomie beruht. Da die von ihr Befallenen völlig außengelenkt sind, stets bemüht, in günstigem Licht zu erscheinen, ist diese Geisteskrankheit bisher nicht als das erkannt worden, was sie ist: Verleugnung der Realität im Namen des Realismus. Diesen »Realisten« fehlt es gewiß nicht an geistigen Fähigkeiten, aber sie können diese Fähigkeiten nicht frei einsetzen, weil sie die Grundlüge um jeden Preis aufrechterhalten und ihr Leben lang daran arbeiten müssen, dem Inneren die Existenzberechtigung abzusprechen. Deshalb sind sie, auf welche Weise auch immer, ihr Leben lang bestrebt, die innere Stimme zum Schweigen zu bringen. Es sei an den Großinquisitor in George Orwells ›1984‹ erinnert, der die inneren Zweifel seiner Opfer nicht aushält. Nicht deren Handlungen sind sein Hauptproblem, sondern das Innere, das er in sich und in den anderen töten muß.

Dieser unerkannte Wahnsinn bedroht die Menschheit mehr denn je, denn nie war das zerstörerische Potential in den Händen der Machthungrigen so groß wie heute. Diese Art der Krankheit unterscheidet sich von der des Schizophrenen in einem entscheidenden Punkt: Der Schizophrene befindet sich in einem Kampf mit sich selbst, um mit einer unerträglichen Welt zurechtzukommen, der Wahnsinn der »Gesunden« aber ist ein Kampf, in dem andere bezwungen werden müssen, damit sie sich selbst sicher fühlen können.

Umberto Ecos Meisterwerk ›Der Name der Rose‹ ist unter anderem eine Studie über den alltäglichen männlichen Wahnsinn in seinen zahllosen Facetten. Wie in der Wirklichkeit so geschieht auch in diesem Roman alles im Namen der »Realität«. William, reisender Mönch in diplomatischen Angelegenheiten, vermittelt uns eine Ahnung davon, was die männliche Macht motiviert: Um die Angst vor dem Tod zu überwinden, widmen sich all diese Männer dem Ziel, Macht zu besitzen. Eco zeigt, wie unterschiedlich die Wege sind, und das macht auch die große Spannweite und Raffinesse dieses Buches aus. Niemand – mit Ausnahme der einzigen Frau im Roman, des hübschen Bauernmädchens, das Hunger nach Leben hat – widersteht der Verführung durch Macht. Obwohl sie alle als die Diener Gottes auf Erden die Leidensbereitschaft verkünden, gehen sie den Implikationen ihrer Rolle aus dem Weg. Alle Spielarten, wie man Machtgebäude errichten kann, werden vorgeführt, aber sie haben alle dasselbe Ziel: nicht selbst leiden zu müssen.

Bernard Gui, der Hexen- und Ketzerjäger, setzt ganz unmittelbar Gewalt ein, um die Seelen anderer unter seine Kontrolle zu bringen. Jorge von Burgos, der Bibliothekar, sieht in einem Buch die Bedrohung der Autorität und läßt die sterben, die sich in dessen Besitz bringen wollen. Das Buch ist wie ein Symbol für das verleugnete Selbst, es ist die Quelle für wahre Freiheit. Die ungeheuer große Faszination dieses Romans – rund um die Welt – muß darin liegen, daß er dem männlichen Wahnsinn den Spiegel vorhält, auch wenn dies der Mehrheit der großen Leserschaft nicht bewußt sein dürfte. Es ist, als ob man von diesem Wahnsinn ein bißchen schmecken könnte, ihn miterlebte, um dann das Buch wieder beiseite zu legen in dem Gefühl, an einer schrecklichen, aber aufregenden Wirklichkeit teilgenommen zu haben.

In dem Inquisitor Bernard Gui schildert Eco die Natur eines Mannes, dem Macht über andere alles ist. Solche Männer haben nicht die Gerechtigkeit vor Augen, wenn sie Andersdenkende verfolgen und vor Gericht bringen, nicht einmal im Rahmen der Logik ihrer eigenen Ideologie. Sie suchen nur nach Opfern, um das Erscheinungsbild der »Gerechtigkeit« aufrechtzuerhalten. So interessiert sie auch nicht der wirkliche Täter, sie brauchen nur – wie Bernard Gui im Roman – irgend jemanden, den sie verurteilen und bestrafen können. Nicht die wirklich schuldige Person ist gefragt, sondern ein Ventil für Aggression und Rachegelüste. Die Rechtsgeschichte aller Gesellschaften – aber vor allem die totalitärer Staaten – ist angefüllt mit solchen Perversionen. Bernard hindert William sogar daran, den wirklichen Mörder in der Abtei zu finden. Die Verfolgung anderer Menschen ist nur einer der Schachzüge einer umfassenderen Machtstrategie. Eco hatte ein intuitives Wissen davon, wie Machtmenschen ihre Opfer dazu bringen, mit ihnen zu kollaborieren. Ich habe in den vorhergehenden Kapiteln ausgeführt, wie es zu solcher Unterwerfung des Opfers kommt, wie das Kind durch das elterliche Versprechen auf Fürsorge zur Unterwerfung bereitgemacht wird und wie es dafür mit der Freisprechung von persönlicher Verantwortung belohnt wird.

Eco läßt Bernard alle Variationen einer solchen Mitwirkung an der eigenen Unterwerfung durchspielen: Die Opfer haben die Angst und Hoffnung zugleich, daß er ihnen die von ihm unterstellten Vergehen gnädig vergeben möge: »Zudem wußte Bernard Gui sehr genau, wie man die Angst seiner Opfer in Panik verwandelt. Er sprach nicht ..., sein Blick war dabei auf den Angeklagten gerichtet, und in diesem Blick lag eine Mischung aus geheuchelter Nachsicht (als wollte er sagen: ›Fürchte dich nicht, du steht hier vor einem brüderlichen Kollegium, das gar nicht anders kann, als dein Bestes zu wollen‹), aus eisiger Ironie (als wollte er sagen: ›Du weißt noch nicht, was dein Bestes ist, aber ich werde es dir gleich sagen‹) und aus gnadenloser Strenge (als wollte er sagen: ›In jedem Falle bin ich dein einziger Richter und du gehörst mir‹).«[166] Eco läßt uns hier den Terror und die emotionale Verführung erleben, die sehr verwandt ist mit der kindlichen Situation, und zeigt, wie das Opfer erneut der Versuchung erliegt. Es wird zum Werkzeug des Peinigers, wie es als Kind das seiner Eltern gewesen war. Es lebt die Phantasie fort, daß man von der schlechten Mutter oder vom schlechten Vater gerettet wird. Diese Abhängigkeit wird zum Fluch, denn sie verhindert die Erkenntnis, daß man sich nur selbst retten kann, indem man sein wahres Selbst entdeckt.

Eco wußte auch, daß Angst der Kern der Selbstversklavung ist und daß die Fähigkeit, über sich selbst zu lachen, ihr die Gewalt nimmt. Deshalb muß Jorge im Namen von Christus das Buch vernichten, da in ihm vom Lachen die Rede ist und Lachen die Angst vor der Angst aufheben könnte. Jorge will diese Angst als machtvolle Waffe in der Hand haben, um die Menschheit in der Unterjochung zu halten. Niemand darf den zweiten Teil der Poetik des Aristoteles lesen – über den es nur Vermutungen gibt, den Eco aber bis zu seiner Vernichtung im Flammenmeer der Abtei existieren läßt –, weil das Lachen den Weg hinaus weist aus dem Teufelskreis der Versklavung. Jorges Wahnsinn und die Bösartigkeit, mit der er sein Ziel verfolgt, bleiben natürlich unter dem Deckmantel der Frömmigkeit.

Von Ecos ›Der Name der Rose‹ springe ich nun zum amerikanischen Präsidenten Ronald Reagan, was etwas willkürlich erscheinen mag. Aber auch Reagan verkörpert die Art Führer, dem die Eroberung von Dingen zur Flucht vor dem eigenen Inneren verhilft. Darin liegt eine gewisse Ähnlichkeit zu den Figuren bei Eco. Reagan illustriert nicht nur die Allianz zwischen dem Machttypus und einer Öffentlichkeit, die verzweifelt Erlösung vom eigenen Selbst sucht, das sie nicht ertragen kann, sondern er dokumentiert auch selbst mit seiner Autobiographie ›Woher ich komme‹ die Spaltung.[167] Ihr englischer Titel gibt das Stichwort; er lautet, wörtlich übersetzt: ›Wo ist der Rest von mir?‹

In einem brillanten und provokativen Essay über Reagan und den Film kommt Michael Rogin zu dem Schluß, daß Reagan sich selbst nur erkannte, wenn er Rollen in Filmen spielte.[168] Er belegt die These eines nur nach außen gerichteten Mannes, der so seinem Inneren zu entkommen versucht. Für Rogin brachte die Verwechslung von Film und Leben den Typus Ronald Reagan hervor, wobei er freilich als das Produkt der Umstände erscheint, über die er selbst keine Kontrolle hat. Dies halte ich aber für ungenügend, denn das Leben von Menschen wie Reagan ist vom zielstrebigen Versuch gekennzeichnet, sich alles so einzurichten, daß man sich nicht mit dem Inneren auseinanderzusetzen braucht. Sieht man Reagan nur als Opfer der Umstände, entgeht einem, daß gerade die Zurückweisung der persönlichen Verantwortung solche Führer charakterisiert. Damit würde man das ihren Handlungen innewohnende Böse entschuldigen.

Natürlich spielen psychische und soziale Determinanten eine gewisse Rolle. Aber ich habe wiederholt zu zeigen versucht, daß es auch eine Art Entscheidung gibt, wohin ein Mensch sich entwikkelt. Andernfalls würden wir überdecken, daß Haß und Verachtung die Handlungen solcher Menschen leiten. Sie zu »verstehen« führt uns nur allzu schnell dazu, Mitleid mit ihnen zu haben. Solche Gefühle von Mitleid dienen aber im Grunde nur dazu, uns über die zu erheben, die uns Schaden zufügen, um dann letztlich *ihren* Haß und *ihre* Verachtung nicht mehr sehen zu müssen.

Rogin bringt ein Beispiel, das zeigt, daß Ronald Reagan nicht nur einfach von sich selbst abgeschnitten ist. Er lehnte einmal ab, eine psychiatrische Klinik zu besuchen, der er als Gouverneur von Kalifornien staatliche Gelder verweigert hatte. Der Psychiater, der ihn eingeladen hatte, führte die Ablehnung auf Reagans gegenwärtige Überarbeitung zurück. Reagan entgegnete ihm: »Wenn ich mich auf Ihre Couch lege, dann nur, um ein Schläfchen zu machen.« Rogin meinte, daß dem Präsidenten das Unbewußte unzugänglich sei. Meines Erachtens war es ihm nicht einfach unzugänglich, sondern es handelt sich um eine aktive und verachtungsvolle Ablehnung. Reagan haßt das Innere und verwandelt den Haß in Hohn, wenn ihn jemand auf mögliche innere Vorgänge hinweist. Die Couch, Ort der Erforschung des Inneren, will er nur für ein Schläfchen nutzen. Die zusätzliche Pointe ist, daß Reagans Angst davor, Hilfe zu brauchen, so groß ist, daß er sich sogar gegen Hilfe wehren muß, die ihm gar nicht ausdrücklich angeboten worden ist. Denn keine inneren Probleme zu haben, hält er für einen Beweis der Unabhängigkeit. Wenn wir diese aktive Verleugnung und Verachtung des Inneren mißverstehen, werden wir die in solchen Menschen ständig lauernde Aggression nicht wahrnehmen.

Menschen wie Reagan fürchten das Innere als böse, gerade dann, wenn sie dem Bösen in sich Ausdruck geben. Deshalb müssen sie sich vor sich selbst verschließen oder, wie Rogin es zeigte, sich selbst amputieren. Reagan kann sich nicht mit seinem inneren Aufruhr auseinandersetzen, deshalb projiziert er ihn nach außen. Das ist die tiefere Bedeutung des englischen Buchtitels ›Wo ist der Rest von mir?‹. Es spiegelt sich hier der Vorgang, wie ein Mensch das, was er in sich selbst haßt und fürchtet, zu etwas verselbständigt, was wie ein Feind von außen auf ihn zukommt. »Jetzt war ich zu einem Halbautomaten geworden, der eine Rolle ›gestaltete‹, die ein anderer erdacht hatte... Möglicherweise war das der Grund, weshalb ich mich entschloß, mich auf die Suche nach dem Rest von mir zu machen. Mein Herz hing an drei Dingen: Schauspiel, Politik und Sport... Mit diesen drei Dingen kam ich auch außerhalb der Klostermauern des Films in der Welt zurecht.«[169] Der Kino-Gegner war ihm nicht mehr genug: 1946 nahm er den Kampf auf gegen die Übernahme der Filmindustrie durch den Kommunismus.[170] Nur so fand er den verlorenen Teil seiner selbst wieder. Die Gefahr, die in seinem Inneren saß, projizierte er nach außen, um sie dort als konkreten Feind besiegen zu können. Natürlich wurde dies dadurch erleichtert, daß viele Menschen wie er auf die gleiche Art und Weise den unangenehmen inneren Wahrheiten aus dem Weg zu gehen pflegen. Folgt man dieser Logik, so verwundert es auch nicht, daß Reagan voll Stolz darauf verwies, daß er als Präsident der Screen Actors Guild zu seinem »Schutz« eine Pistole getragen habe.[171]

Hinter der Spaltung zwischen Innen und Außen versteckt sich bei solchen Menschen nicht nur die Unterwerfung unter die Mutter, sondern auch die Wut auf den Vater – nicht minder im Verborgenen wirkend –, der sie nicht geschützt hat vor den Herrschaftsansprüchen der Mutter.

Volker Elis Pilgrim wagte in seinem provozierenden Buch ›Muttersöhne‹ die These, daß Männer wie Hitler, Stalin und Napoleon sehr weibliche Grundzüge hatten, aber andere Männer haßten, weil sie ihre Väter haßten. Ehe sie sich in Mörder verwandelten, seien sie »empfindsam, zart, tiefgründig, geheimnisvoll« gewesen.[172] Pilgrims Ausgangspunkt ist zwar richtig – alle diese Männer hatten ein besonderes Verhältnis zu ihren Müttern, alle wurden sie von ihrer Mutter beherrscht –, doch er begeht einen entscheidenden Fehler: Diese Männer waren nicht »weiblich« oder, wie er an der oben zitierten Stelle sagt, »verhinderte Mädchen«. Was er irrtümlich für weiblich hält, ist nichts anderes als das, was alle Machos als weiblich bezeichnen: der Hang zum Selbstmitleid. Er läßt sich jedoch nicht aus weiblichen Merkmalen ableiten, sondern gehört eng zu der Grundlüge, daß die Unterwerfung unter die Macht nicht selbstverschuldet gewesen sei. Die Unterwerfung unter den Willen der Mutter galt der Teilhabe an ihrer Macht. Das daraus resultierende Selbstmitleid – »ich kann ja nichts dafür« – entspringt nicht den echten Gefühlen solcher Menschen, sondern dient der Vermeidung von Gefühlen. Was Pilgrim für wirkliche Sensibilität hält, ist Falschgeld. Diese »sensiblen« Männer haben nur sich selbst leid getan und wollten die Welt dazu verpflichten, sich an ihrem Selbstbetrug zu beteiligen. Das »Weibliche« an ihnen ist ein Zerrbild des Weiblichen, hervorgebracht vom Patriarchat, das weibliche Werte entstellte, um sie mißachten zu können.

Volker Elis Pilgrim zitiert Berichte, nach denen Hitler eine Neigung zum Weinen gehabt haben soll,[173] und sieht darin unter anderem einen Beleg für seine Weiblichkeit. Was er aber nicht sieht, ist die Tatsache, daß genau dieses Weinen Mitleid erwecken und von der eigenen Schuld ablenken soll. Es ist die Art Weinen, die Kinder entwickeln, wenn sie bemerken, daß Mütter nur auf Reue, nicht auf wirkliches Traurigsein mit »Liebe« reagieren. Daß solche Kinder dann als Männer das Weibliche verhöhnen, sollte nicht verwundern. All die »Muttersöhne«, die Pilgrim beschreibt, haßten ihre Mutter. Wären sie wirklich weiblich gewesen, hätten sie ihre Mutter geliebt. Dies aber war ihnen unmöglich, denn jede Unterwerfung zieht geheimen Haß nach sich, Haß auf das eigene Selbst wie Haß auf den, der einen unterworfen hat.

In gewisser Weise hat Pilgrim diesen Haß erkannt. Doch er übersieht, daß dieser Haß gerade nicht zu einer echten Mutteridentifikation führt, sondern zu einer Parodie des Weiblichen. (Und er erinnert daran, daß Napoleon, Hitler und Reagan alle Kriege führten oder planten gegen ein Ur-Symbol der Mutter: gegen »Mütterchen« Rußland.) Natürlich haben sich diese Männer zu ihrer Mutter bekannt, aber es waren Lippenbekenntnisse. Dr. Eduard Bloch, der Arzt, der 1907 Hitlers Mutter behandelt hatte, berichtete später, er habe »nie einen jungen Menschen gesehen, der vor Schmerz und Gram so namenlos unglücklich gewesen wäre, wie der junge Adolf Hitler« beim Begräbnis seiner Mutter.[174] Doch was steckt hinter einer solchen hysterischen Ergebenheit, die wir von vielen Konformisten kennen? Pilgrim meint, Hitlers Judenhaß hätte auch damit zu tun, daß dieser jüdische Dr. Bloch seiner krebskranken Mutter nicht habe helfen können.[175] Tatsächlich aber nahm Hitler gerade auf diesen Mann Rücksicht, verhalf ihm nach dem Anschluß Österreichs zur Ausreise und schützte ihn vor Verfolgung.[176]

Rudolph Binions Analyse ist eher zuzustimmen als der von Pilgrim. Er zog die Aufzeichnungen dieses Arztes heran, die im Hauptarchiv der NSDAP gefunden wurden, und konnte die gespaltene Natur von Hitlers »Mutterliebe« zeigen. Hitler war zwar außerordentlich um seine sterbende Mutter besorgt, bestand jedoch auf der wirkungslosen, aber furchtbaren Jodoformbehandlung, die seine Mutter sehr quälte und ihren Tod beschleunigte. Hitler konnte die Unheilbarkeit ihrer Krankheit nicht akzeptieren, Ungewißheit konnte er nicht ertragen. »Hitlers Erlebnis der letzten Krankheit seiner Mutter ragt wie ein Schatten auf hinter seinen späteren endlosen Schmähreden gegen den jüdischen Krebs, das jüdische Gift, den jüdischen Schieber.«[177] Dies gibt einen Einblick in die tatsächliche Beziehung Hitlers zu seiner Mutter, sie bestand nicht aus Liebe, sondern aus bewußter Ungeduld und vermutlich unbewußtem Haß. Haß und Tod kennzeichnen die Beziehung zu anderen Menschen, wenn das Kind seine Autonomie gegen Macht eingetauscht hat. Im Fall Hitlers bestand seine Macht darin, welch große Bedeutung er für seine Mutter hatte – auch für ihren Tod! Diese Macht erreicht man jedoch nur um den Preis der eigenen Wahrheit, und sie führt zur – wenn auch verleugneten – Abhängigkeit.

Michael Rogin sieht dies ganz klar auch bei Ronald Reagan: »Reagan verwirklichte den Traum eines jeden Amerikaners, daß man im Namen der Unabhängigkeit versorgt wird, daß man ausgehalten wird, während man die Rolle der Hauptfigur spielt.«[178] Nicht so evident ist hier der Zusammenhang mit dem Tod. Bei Hitler ist er nicht zu übersehen, bei Reagan hat er aber nur eine andere Spielart, nämlich Reagans Besessenheit von apokalyptischen Vorstellungen. Beide – Hitler und Reagan – haben niemals Angst zugegeben. Das ist das Beängstigende: Das völlige Fehlen von Angst zeigt den großen Grad der Abspaltung von den wirklichen menschlichen Gefühlen.

Am 29. Oktober 1983 veröffentlichte die amerikanische Zeitschrift ›Atlanta Journal-Constitution‹ die folgende Meldung von Associated Press, die den Bericht eines Lobbyisten nach einer

Unterredung mit Reagan zitierte. Reagan soll gesagt haben: »Wissen Sie, ich wende mich wieder den Propheten des Alten Testamentes zu und erkenne die Zeichen, die von Armageddon berichten, und ich glaube fast, daß wir die Generation sind, die es erleben wird ... Ich weiß nicht, ob Sie einige Zeichen dieser Prophezeiungen jüngst bemerkt haben, aber, glauben Sie mir, sie beschreiben zweifellos genau das, was wir zur Zeit erleben.« Armageddon wird in der Offenbarung, dem letzten Buch des Neuen Testaments, als der Ort prophezeit, an dem dämonische Geister die »Könige der gesamten Erde« zum letzten Kampf vor dem Jüngsten Gericht versammeln. George W. Ball zeigte in einem Aufsatz, wie Reagan die Sowjetunion für genau die dämonischen Geister von Armageddon hält, weshalb *er* diesen letzten Kampf nicht zu fürchten braucht. Als Teil der Auserwählten scheint er für sich eine immerwährende himmlische Herrschaft zu erwarten. Nur wir übrigen werden im ewigen Feuer der Apokalypse verbrennen.[179]

Letzteres sollte uns an derlei Verirrungen beunruhigen, denn sie zeugen davon, wie unberührt einer ist von menschlichen Gefühlen. Solche Besessenheit vom Tod ist nicht von Furcht begleitet. Furcht taucht nur auf im Zusammenhang mit Phantasien von nationaler Stärke: Furcht muß dem Feind eingeflößt werden. Auf diese Weise wird ernsthafte Außenpolitik durch die Zurschaustellung von »Stärke« ersetzt.[180] Die Furcht aber zwingt den Feind, ebenfalls mit Stärke zu drohen. So kehrt das innerlich Abgespaltene von außen wieder und wird zur Weltbedrohung.

Ein unerwarteter Kronzeuge, der libysche Präsident Moamar Khadhafi, selbst Kenner der tödlichen Materie, sagte in einem Interview, das am 28. April 1986 in der italienischen Zeitung ›La Repubblica‹ abgedruckt wurde, über Reagan: »Er ist alt geworden und hat Krebs. Er möchte, daß die Welt stillsteht in dem Augenblick, in dem sein eigenes Leben zu Ende ist. Warum sollte sie nach seinem Abgang noch bestehen?« Natürlich sagt das auch etwas über Khadhafi, aber es zeigt vor allem, wie unwichtig für solche Männer das Leben anderer ist. Dahinter steckt unausgesprochen die Vorstellung, daß der Tod »Leben« ist. Sich mit ihm zu beschäftigen gibt das Gefühl, lebendig zu sein.

Ich möchte zurückkommen auf die Frage, welche Beziehung diese Männer zu ihrer Mutter haben. Ihre Unterwerfung unter die Wünsche der Mutter scheint hervorgerufen zu werden durch die

Unbedingtheit, mit der eine Mutter den Sohn zum einzigen Liebesobjekt macht. Im Unterschied zur Entwicklung des gewöhnlichen Konformisten, der nicht selbst nach Macht strebt, sondern sich damit begnügt, sich einer größeren Gruppe anzuschließen, nährt eine solche Mutter den Ehrgeiz und Größenwahn ihres Sohnes. Die scheinbar ungeteilte Aufmerksamkeit der Mutter zu haben und zu fühlen, wie wichtig man ihr ist und wie sehr man ihr Selbstwertgefühl steigert, ruft nicht nur ödipale Gefühle dem Vater gegenüber hervor, sondern erzeugt einen geheimen Triumph. Dies geschieht sehr oft in Form einer unterschwelligen Verachtung des Vaters, mit der die uneingestandenen negativen Gefühle der Mutter gegenüber dem Vater übernommen werden.

Hierfür liefert der frühere amerikanische Präsident Richard M. Nixon in seinen Erinnerungen reiches Anschauungsmaterial: »Mein Vater hatte ein irisches Temperament... Er hielt harte Disziplin, und ich versuchte, dem Beispiel meiner Mutter zu folgen: ihm aus dem Wege zu gehen, wenn er schlecht gelaunt war.« – »Jeder, der meine Mutter jemals gekannt hatte, war von dieser bemerkenswerten Frau beeindruckt... Obwohl sie Wärme und Liebe für ihre Familie, ja für alle Menschen ausstrahlte, behielt sie ihre Gefühle für sich... Immer wenn ich eine schwierige Entscheidung zu treffen oder eine Rede vorzubereiten hatte oder wenn ich von der Presse angegriffen wurde, sagte meine Mutter: ›...ich werde an dich denken.‹«[181] Selbst wenn ihn diese Mutter ernsthaft verletzte, wollte er das nicht sehen; er beschreibt eine Szene: »Meine erste bewußte Erinnerung ist die ans Laufen. Ich war drei Jahre alt, und meine Mutter fuhr einen Pferdewagen. Sie hielt meinen kleinen Bruder Don auf dem Schoß, während ein Nachbarmädchen mich hielt. Das Pferd bog mit großer Geschwindigkeit um eine Ecke zu unserem Haus, und ich fiel zu Boden. Ich muß einen Schock gehabt haben, aber es gelang mir aufzustehen und hinter dem Wagen herzulaufen, während meine Mutter versuchte, das Pferd anzuhalten.«[182] Ihm kam nicht in den Sinn, daß seine Mutter den Unfall verursacht hatte. Der von Nixon erzählte Vorfall mag auf den ersten Blick harmlos erscheinen, und man neigt dazu, ihn als unerheblich abzutun. Mich interessiert daran aber, warum Nixons Mutter zu schnell um die Kurve fuhr. Was auch immer bewußt in ihr vorgegangen sein mag: Sie spielte offensichtlich mit der Gefahr, was nichts anderes als das – in vielen Menschen verborgene – Wirken destruktiver Gefühle ist.

Das Fehlen eines Gefühls für Schuld und Verantwortung gehört zu den Folgen einer Mutter-Kind-Beziehung, bei der dem Kind suggeriert wird, es habe übergroße Bedeutung für die Mutter. Was immer ein solcher Sohn oder eine solche Tochter tun, nie ist es in den Augen der Mutter falsch. Auf diese Weise entwickelt das Kind nicht nur einen hemmungslosen Größenwahn, sondern auch eine gesteigerte innere Leere. Denn der Größenwahn mindert das Bewußtsein für das Wohlergehen anderer Menschen und im Zuge dessen das Erlebnis von anderer Menschen Schmerz und Freude, ohne die inneres Leben nicht existiert. Wo Kinder sich selbst verachten und hassen, weil sie sich zum Werkzeug haben machen lassen, werden sie auch ihre Mutter verachten, die gerade das an ihnen hochschätzte, was sie selbst ganz tief innen als Leere empfinden.

Diese Leere ist sehr konkret. Hitler zum Beispiel sagte, als sich 1930 die Öffentlichkeit immer mehr für seine Herkunft interessierte: »Diese Leute dürfen nicht wissen, wer ich bin.«[183] Und wer Zeuge seiner Leere war in den dunklen Tagen im Wiener Männerheim vor dem Ersten Weltkrieg, wurde, wie Reinhold Hanisch, nach dem Einmarsch in Österreich umgebracht.[184]

Selbstverständlich haben nicht alle mächtigen Männer besitzergreifende Mütter und unerreichbare Väter gehabt. Abraham Lincoln, Franklin D. Roosevelt oder Walther Rathenau zum Beispiel hatten ein sehr differenziertes Verhältnis zu ihrer Mutter und hatten sie als wirklichen Menschen erlebt. Walther Rathenau empfand Einschränkung seiner Unabhängigkeit als Schmerz und kämpfte dagegen mit allem, was ihm zu Gebote stand. Harry Graf Kessler erzählt in seiner Rathenau-Biographie eine solche Geschichte: Rathenaus Mutter war in die Schule gekommen, um bei einer öffentlichen Prüfung zuzuhören, und setzte sich in die erste Reihe, um den Stolz auf ihren Sohn zu zeigen. Ihr Sohn aber verweigerte während dieser Prüfung jede Antwort: Er erlaubte ihr nicht, ihn zu besitzen.[185]

Hierin liegt der entscheidende Unterschied zu den Müttern der von politischem Machthunger getriebenen Persönlichkeiten. Diese dominieren ihre Söhne, indem sie sie zu Werkzeugen ihrer Machtträume machen, und es spielt nur eine untergeordnete Rolle, ob sie – wie Nixons Mutter – den Sohn unmittelbar zum Ehrgeiz anfeuern oder ihn – wie im Fall Hitlers – zu ihrem Retter machen. In allen diesen Fällen lieben sie ihren Sohn nicht um seiner selbst willen, sondern verwenden ihn als Werkzeug in ihrem heimlichen Kampf gegen den Ehemann. Ihr Haß gegen ihn wird zu einer fortwährenden Bedrohung des Sohnes: Er könnte wie der Vater abgelehnt werden, wenn er nicht mehr Mutters Erwartungen entspricht. Hitlers Mutter ermöglichte ihrem Sohn zweieinhalb Jahre lang ein müßiges Leben mit der Pension, die der Vater hinterlassen hatte.[186] Ein solches Verwöhnen entspringt nicht der mütterlichen Liebe, es zeigt nur den Grad ihrer Enttäuschung hinsichtlich ihres Ehemannes. Entsprechend oft hassen solche Frauen ihre Töchter, in denen sie ihre eigene Weiblichkeit bekämpfen.

Auf der anderen Seite wird eine Mutter, die der Vormachtstellung ihres Mannes ambivalent gegenübersteht – so akzeptiert sie vielleicht den männlichen Mythos, nicht aber ihren Ehemann –, Elemente ihres Zweifels an den Sohn (oder die Tochter) weitergeben, und das kann sein mögliches Machtstreben abschwächen, vielleicht sogar zu einer »neurotischen« Konstellation führen, die ihn zum »Versager« macht. Solcher mütterlichen Ambivalenz kann man nicht genug danken. Diese Mütter sind nicht weiter der Transmissionsriemen männlicher Ideologie, sondern können zu ihrer wirklichen Bekämpfung beitragen.

Das Unbewußte der machthungrigen Menschen ist der Ort der erlebten Leere. Innere Leere kann man im anderen nicht erkennen, wenn man selbst leer ist. Man sieht nur das äußere Erscheinungsbild und vermeidet damit, sich der eigenen Leere stellen zu müssen. Menschen, die weniger leer sind, lassen sich nicht so leicht täuschen. Von François Mitterand, einem Politiker, der selbst viel von äußerem Aufwand hält, wird berichtet, daß er anfangs ein engeres Verhältnis zu Ronald Reagan angestrebt, aber bald davon wieder Abstand genommen und nach einer Begegnung gemeint habe: »Es ist nichts da, zu dem man eine Verbindung aufnehmen könnte!«[187]

Wie Machtstreben zur Entschädigung für die Mitwirkung an der eigenen Erniedrigung dient, veranschaulicht ein anderer amerikanischer Präsident. Lyndon B. Johnson sagte nach seinem großen Wahlsieg 1964: »Ich habe mein ganzes Leben allen den Hintern geleckt, nun brauche ich keinen mehr zu lecken.«[188] Johnson bekannte sich wenigstens zu diesem Selbstverrat.

Zwei Merkmale entlarven die Destruktivität der mächtigen Männer, die hinter scheinbarer Freundlichkeit und Güte steckt:

- Selbstmitleid, das als Leiden ausgegeben wird. Dies gilt es an erster Stelle zu erkennen. Es ist Bestandteil der faschistischen Persönlichkeit, sollte aber nicht einer bestimmten Ideologie zugeordnet werden, denn dieser Persönlichkeitstypus findet sich überall, wo Macht ausgeübt wird, und kann sich ebenso gut demokratisch wie kommunistisch tarnen. Es sollte uns nicht so sehr die politische Ausrichtung eines Menschen interessieren, sondern wie ehrlich er mit sich selbst als menschlichem Wesen umgeht.
- Die äußeren Feinde, die unermüdlich vermehrt werden. Sie sind der Indikator für die Flucht vor den inneren Phantomen und der Versuch, die latente Haßbereitschaft in der Bevölkerung, die auf der Allgegenwart des Selbstverrats beruht, zu schüren und für sich zu nutzen.

Das Ausmaß, in dem Geschichte Ausdruck des Selbstverrats ist, wird vom Ausmaß des quälenden Selbsthasses bestimmt. Das Bedürfnis weiter Bevölkerungskreise, von diesem heimtückischen Selbsthaß erlöst zu werden, verhilft – zumal in Zeiten wirtschaftlicher Unsicherheit – machthungrigen politischen Führern zum Erfolg, die ihrerseits ihrer inneren Leere zu entkommen versuchen. Sie sind dann die »Realisten«, die an erster Stelle jede psychologische Erklärung für ihr Handeln ablehnen. Da Macht ihre Realität ist, haben sie der Psychologisierung der Geschichte den Krieg erklärt. Es steht auch gar nicht die Psychologie zur Diskussion, sondern es geht um das Ausweichen vor der eigenen Wahrheit. Ich habe versucht zu zeigen, daß »Realismus« der Versuch ist, ohne die Realität einer inneren moralischen Verfassung zu leben. Die Flucht vor der Wahrheit ist der Grundstein, auf dem solcher Realismus aufbaut.

Der Schizophrene leidet, weil er die Unechtheit eines Selbst, das auf Unterwerfung beruht, nicht akzeptieren kann. Er verlangt nach Liebe, aber er erlebt die Heuchelei der falschen Liebe, die mit Unterwerfung erkauft werden muß. Deshalb setzt er alles daran zu beweisen, daß ihn die Welt gar nicht lieben kann. Auf diese Weise entgeht er der Gefahr der Unterwerfung, und zugleich »bewahrt« er seine Mutter und seinen Vater davor, die Schuld übernehmen zu müssen: Ist er es nämlich gar nicht wert, geliebt zu werden, so trägt er selbst die Verantwortung für seine Situation. Damit bewahrt er sich eine potentielle Autonomie und zugleich eine paradoxe Hoffnung, doch irgendwann einmal die liebende Verbindung zu Menschen zu finden. Dem stehen jene gegenüber, von denen ich in den vorausgegangenen Kapiteln gesprochen habe: Menschen, die Schmerz und Hilflosigkeit leugnen, um Macht zu erlangen, die auf der Bestätigung durch andere beruht. Sie haben sich für das folgende Manöver entschieden: »Sieh, ich tue, was du willst, und deshalb mußt du mich lieben.«

Selbstverständlich gibt es zahlreiche Abstufungen und verschiedene Möglichkeiten, wie Schmerz und Hilflosigkeit vermieden werden. Erlebt ein Kind zum Beispiel, daß die Erwachsenen wütend werden, wenn es auf Schmerz mit Niedergeschlagenheit und Rückzug reagiert, aber, ihrer Macht bewußt, großzügig werden, wenn es Tränen heuchelt, dann baut sich eine Beziehung zu Mutter und Vater auf, die aus Machtspielen besteht. Es lernt, Schmerz zu simulieren, um die zu manipulieren, die ihm tatsächlich Schmerz zufügen.

Unaufrichtigkeit und die Verachtung sich selbst und anderen gegenüber werden auf diese Weise zu sozial anerkanntem Verhalten. Man lernt, die Erwartungen zu beeinflussen, indem man mit der Hoffnung des anderen spielt. Und schnell versteht man auch die Zweifel, die unter dem Herrschaftsanspruch der Erwachsenen lauern, für sich zu nutzen. Eine solche »Realität« der zwischenmenschlichen Beziehungen verbirgt die rachevollen und zerstörerischen Gefühle, die sich gegen die ersehnte, aber nicht erhaltene Liebe richten. Daraus entwickelt sich eine Verhaltensstruktur, die den Psychopathen kennzeichnet.

Ich verwende den Begriff »Psychopath« etwas anders, als er in Europa gebräuchlich ist. In den zurückliegenden Kapiteln habe ich mich in erster Linie mit dem Konformisten befaßt. Im Psychopathen hat man eine Steigerungsform vor sich; bei ihm findet man extreme Ausformungen konformistisch verbrämter Destruktivität.

Der amerikanische Psychiater Hervey Cleckley schreibt in seinem grundlegenden Werk ›The Mask of Sanity‹ über ein Phänomen, das innerhalb der psychiatrischen Krankheitsbilder ein ungelöstes Rätsel blieb. Bei allen »orthodoxen« Psychosen gibt es mehr oder weniger deutliche Veränderungen im Denkprozeß oder andere die Persönlichkeit verändernde Merkmale, seien es Wahnvorstellungen, Halluzinationen oder völlig alogisches Denken. Nicht so beim Psychopathen. Ist er auf irgendeine Weise auffällig geworden und unter psychologische oder psychiatrische Beobachtung gekommen, dann ergibt sich folgendes Bild: »Der Beobachter ist mit einer überzeugenden Maske von geistiger Gesundheit konfrontiert. Die Außenansicht dieser Maske ist vollkommen intakt; man kann sie nicht mit Fragen durchstoßen, um zu den tieferen Schichten vorzudringen. Der Prüfende trifft nie auf das Chaos, das man manchmal unter der Oberfläche des paranoiden Schizophrenen findet. Das Denken verläuft unter psychiatrischen Gesichtspunkten in ganz normalen Bahnen, und in Tests, die verborgene Störungen aufdecken könnten, kommt nichts zutage.«

Geboten werden die soliden Strukturen einer gesunden und vernünftigen Persönlichkeit. Auch alle Ausdrucksformen des Gesichtes und der Sprache sowie die geistigen und emotionalen Werturteile entsprechen dem. »Nur sehr langsam steigt der Verdacht auf, daß es sich trotz dieser Intaktheit ... hier nicht im geringsten um einen intakten Menschen handelt, sondern um eine subtil konstruierte Reaktionsmaschine, die eine menschliche Persönlichkeit perfekt nachahmen kann. Dieser einwandfrei arbeitende psychische Apparat bringt nicht nur unermüdlich Proben richtigen Denkens hervor, sondern auch die passenden Nachahmungen normaler menschlicher Gefühle, die auf nahezu alle Reize des Lebens reagieren. Die Kopie eines vollkommenen und normalen Menschen ist so perfekt, daß niemand, der einen solchen Menschen in der klinischen Situation untersucht, in wissenschaftlich objektiven Begriffen darlegen kann, wie und warum er nicht real ist. Und doch wissen oder fühlen wir, daß er keine Realität im Sinn eines voll und gesund erfahrenen Lebens hat.«[189]

Cleckley macht den Vorschlag, dies auf eine Wahrnehmungsstörung zurückzuführen: Es fehlt die »Fähigkeit, gewahr zu werden, was die grundlegenden Lebenserfahrungen für andere Menschen bedeuten«. Damit meint er die emotionale Grundausstattung und die damit verbundenen Ziele und Verantwortungen. Im Psychopathen ist die Ganzheit dieser Erfahrung beseitigt, blokkiert oder abgetrennt. Dies entspricht genau dem Extrem der Außengelenktheit, von der ich spreche.

Während also der Psychopath seinem inneren Kern entflieht, indem er sich Hals über Kopf in das realistische Erscheinungsbild von geistiger Gesundheit stürzt, versucht der Schizophrene bei sich selbst zu bleiben, indem er die Formen und Ziele des äußeren Lebens zurückweist. Die Flucht des Psychopathen nach außen ist Ausdruck seiner extremen Unterwerfung unter das Äußere. Sein Beharren auf dem äußeren Erscheinungsbild drückt gleichzeitig seine Verachtung für die mögliche Bedeutung eines zur Liebe fähigen Innenlebens aus. Da der Psychopath den Formen, mittels derer er Leben imitiert, keinen wirklichen Wert beimißt, sehen wir ihn immer wieder das wegwerfen, was er erreicht hat.

In dem schon erwähnten Aufsatz schreibt Ronald Steel über Nixons Selbstrechtfertigung in dessen Vietnam-Buch: »Nixons Klage darüber, daß die USA den hart erkämpften Sieg in Vietnam erst errungen und dann weggeworfen haben, hat ein ironisches Echo in Nixons eigenem Leben. Es ist, als ob er anderen vorwirft, mit Vietnam gemacht zu haben, was er selbst mit seiner Präsidentschaft machte.«[190]

Ähnliches scheint vorgegangen zu sein, als Ronald Reagan 1986 die Waffengeschäfte mit dem Iran zur illegalen Finanzierung der Contras in Nicaragua verwendete, womit er sein Präsidentenamt sehr in Gefahr brachte.

Diese Art der Selbstzerstörung vervollständigt sehr oft das klinische Bild des Psychopathen. Das Fatale ist, daß wir bei Menschen, die politische Macht haben, diese Selbstzerstörung gern entschuldigen, obwohl sie auch uns damit Schaden zufügen. Irgendwie wollen wir sie retten, weil wir, wenn wir ihnen die Schuld absprechen, auch unser eigenes Gewissen erleichtern.

Abgesehen von der Arbeit Hervey Cleckleys, ist die Natur des Psychopathen, wie ich ihn verstehe, eigentlich nur von Schriftstellern in Romanen, Erzählungen und Dramen dargestellt worden. Den Mörder Niels Heinrich Engelschall in Jakob Wassermanns Roman ›Christian Wahnschaffe‹ habe ich schon im zweiten Kapitel angeführt. Dieser kennt alle Spielarten gesellschaftlichen Verhaltens, aber weiß nichts von liebenden Beziehungen. Seine Wut richtet sich wahllos gegen jedes Leben. Joseph Conrads Werk ist reich an Schilderungen von Menschen, die die Klaviatur der Gefühle bestens beherrschen, aber in sich nichts als Zerstörung spüren.

Ich möchte hier auf ein Drama Henrik Ibsens näher eingehen, das meines Erachtens außerordentlich klar die Dynamik des Psychopathen zeigt. Es demonstriert die Unterwerfung unter eine Mutter, die sich der Welt ihres Mannes geopfert hat und den Sohn zur Festigung des schwindenden Selbstwertgefühls mißbraucht. Deutlich wird die Verbindung, die zwischen der Destruktivität des Sohnes und seinem Haß gegen die Mutter besteht.

Henrik Ibsen zeigt uns in seinem dramatischen Gedicht ›Peer Gynt‹[191] zwei Formen der Weiblichkeit, von denen die eine zur Macht treibt, während die andere zur eigenen inneren Tiefe führt: Åse, die Mutter Peer Gynts, und Solvejg, das Mädchen, das ihn liebt. Åse hat die Ideologie der Überlegenheit und Macht des Mannes so vollständig verinnerlicht, daß ihr eigener Kampf um Selbstverwirklichung zum Spiegelbild männlicher Selbsttäuschung wird. Solvejg dagegen ruht in ihrem Inneren, wo Mitgefühl und Liebe sind, und braucht keine männlichen Machtabstraktionen. Ganz intuitiv spiegelt Ibsen in diesen beiden Frauen die beiden Pole, von denen ich schon gesprochen habe: die schlechte und die gute Mutter.

Åse vernichtet letztendlich ihren Sohn Peer, weil sie es ihm unmöglich gemacht hat, auf sich selbst zu sehen; sie entzog ihm die Fähigkeit zur Scham und das Gefühl für Schuld. Die Unterscheidung von »Gefühl für Schuld« und »Schuldgefühl« ist wichtig: Ersteres entspringt der Wahrnehmung von Verantwortung, letzteres der Angst vor Autoritäten. Åse hat ihm fortwährend nur alles verziehen, ihn aber klein gemacht, wenn er aus sich selbst heraus handeln wollte. Diese Ambivalenz ist Teil von Åses Strategie, Peer ihrem Willen zu unterwerfen. Gleich in der ersten Szene beschimpft sie ihn wegen einer Schlägerei – um ihn gleichzeitig dafür zu bewundern:

ÅSE. Wolltest gar es
Leugnen: Vormann warst du neulich,
Als ihr euch so ganz abscheulich
Zugerichtet habt, zu Lunde,
Fielt euch an wie tolle Hunde?
Warst nicht du es – wer sonst war es? –
Der den Arm entzwei dem Schmied
Aslak brach, zumindst sein rares
Rechtes Zeigefingerglied?
PEER GYNT. Wer trug dir den Blödsinn bei?
ÅSE (hitzig). Heulen hörte man's 'ne Meile!
PEER GYNT (reibt sich den Ellenbogen).
Ja, nur war es *mein* Geschrei.
ÅSE. Deins?
PEER GYNT. Ja – kriegte *ich* doch Keile.
ÅSE. Und was gab's?
PEER GYNT. Der haut für drei.
ÅSE. Wer haut?
PEER GYNT. Aslak, und das deftig.
ÅSE. Pfui – und pfui! grad speien möcht' ich's,
So ein Saufloch, niederträchtigs,
So 'ne geile Schnapserfratze
Legt auf meinen Peer die Pratze? (Weint wieder.)
Manche Schande traf mich heftig:
Aber dieser Schimpf und Graus
Schlägt dem Faß den Boden aus.
Schmettert dreimal er so jach –
Wär' drum deine Pranke schwach?
PEER GYNT. Hämmr' ich oder werd gehämmert –
Einer ist allweil belämmert. (Lacht.)
Tröst dich –
ÅSE. Was? Hast mich schon wieder
Angeschmust?
PEER GYNT. Ja, diesmal nur
Wisch die Äuglein ab fein bieder – (Ballt die Linke.)
Schau – mit dieser Zangenkur
Hielt den ganzen Schmied ich nieder;
...

Klein, lieb, häßlich Muttchen, hör,
Trau dem Wort, das ich dir schwör:
Glaub's, dich ehrt der ganze Sprengel,
Wart nur, bis ich über Nacht
Recht 'ne – große Tat vollbracht!
...
Ich werd König werden, Kaiser!
ÅSE. Oh, helf Gott – ein Possenreißer,
Den der Witz verlassen hat!

Åses Verachtung kommt deutlich zum Ausdruck, aber auch, wie sehr Peer Teil ihrer selbst ist und daß sie Großes von ihm erwartet:

Halt den Mund,
Dein Verstand ist nicht gesund! –
Wahr ist, und ich bleib dabei –
Etwas konntest du erstreben,
Statt mit Tand dich abzugeben
Und mit Trug und Faselei.
Die aus Haegstad mochte dich.
Hätt' gewonnen Spiel geheißen,
Galt nur richtig zuzubeißen –

Es geht um eine Braut. Åse ermutigt ihn, seinem Ehrgeiz keine Grenzen zu setzen:

Ach, ein Kind steinreicher Leute –
Erbt mit allem Drum und Dran!
Hättst ihn bloß gewollt den Happen,
Wärst nun Bräutigam und Mann –
Statt einherzugehn in Lappen!

Doch als er beschließt, die Braut zu freien, bremst sie seine Initiative:

Dieweil du Strolch da droben
Auf dem Bock die Luft durchritten,
Dang Mads Moën sich die Gute.

Doch nun will Peer nicht lockerlassen, will mit seiner Mutter zum Brautvater, damit sie ihn überredet, Peer zum Schwiegersohn zu nehmen. Aber Åse will ihm nicht helfen, sie droht ihm:

Kriegst ein glänzendes Attest.
Vorn und hinten konterfeien
Dich und deine Teufeleien
Will ich, schrei es in die Luft

...
So lang halt ich den Mund nicht,
Bis der Alte seinen Hund nicht
Auf dich hetzt, infamer Schuft!

Und sie hält ihn davon ab, nach Haegstad zu gehen. Peer setzt dann seine Mutter einfach auf das Dach der Mühle, von dem sie nicht ohne Hilfe heruntersteigen kann, und läuft nach Haegstad zum Hochzeitsfest Ingrids. Åse bekommt es mit der Angst.

ÅSE. Spornstreich lupf mich runter, Peer!
PEER GYNT. Hätt' ich Traute, würd ich wollen (Näher.)
Wirst nun sittig sitzen sollen,
Nimmer strampeln mit den Beinen;
Nimmer rütteln an den Steinen –
Wirst ansonsten runterrollen;
Das bekäm dir schlecht.
ÅSE. Du Wurm!

Die Szene wechselt, wir sehen Peer, wie er zum Hochzeitsfest kommt und mit sich selber spricht:

...
Ich will heim zu Muttern. (Geht ein Stück hinan, doch steht wieder still und lauscht hin zum Hochzeitshof.) Die Fiedel begann!
...
Das wimmelt von Mädchen! Acht, neun auf den Mann!
Oh, peitschender Tod – ich muß mittun beim Krache!
Doch die Mutter, die sitzt auf dem Mühlendache –
(Richtet die Blicke wieder hinab; er hopst und lacht.)
Heißa, vom Hallingtanz schüttert die Matte!
Ja, der Guttorm, der fiedelt dir stramm!
Das schmettert und klirrt, wie der Fall in der Klamm.
Und all die Mädchen im schimmernden Staate! –
Ja, peitschender Tod, ich muß mittun beim Krache!
(Setzt mit einem Sprung übern Zaun und rennt hinab.)

Peer zeigt hier Merkmale, wie sie jeder Psychopath in der klinischen Untersuchung aufweist: vor allem den tiefen Spalt zwischen der zur Schau gestellten Zärtlichkeit und Fürsorge für die Mutter und dem gleichzeitigen Haß.

Zum Vergleich dazu ein Fallbeispiel von Hervey Cleckley. Er schildert einen amerikanischen Jungen namens Milt, um den sich die Eltern Sorgen machten, weil er nichts ernst nehmen konnte. Er war öfter in Jungensstreiche verwickelt, ohne daß er aus seinen Fehlern gelernt hätte. Auch schien er keinerlei Verantwortung für den Schaden zu spüren, den er anrichtete. Jedesmal entschuldigte er sich überschwenglich und schien völlig einzusehen, daß es großer Blödsinn gewesen war. Wurde er erneut erwischt, drückte er mit der gewohnten charmanten Höflichkeit sein Bedauern aus. Cleckley schildert dann ein Ereignis besonderer Art.

Milts Mutter mußte, eben zurück aus dem Krankenhaus nach einer schweren Operation, eine wichtige Besorgung machen, und Milt bot ihr ritterlich an, sie mit dem Auto zu chauffieren. Als sie über eine lange Brücke fuhren, blieb das Auto plötzlich stehen. Milt fand bald die Ursache, eine durchgebrannte Sicherung, und machte sich auf den Weg, Ersatz zu holen. Er verabschiedete sich zärtlich von seiner Mutter und versprach, in weniger als fünfzehn Minuten zurück zu sein. – Aber er tauchte nicht mehr auf! Die Mutter geriet in Aufregung, befürchtete, daß Milt etwas zugestoßen ist, und ließ sich schließlich von einem anderen Auto mitnehmen. Sie suchte nach ihrem Sohn, rief in Krankenhäusern an, und als sie gerade ihren jüngeren Sohn ausschicken wollte, kam Milt nach Hause, sehr verärgert: Warum seine Mutter nicht auf ihn gewartet habe! Er habe die Sicherung bekommen, sei zum Wagen zurück und nun heimgefahren. Milt war völllig unempfindlich für den Vorwurf, daß er sehr rücksichtslos und unverständlich lange unterwegs gewesen sei. Die Geschichte klärte sich dann folgendermaßen auf: Er habe sich sehr beeilt, habe an einem Zigarettengeschäft haltgemacht, um die neuesten Football-Ergebnisse zu studieren, da sei ihm eingefallen, daß in der Nähe ein Mädchen wohnte, das er flüchtig kannte. Bei ihr blieb er eine Stunde, er habe aber gar kein näheres Interesse an diesem Mädchen gehabt. Dann sei er in die Werkstatt...

Cleckley betont in seinem Bericht, daß Milts Verhalten weder von Zerstreutheit noch von Gedächtnisstörung noch von tiefer Verwirrung herrührte. Dem Jungen sei die ganze Zeit über bewußt gewesen, daß seine Mutter auf ihn wartete. Auch habe er keinen aktuellen Grund gehabt, seine Mutter auf diese Weise zu kränken oder sie für irgend etwas zu »bestrafen«.[192] Mir scheint das besonders Interessante an dieser Geschichte zu sein, daß sie folgendes zeigt: Der Psychopath »weiß« *alles*, aber vermeidet jede bewußte Wahrnehmung der Ursachen für sein Verhalten.

Diese Geschichte vergegenwärtigt die Vorspiegelung von

Gefühlen im Rahmen scheinbar ganz normalen Verhaltens. Der Psychopath lenkt uns von unseren eigenen Gefühlswahrnehmungen ab, und dies tut er vor allem auf zwei Arten: Er täuscht so überzeugend eine Gefühlshaltung vor – Milts Verärgerung beim Nachhausekommen –, daß wir die tatsächlichen Zusammenhänge und unsere eigene Beurteilung aus den Augen verlieren und mit ihm »fühlen«. Wir bemerken nicht, daß zum Beispiel eine solche Verärgerung gar nicht zur Gesamtsituation paßt. Die zweite Methode, die mit der ersten verschränkt ist, besteht darin, selbst in die Rolle des Opfers zu schlüpfen – der arme Junge war von seiner Mutter verlassen worden! Es ist die Methode des Selbstmitleids: Der Psychopath stellt Gefühle zur Schau, um den anderen zu verwirren, bis dieser seine eigenen Gefühle und Wahrnehmungen in Zweifel zieht und Schuldgefühle bekommt.

Wenn solche Fälle klinisch werden, weil die Angehörigen mit dem auffälligen Verhalten nicht mehr fertig werden und sich um die offensichtliche Gefühllosigkeit Sorgen machen, werden sie in der Regel bald wieder entlassen, da keine Krankheit festgestellt werden kann. Selbst Fachleute sehen die Spaltung nicht, trauen nicht mehr der Ganzheit ihrer eigenen Wahrnehmung – so sie eine solche überhaupt besitzen – und fallen auf das »gesunde« Erscheinungsbild des Psychopathen herein.

Zurück zu Peer Gynt. Er ist zum Hochzeitsfest gegangen und im Begriff, die Braut zu entführen. Åse, der man vom Dach geholfen hat, kommt auf die Szene, außerdem der Schmied, der Peer verdreschen will:

> ÅSE. (Kommt mit einem Stock in der Hand.)
> Wo steckt er, mein Sohn? Jetzt wird er verbleut!
> Hei, nun werd ich ihm 's Fellchen versengen!
> DER SCHMIED. (Krempelt die Hemdsärmel auf.)
> Bei solch 'nem Leib nutzt der Stock keinen Deut.
> ...
> Ihn hängen!
> ÅSE. Meinen Jungen hängen? Probiert es nur, traun! –
> Åse und ich haben Zähne und Klau'n!
> Wo ist er? (Ruft über den Hofplatz.)
> Peer!

Dann sehen sie Peer mit der Braut Ingrid in die Berge flüchten und drohen hinter ihm her. Åse auf *ihre* Art:

Oh, fielst du bloß runter –! (Schreit in Angst.)
Setz achtsam die Beine!
DER HAEGSTADBAUER. Für diesen Brautraub bring ich ihn um!
ÅSE. Gott straf' mich, macht ihr ein Haar ihm krumm!

Ibsen macht hier den raschen Wechsel der Mutter deutlich zwischen verführerischer Liebenswürdigkeit und Fürsorglichkeit und auf der anderen Seite Wut, wenn er nicht ihren Vorstellungen entspricht. Peers Gefühle gegenüber Frauen sind so beschaffen, daß er insgeheim nur schätzt, was er nie erfahren hat: wahre Liebe. Was er haben kann, wird wertlos, sobald er es besitzt. Deswegen schickt er Ingrid weg, nachdem er sie verführt hat:

PEER GYNT. Weg von mir!
INGRID. Nach *dem?* Wohin jetzt?
PEER GYNT. Fort, auf Nimmerwiedersehn.
INGRID. (Ringt die Hände.) Falschheit!
PEER GYNT. Zank hat keinen Sinn jetzt.
Jedes muß alleine gehn.
INGRID. Schuld – und Schuld eint uns indessen!
PEER GYNT. Teufelskram – ich will's vergessen!
Alle Weiber sind besessen –
Außer *einer* –!
INGRID. Welcher einen?
PEER GYNT. Du bist's nicht.
...
INGRID. Du kannst unmöglich meinen, was du sagst.
PEER GYNT. Ich kann und will.
INGRID. Locken, ja – und dann verjagen!
PEER GYNT. Was hast du mir anzutragen?
INGRID. Haegstads Hof und andres viel.
...
PEER GYNT. Ist's wie Sonntag um dich her? Sprich!
INGRID. Nein, doch –
PEER GYNT. So sei gebrochen! (Will gehn.)
INGRID. (Tritt ihm in den Weg.) Hör: die Todesstrafe steht
Auf der Untat.
PEER GYNT. Dank der Lehre.
...
INGRID. Bleibst du fest dabei?
PEER GYNT. Wie Stein.
INGRID. Gut, dein Maß ist zugemessen! (Geht hinab.)
PEER GYNT. (Schweigt einen Augenblick; mit eins schreit er.) Teufelskram – ich will's vergessen!

Alle Weiber sind besessen!
INGRID. (Wendet den Kopf und ruft höhnisch hinauf.)
Außer *einer!*
PEER GYNT. *Die* ist rein.

In kurzen und kräftigen Strichen zeichnet Ibsen Peers Manöver, um Ingrid an ihrer eigenen Wahrnehmung des Erlebten irre zu machen. Wie der Psychopath versteht er es, Schuldgefühle zu wecken und die tatsächliche Situation zu vernebeln. Ingrid freilich läßt sich nicht von ihrem Fühlen abbringen. Der Zuschauer hingegen pflegt bei dieser Szene erfahrungsgemäß auf der Seite Peers zu stehen

Peer verachtet nicht nur die Frauen, er weist auch jede Verantwortung für sein Handeln von sich. Auch ein weiteres Verhaltensmerkmal des Psychopathen fehlt nicht: die Selbstzerstörung. Peer handelt so, wie seine Mutter es haben möchte, wendet sich aber dann von dem, was er erreicht hat, ab. (Es sei an Richard Nixon erinnert!) Die Interpretation liegt nahe, daß er sich von Ingrid aus dem Verlangen nach der Reinheit Solvejgs abwandte, mit der er vor der Entführung zusammengetroffen war. Doch wie sich zeigen wird, benützt er sie nur, um sich nicht wirklich auf eine Beziehung einlassen zu müssen. Ist hier nicht Selbstzerstörung der heimliche Weg, an der Mutter Rache zu nehmen?

Prägnant skizziert Ibsen auch die Beziehung Åses zu ihrem Mann, dem sie sich unterworfen und ihr eigenes Selbst geopfert hatte, und den Zusammenhang dieser Unterwerfung mit ihrem zwanghaften Bedürfnis, ihren Sohn in ihre Phantasiewelt zu verstricken. Im Fortgang des Stücks sehen wir sie auf der Suche nach ihrem Sohn:

Wider mich hat sich alles verbunden!
...
Und gar die Menschen! Auf Mord sind die aus!
Nein! Ich kann ihn nicht missen; daß Gott die Not endete!
...
Oh, wir waren im Elend vereint.
Denn mein Mann, mußt du wissen, ein Säufer war der,
Fuhr zu Streichen und Schnack im Kirchspiel umher,
Vertrat und zertrat unsern Wohlstand im Nu.
Und daheim saßen ich und Klein Peer indessen.
Wir wußten uns keinen Rat als Vergessen;
Denn aufzubegehren: ich taug nicht dazu.
...

Ach, ja! so brauchten die Fabeln wir
Von Prinzen und Trollen und manchem Getier.
Und Brautraub dazu. Doch, sag mir, wer denkt,
Daß der Teufelsspuk sich in ihm festhängt?

Wir sehen hier alles dicht beisammen: Åses Wunsch, mit ihrem Sohn zu verschmelzen als Entschädigung für die verlorengegangene Selbstachtung, die Verachtung für ihren Mann und die Unfähigkeit, sich ihm entgegenzusetzen. Erlösung sieht sie im Vergessen – und macht noch eine Tugend daraus. Sie macht Peer zum Komplizen ihrer Phantasie-Attacken gegen Frauen (nicht gegen Männer). Sie nimmt Rache an ihrem eigenen Geschlecht, weil sie es im Sinne der männlichen Machtmythen als schwach verachtet. Es ist aufschlußreich, daß Ibsen aus dem Vater einen Alkoholiker macht. Dieses Merkmal findet man nicht selten bei machthungrigen Söhnen. Auch Hitler oder Reagan hatten einen solchen Vater.

In der nächsten Szene sieht man Peer stürmisch und übermütig über einen Hügel springen, er fühlt sich wild und frei, fühlt sich »lebendig«. Doch was das für eine »Lebendigkeit« ist, enthüllt sein Triumphgeschrei:

Das ist mehr denn Gebalg mit 'nem Schmied. Das ist toll!
Das ist Leben! Ha – ein Bär jeder Zoll!
(Schlägt um sich und macht einen Luftsprung.)
Brechen, wälzen, den Wasserfall staun!
Hei! Kiefern roden und Klötze zerhaun!
Das ist Leben! Das macht das Blut wallen und schäumen!
Zur Hölle mit all den windigen Träumen!

Ibsen zeigt hier, daß die »Beherrschung« der Natur ihre Wurzeln in der Zerstörungslust hat. Peer will Leben in jeder Form töten. Und seine Mutter spricht ihn von aller Schuld frei, wie sie es auch nach der Ent- und Verführung Ingrids tat. Es gibt nichts, wofür er die Schuld trägt:

Ingrid kam ja heil heim zuletzt.
Halten mußten sie sich an den Teufel –
Der trägt die Schuld, und sonst niemand; kein Zweifel.
Er hat den armen Kerl aufgehetzt.

Im vierten Akt, nun an der Südwestküste Marokkos, badet sich Peer als eleganter Geschäftsmann in großartigen Gefühlen:

Das Gyntsche Selbst – das ist das Heer
Von Wünschen, Lüsten und Begehr –

Das Gyntsche Selbst, das ist der Schwall
Der Launen, Forderungen all,
Kurz alles, was, just *mir* zu eigen,
Gemacht ist, meine Art zu zeigen.
Doch wie dem Herrgott Staub vonnöten,
Soll er als Gott der Welt bestehn,
So brauch ich meinerseits Moneten,
Um wie ein Kaiser auszusehn.

Er begeistert sich eines Morgens am Schauspiel (und Frieden) der Natur – um sich gleich darauf ihrer zu bemächtigen:

Welche Öde, unermeßlich und nicht zu queren. –
Weit dort hinten schreitet ein Strauß. –
Was soll eins bloß meinen: wo hinaus
Wollte Gott mit alle dem Toten und Leeren?
Dies, wo die Lebensquellen versiegen;
...
Das Meer ist westwärts; dort hebt sich's und bäumt,
Abgedämmt von der Wüste durch steile Schroffen.
(Ein Gedanke durchfährt ihn.)
Abgedämmt? So könnt' ich – Der Wall ist schmal.
Abgedämmt! Ein Durchstich bloß, ein Kanal –
Und Wasser des Lebens kämen geschossen
Und hätten sich über die Wüste ergossen!
...
Mitten ins Meer, auf die fettste Oase,
Verpflanze ich meine norwegische Rasse;
...
Das macht sich. Bloß Kapitalien her! –
Einen Schlüssel von Gold fürs Tor zum Meer.
Kreuzzug widern Tod! Drauf er liegt und brütet,
Der Geizhals öffne den Sack, den er hütet.

Im Namen des Lebens will er Tod säen, er wirbt für den Tod, als sei er Leben. Hat sich Hitlers Traum vom Weltreich davon unterschieden? Was sind Reagans Phantasien vom Star War anderes? Beide gaben vor, im Namen des Friedens zu handeln.

Peer Gynt haßt das Leben und menschliche Güte. Im fünften Akt reist Peer Gynt, nun ein alter, vom Leben mitgenommener Mann, mit seinem Schiff zurück nach Norwegen und wütet vor sich hin:

Bengel und Fratzen zu Hause haben –
Ein Trost sein, an dem sich Gemüter laben –

Dem man folgt, wohin sich sein Weg auch lenkt –
Ich habe keinen, der an mich denkt. –
Ein Licht zum Willkomm? Kein Lichtgeflacker!
Ich weiß was –! Besoffen mach ich die Racker –
Da kommt mir nicht einer nüchtern an Land.
Blau soll mir jeder sein Heim aufsuchen!
Auf den Tisch haun; auf Weib und Kinder fluchen –
Und wer ihn erwartet, verlier den Verstand!

Die See wird immer stürmischer, ein Wrack wird gesichtet. Peer scheint wie verwandelt, will alles tun, um die Schiffbrüchigen zu retten. Doch er spielt nur mit den Hoffnungen und Erwartungen der anderen – und wird dafür auch noch bewundert:

PEER GYNT. Fiert die Heckjolle ab.
DER KAPITÄN. Die hat Wasser bekommen.
PEER GYNT. Wer denkt auch an das?
Seid ihr Kerls? Dann schnell!
Beim Teufel, was schert euch ein nasses Fell –
DER BOOTSMANN. Das ist unausführbar bei solcher See.
PEER GYNT. Die schreien erneut! Seht, die Winde schralen –
Koch, willst du's wagen? Ich will es bezahlen –
DER KOCH. Und gäben Sie zwanzig Pfund Sterling, nee –
PEER GYNT. Ihr Hunde! Ihr Memmen! Könnt ihr's verschwitzen,
Daß die Leute daheim Weib und Kinder besitzen?
Die hocken und harren –

Dann sind die Schiffbrüchigen ertrunken, und Peer Gynt:

Treu und Glauben gibt's unter den Menschen nicht mehr –
Und kein Christentum, wie es die Schriften bezeugen;
Sie tun wenig Guts, und sie beten nur schwer,
Und wollen sich keiner Gewalt mehr beugen. –
In solch einem Sturm ist der Herrgott eigen.
...
Ich bin schuldlos; weiß Gott, ich steckte
Manch einen Silberling in die Kollekte.

Bald darauf geht auch Peer Gynts Schiff unter, und er treibt in der Brandung auf einem gekenterten Beiboot. Neben ihm taucht der Koch auf. Peer stößt ihn nach einem heftigen Kampf ins Wasser und läßt ihn kaltblütig ertrinken. Ein weiterer Passagier, der »blinde Passagier«, ist plötzlich an seiner Seite und kommentiert Peers Unfähigkeit zu leiden, weswegen er den Koch ertrinken ließ und eben im Begriff ist, auch den blinden Passagier wegzustoßen:

DER PASSAGIER. Freund, hat Sie einmal bloß halbjährlich
Die Angst versehrt, zum Tod gefährlich?
PEER GYNT. Nun, bei Gefahr wird einem bänglich –
Doch stelzt Ihr Reden recht verfänglich –
DER PASSAGIER. Obsiegten einmal Sie im Leben
Der Angst, der Sie anheimgegeben?

Schließlich rettet sich Peer an Land und gerät in eine Beerdigung, der er heuchlerische Achtung entgegenbringt:

Ja, die Kirche weiß doch mit Trost zu befeuern.
Früher hab ich's nicht sonderlich eingeschätzt –
Wie gut es tut, das erkenn ich erst jetzt.
Wann kundige Stimmen uns dies beteuern:
Wie du säest, so sammelst du in den Scheuern. –
Man sei nur man selber; man habe acht
Auf sich und sei auf das seine bedacht.
Und geht es auch schief, hat eins doch die Ehre
Von seinem Leben gemäß der Lehre. –

Als Peer gegen Ende in der Nähe des nun verfallenen Elternhauses sitzt, wird er seiner inneren Leere gewahr. Er schält eine Zwiebel und weist jeder Schale eine Station seines Lebens zu:

Prüfet alles, und das Beste behaltet!
Dem bin ich gefolgt – oben von Cäsar
Bis ganz hinunter zu Nebukadnezar.
...
Nein, so eine Vielzahl! Schicht liegt auf Schicht.
Kommt denn nicht *einmal* ein Kern ans Licht?

Da hört er Solvejg singen, und eine andere Erinnerung steigt in ihm auf. Er wird totenbleich:

Eins, das gedachte – und eins, das vergaß.
Eins, das verscherzte – und eins hielt Maß.
O Pein! – Was verderbt ist, wird nie mehr schier!
O Angst! – Mein Kaisertum war *hier!*

Doch Peer kann diese Wahrheit nicht ertragen und rennt in den Wald, um den Bildern und Gedanken, die ihn bedrängen, zu entkommen. Dort rollen Garnknäuel umher, welke Blätter treiben im Wind, ein Sausen ist in der Luft zu hören und Tautropfen fallen von den Bäumen. Sie alle sprechen auf ihn ein:

DIE KNÄUEL. Wir sind Gedanken;
Du mußtest uns denken.

…
SAUSEN IN DER LUFT: Wir sind Gesänge;
Ach, ungesungene! –
Stets in die Enge
Von dir niedergezwungene.
Im Grund deiner Seele
Lagen wir ganz verstohlen –
Du kamst uns nie holen.
TAUTROPFEN. Wir sind Zähren,
Erstarrt zu Grauen.
Eisige Schwären
Konnten wir tauen.
Zu einem Eisstollen
Sind wir verquollen;
Versiegt sind die Bäche
Aus Macht ward Schwäche!

Peer möchte weglaufen, kann es aber nicht mehr. Ein Knopfgießer kommt und will ihn einschmelzen. Peer wehrt sich, und ein langer Disput entsteht:

PEER GYNT.
…
Dies Schmelzkellen-Dasein, der pure Verzehr –
Dagegen setzt sich mein Alles zur Wehr!
DER KNOPFGIESSER. Nun, lieber Peer, ob der Kleinigkeit
Bedarf es doch wahrlich keinen Streit.
Du selbst warst *du* nie doch – was also steht
Auf dem Spiel, wenn's zu Ende geht?

Der Knopfgießer läßt ihn noch einmal laufen, und als sie sich wieder begegnen, fragt ihn Peer:

Eine Frage noch, Mann.
Was ist dieses »sein, der man ist« im Grunde?
DER KNOPFGIESSER. Eine seltsame Frage, besonders im Munde
Von einem, der vorhin –
PEER GYNT. Nur kurz: sag an!
DER KNOPFGIESSER. Sei du selber, das meint: geh dir selbst an den Kragen.

Das erinnert stark an den Vers von Jakob Böhme: »Wer nicht stirbt, eh er stirbt, der verdirbt, wenn er stirbt.« Das ist der Kernpunkt. Menschen wie Peer Gynt, die nach den äußeren Erscheinungsbildern leben, haben Angst, ihr Gehäuse zu verlieren.

Erst wenn sie »sterben«, also ihr Rollenspiel aufgeben, finden sie einen Weg zur Lebendigkeit. Ibsen thematisiert dies ganz zum Schluß noch einmal und gibt dem eine interessante Wendung. Es gebe zwei Wege, auf denen ein Mensch er selbst sein kann, einen richtigen und einen falschen. Ibsen läßt durch den »Magren« den Vergleich mit einem Fotonegativ bringen, auf dem ein Mensch sozusagen das Gegenteil von dem ist, was er hätte sein können. Und damit bringt er die Frage nach dem Selbst auf den Punkt: Zu sich selbst finden heißt Verantwortung für sich zu übernehmen. Elridge Cleaver, der schwarze Revolutionär, der vom Kriminellen zum engagierten Bürger wurde, war ein herausragendes Beispiel für einen Menschen, der auch für seine dunklen Seiten die Verantwortung übernimmt. Die Peer Gynts aber, die nie enfach Menschen gewesen sind, haben sich selbst ausgelöscht. Peer Gynt erkennt das endlich, wenn er ausruft:

Nie dahin sehn! Da ist gähnendes Nachten. –
Lang schon tot, eh ich starb, muß ich mich erachten.

In einem letzten Aufbäumen versucht er, sowohl dem Knopfgießer als auch Solvejg zu entkommen. In seiner Verzweiflung fragt er Solvejg mehrmals:

Wo war ich, ich selbst, keinem sonst zu vergleichen?

Und Ibsen bietet das scheinbar Unmögliche an: die Rettung seiner Seele durch die Liebe, die er zurückwies. Solvejg antwortet ihm:

In meinem Glauben, Hoffen und Lieben warst du.

Und Peer darauf:

Zur Mutter des Jungen machst du dich dabei.
SOLVEJG. Das bin ich; doch wer ist sein Vater und Leiter?
Das ist Er; weil die Mutter ihm fleht, verzeiht er.
PEER GYNT. (Ein Lichtstrahl geht über ihn hin, er ruft.)
Meine Mutter; meine Gattin; Weib, reine Minne! –
O birg mich, birg mich da drinnen!

Ibsen gibt uns ganz klar zu verstehen, daß die Macht des Mitgefühls den väterlich strengen Zuchtmeister überwindet und das Gegengift zum männlichen Mythos ist. Solvejg gelingt es, Peer zu öffnen für ihr Mitgefühl. Damit kann er seiner Flucht vor sich selbst ein Ende machen.

›Peer Gynt‹ handelt von einem Mann, der sein ganzes Leben lang herauszufinden versuchte, worüber er herrschen sollte, um am

Ende festzustellen, daß sein wahres Königreich einzig und allein das war, was er verschmäht hatte: das eigene Selbst. Das Großartige dieses Stücks ist, daß Ibsen nicht nur die richtige Diagnose stellte, sondern auch das Heilmittel erkannte: die Übernahme der Verantwortung für das eigene Selbst. Seinem deutschen Übersetzer Ludwig Passarge schrieb er in einem Brief am 16. Juni 1880: »Alles, was ich gedichtet habe, hängt eng mit dem zusammen, was ich *durch*lebt, wenn auch nicht *er*lebt habe. Jede neue Dichtung diente mir als geistiger Befreiungs- und Reinigungsprozeß. Denn man steht nie ganz ohne Mitverantwortung und Mitverpflichtung in der Gesellschaft, der man angehört.«[193]

Die Figur des Peer Gynt erscheint uns nicht ganz selbstverständlich als »verrückt«. Er hält seine Fassade aufrecht und ist so erfolgreich in seiner Manipulation, die inneren Widersprüche anderer für sich zu nutzen, daß er dieses Schema kaum verlassen kann. Der Schizophrene dagegen versucht, die Widersprüche – zuerst in der Mutter, dann in seiner Umwelt – zu überbrücken.

Ist das Fühlen und Denken, wenn auch unbewußt, ganz auf Manipulation gerichtet, so wird sich ein Mensch immer von Feinden umgeben fühlen. Er konstruiert sich eine Realität, die dem inneren Hexenkessel von Haß und Rachsucht entspricht. Das Unbewußte dieser Menschen besteht nicht, wie Freud meinte, aus unterdrückten sexuellen Bedürfnissen, sondern aus Selbsthaß, der aus dem Verlust der Autonomie herrührt. Gewiß spielen sexuelle Konflikte eine bedeutende Rolle. Wenn wir aber die Aufmerksamkeit ausschließlich auf die Sexualität und die mit ihr verbundenen Aggressionen richten, verlieren wir einen tieferen und grundlegenderen Vorgang aus den Augen: was nämlich der einzelne selbst zum Verlust seiner Menschlichkeit beiträgt. Wenn der Selbstverrat so stark ist wie beim Psychopathen, ist das Unbewußte gekennzeichnet von Chaos, äußerster Rachsucht und Mordlust.

Der chaotische Zustand eines solchen Unterbewußtseins rührt von der Tatsache, daß es von dem lebendigen Wechselspiel zwischen innerer und äußerer Stimulierung abgeschnitten ist. Die so oft zu beobachtende Verkehrung von Haß in »Liebe« zeigt, wie wenig das Innen mit dem Außen zu tun hat – und umgekehrt. Dieses abgespaltene Unterbewußtsein hat keine integrative Kraft, um zu einer ganzheitlichen und ausgeglichenen seelischen Verfassung zu kommen. Der sogenannte Neurotiker oder der Schizophrene, aber auch die kreative Persönlichkeit haben Zugang zum Unbewußten. Sie erleben es nicht als so völlig fremd und beziehungslos, sondern als etwas, das in Zusammenhang steht mit den inneren und äußeren Vorgängen.

Die beiden Extreme psychischer Störungen, die ich im Psychopathen einerseits und im Schizophrenen andererseits sehe, spiegeln unterschiedliche Aspekte unserer Realität. Der Schizophrene parodiert durch sein Übermaß an Leid und Hilflosigkeit die innere Welt des Fühlens, während der Psychopath durch sein Verhalten die Regeln unserer äußeren Realität parodiert. Der Psychopath nagelt uns sozusagen auf diese äußere Realität fest, so daß die innere nicht zu existieren scheint.

Der Schizophrene versucht, unser Mitgefühl zu gewinnen, doch er weist es zurück, wenn wir es ihm anbieten, weil ihm an dem Beweis liegt, daß alle heucheln. Der Psychopath spielt mit unseren Erwartungen an Erfolg und Sicherheit, die er, hat er sie erzeugt, gleich wieder enttäuscht. Der Schizophrene macht sich selbst zum Objekt unserer schlimmsten Erwartungen, macht sich damit zum Opfer und besteht obendrein darauf, daß es seine eigene Verantwortung sei. Der Psychopath dagegen entzieht sich jeder Verantwortung, indem er uns verwirrt, und spekuliert auf Mitleid.

Neben vielen anderen verkörpern Hitler und Reagan diese Eigenschaften des Psychopathen. Hitler versprach seinem Volk Lebensraum und Reichtum, brachte ihm aber nur Tod und Zerstörung. Am Ende überhäufte er die Deutschen mit Schande und Schmach. Es mußten Frauen und Kinder, die in den U-Bahn-Schächten Berlins Zuflucht gesucht hatten, sterben, weil sein Volk *ihn* »betrogen« hatte. Auch von Reagans Menschenverachtung war schon die Rede. Er hat eine besondere Art, Verantwortung abzulehnen. Sie manifestiert sich in seiner Parodie der Rechtschaffenheit. Unter dem Deckmantel heiligen Ernstes verhält er sich verschlagen und unaufrichtig – und hinterher beteuert er, von nichts gewußt zu haben. Er beschwört zum Beispiel den Geist der amerikanischen Revolution und seiner Helden, um politische Wahrheiten zu verdrehen. Auf einer Pressekonferenz am 21. Februar 1985 bezeichnete er die Contras in Nicaragua als »unseren Gründungsvätern gleichgesinnt«. Mit diesem Ehrentitel belegte er mörderische Söldner, die von Leuten gesteuert werden, die unter der Familie Somoza korrupte und brutale Militärs gewesen waren und vom

American Watch Committee als eine Gefahr bezeichnet werden, da sie systematisch die Menschenrechte verletzen.[194]

Die Kernfrage der menschlichen Entwicklung ist die nach dem Umgang mit der eigenen Verwundbarkeit. Hat ein Mensch sie durchlebt und ihre Nähe zu Vernichtung und Tod erfahren? Hat er erkannt, daß der Tod von äußeren Erscheinungsformen des Selbst nicht gleichbedeutend ist mit dem Tod des Selbst? Oder hat er sich dazu entschlossen, sich zu unterwerfen, um an der Macht teilzuhaben, die ihn unterwirft? Paradoxerweise muß man den Schrecken des Sterbens durchleben, um lebendig zu sein. Wer dies nie gewagt hat, wird sich ständig vor dem Leben fürchten, das er nicht gelebt hat.

Ich will versuchen, dies zu veranschaulichen. Die erste Diskontinuität in der Entwicklung des Selbst ist der Übergang von einem Zustand des Selbst, in dem die Ordnung der Dinge sich nach der Ordnung eines anderen richtet, über einen angsterfüllten Zustand von Chaos und Einsamkeit zu einer eigenen Ordnung.[195] Ronald D. Laing hat in seinem Buch ›Das geteilte Selbst‹ auf eine sehr frühe Entdeckung Freuds aufmerksam gemacht, die in einer Fußnote von Freuds ›Jenseits des Lustprinzips‹ verborgen ist. Freud beschreibt das Versteckspielen eines Kleinkindes, das illustriert, wie die Bewältigung von Leben und Tod abläuft. Es handelt sich um eine Transformation, wenn der Zustand, jemand in den Augen der Mutter zu sein, übergeht in den Zustand, in dem man sich selbst sieht. Dieses Kind war eineinhalb Jahre alt und pflegte die Dinge, derer es habhaft werden konnte, weit weg zu werfen. Es spielte auch gern mit einer Spule, an der ein Bindfaden befestigt war, zog sie aber nicht etwa hinter sich her, sondern warf sie zum Beispiel über den Rand seines Bettchens, um sie mit großem Vergnügen wieder hervorzuziehen. In der Fußnote beschreibt nun Freud eine Entdeckung dieses Kindes: Als die Mutter einmal über mehrere Stunden abwesend war, hatte das Kind ein Mittel gefunden, »sich selbst verschwinden zu lassen. Es hatte sein Bild in dem fast bis zum Boden reichenden Standspiegel entdeckt und sich dann niedergekauert, so daß das Spiegelbild ›fort‹ war.«[196]

Laing führt dazu aus: »Freud schlägt vor, die beiden Spiele als Versuche zu verstehen, die Angst vor einer Gefahrensituation dadurch zu meistern, daß diese immer und immer wieder im Spiel wiederholt wird. Wenn das so ist, dann ist die Furcht, unsichtbar zu sein, zu verschwinden, eng mit der Furcht vor dem Verschwinden der Mutter assoziiert. Es scheint, daß der Verlust der Mutter in einer bestimmten Entwicklungsphase das Individuum mit dem Verlust seines Selbst bedroht... Das heißt, bei der Bewältigung oder bei dem Versuch der Bewältigung des Verlustes oder der Abwesenheit des realen anderen, in dessen Augen er lebte und sich bewegte und sein Sein hatte, wird er für sich zu einer anderen Person, die ihn vom Spiegel aus anblicken kann.«[197] Das so banal erscheinende Versteckspiel kann also für das Kind eine Hilfe sein, sich selbst als eigenständiges Individuum zu erfahren.

Wie nah dieses Erlebnis dem Erleben eines seelischen Todes ist, hat die amerikanische Schriftstellerin Ellen Glasgow in ihrer Autobiographie ›The Woman Within‹ sichtbar gemacht. Im Alter von ein oder zwei Jahren hatte sie ein schreckliches Erlebnis, das bei ihr die Ablösung von der Mutter bewirkte. Das Gefühl zu sterben wird auch hier durch eine »Abwesenheit« der Mutter ausgelöst: Sie saß zwar mit Ellen auf einem Schaukelstuhl, entzog ihr aber vorübergehend die Aufmerksamkeit, und das Kind erlebte das als Rückzug. (Die Bedeutung des Blickkontakts zwischen Mutter und Kind wurde von George Victor und auch von mir untersucht.)[198] Für Ellen Glasgow lag aber in dem schrecklichen Erlebnis die entscheidende Erfahrung, die sie zu ihrem eigenen Selbst gebracht hat. »Während wir uns hin und her bewegten, öffnete ich die Augen und sah auf die Fensterscheiben... Ein Gesicht ohne Körper starrte mich an, ein leeres Gesicht, rund, bleich, verzerrt und feindselig... Ein Schrecken überfiel mich... Krämpfe schüttelten mich. Ein stummer Schmerzanfall. Eine Minute war ich wie nicht vorhanden. In der nächsten Minute war ich. Ich fühlte. Ich fühlte mich abgetrennt. Man konnte mich verletzen. Ich hatte mich selbst entdeckt. Und ich hatte auch entdeckt, daß es eine Welt außerhalb meines Selbst gibt.«[199]

Es scheint die Ablösung eines Selbst, das zuvor Bestandteil eines anderen war, nur um den Preis eines Sterbens möglich zu sein. Der Übergang zu einem wirklich eigenen Selbst kann sich nur unter Schmerzen vollziehen. Die Angst vor diesem Schmerz führt zur Unterwerfung unter die Autorität. An der Haltung gegenüber der Macht erweist sich darum, was für eine Art Mensch wir sind.

Aber auch innerhalb der Entwicklungslinie zum Psychopathen muß man zwei Gruppen unterscheiden. Die eine unterwirft sich zwar der Macht, strebt aber nicht danach, sie selbst auszuüben. Sie scheint sich mit dem Gefühl der Teilhabe oder Verschmelzung mit der Quelle der Macht zu begnügen. Die andere dagegen möchte Macht und Gewalt unmittelbar anwenden. Die nur Unterwürfigen beneiden die »Starken« und wollen unbewußt ihren Platz einnehmen. Doch dies verstärkt nur ihr Bemühen um Verschmelzung; wenn aber ihre Idole stürzen, kommt ihr mörderischer Haß auf die, die sie eben noch verehrt haben, hervor. Wahrscheinlich ist das Ausmaß, in dem eine Mutter ihrem Kind die Wahrnehmung von Schuld unmöglich macht, ausschlaggebend für die Intensität des Dranges nach Machtausübung. Beide Entwicklungstypen aber gehören einer Welt an, die, wie Ronald V. Sampson es ausdrückte, »bevölkert ist von Wesen, denen es unmöglich ist, außerhalb der Sicherheit einer vom Zwang bestimmten Zivilisation zu leben«.[200]

Das Erlebnis von Ellen Glasgow scheint mir prototypisch für den Durchbruch zu einem autonomen, innengeleiteten Selbst.

Kommt es im Verlauf der Entwicklung zu einer Trennung von Innen und Außen, hat das auch Folgen für unsere Vorstellungen vom eigenen Körper. Als einer der ersten hat Paul Schilder die Wahrnehmung des eigenen Körpers in den Zusammenhang der Gesamtheit unserer Interaktionen gestellt: »Die Vorstellung vom eigenen Körper ist das Ergebnis des sozialen Lebens.«[201] Entsprechend spiegelt das Bild, das wir von unserem Körper haben, und unser Umgang mit ihm entweder die Integration oder die Dissoziation von Innen und Außen. Dores Beckord lieferte in einer wegweisenden Untersuchung über Vorstellungen und Erfahrungen von Schwangeren mit dem eigenen Körper eine überzeugende Bestätigung.[202] Sie konnte zeigen, daß zwischen der Wahrnehmung des eigenen Körpers und der Offenheit für die Bedürfnisse des Kindes ein unmittelbarer Zusammenhang besteht. Eine Schwangere, die die Veränderungen ihres Körpers vorwiegend über ihre »Tiefensensibilität«, also über viszerale und kinästhetische Empfindungen wahrnimmt und positiv erlebt, nimmt auch den Fötus gleichsam von innen wahr; sie erlebt seine ersten Strampelbewegungen bereits als Äußerungen eines eigenständigen Wesens und kann später auf die Bedürfnisse des Neugeborenen empathisch reagieren. Frauen dagegen, die ihre viszeralen Körperempfindungen verdrängt haben, haben eine überwiegend visuelle Vorstellung von ihrem Körper; sie sehen ihn von außen und sind während der Schwangerschaft vor allem um ihre äußere Erscheinung und ihre sexuelle Attraktivität besorgt. Der Fötus bleibt ihnen etwas Fremdes, von dem sie sich mühsam eine visuelle Vorstellung zu machen versuchen. Sie erleben die Geburt weniger positiv und können zu dem Neugeborenen nicht so spontan Körperkontakt aufnehmen. Sie fühlen sich überfordert und können die Gefühlsäußerungen des Säuglings nicht verstehen, wenn sie nicht in das einfache Schema von Hunger und Krankheit einzuordnen sind; vor allem in sein Bedürfnis nach Nähe, Geborgenheit und Gehaltenwerden können sie sich schwer einfühlen.

Dores Beckord betont, daß die Wahrnehmung des eigenen Körpers und seiner inneren Vorgänge stark von gesellschaftlichen Faktoren bestimmt ist. Eine Kultur, die großen Wert auf das Äußerliche legt, versperrt den Zugang zur Tiefensensibilität. Dies aber hat Auswirkungen auf die Mutterschaft. Eine Mutter, die ihre Selbstachtung aus ihrer Attraktivität für den Mann bezieht, kann auch das Kind nicht in seinem Selbstwert erkennen und achten; sie wird es für ihre eigenen Machtspiele benützen, beispielsweise zu großem Ehrgeiz befeuern. Nur wenn die Mutter ihren Ehrgeiz in Frage stellen kann, hat das Kind eine Chance, zu einem eigenen Leben zu finden. Hier können wir sehen, wie die Grundorientierung nach innen oder nach außen, zur Liebe oder zur Macht durch die Haltung der Mutter und ihre eigene Entwicklungsgeschichte bereits auf der pränatalen und perinatalen Ebene angebahnt wird.

Es ist bezeichnend, daß eine der neueren Untersuchungen über psychische Störungen Unterschiede zwischen Männern und Frauen feststellt. Der männliche Mythos ist von einer heimtückischen Zählebigkeit und hindert Männer daran, mit ihrem Inneren in Verbindung zu treten. Die männliche Psychopathologie drückt sich daher weit öfter in asozialem Verhalten aus als die der Frauen, die sich eher in einem Kampf mit sich selbst befinden. Achtmal mehr Männer als Frauen werden gewalttätig, wenn sie mit ihren Problemen nicht mehr fertig werden. Viermal mehr Männer als Frauen flüchten in den Alkohol oder geraten in Drogenabhängigkeit. Auf der anderen Seite sind fast doppelt soviele Frauen depressiv und mehr als doppelt soviele Frauen wie Männer leiden an Schizophrenie.[203] In seelischen Schwierigkeiten geraten sie in einen inneren Kampf, während Männer, von ihrem Inneren abgelöst, den Kampf rachsüchtig nach außen tragen und dort Erlösung erhoffen.

Die Entwicklung zum Psychopathen findet sich daher viel häufiger bei Männern. Ihr Mythos der Stärke nährt einen Wahnsinn, der sich als geistige Gesundheit tarnt und darum in seiner Gefährlichkeit lange nicht erkannt wurde.

Zerstörung ist der unmittelbare Ausdruck des Wahnsinns derer, die sich ganz ausschließlich der »Realität« widmen. Ideologische Verkleidungen verschleiern gewöhnlich diesen Zusammenhang. Der Wahnsinn der »Realisten« ist ihre Leugnung des Menschlichen unter dem Deckmantel der Sorge für den Menschen. Sie verstehen, sich ein menschliches Antlitz zu geben, haben aber keinerlei entsprechende Gefühle. Ihr Inneres ist ein Hexenkessel von Rache und Mordlust; anstelle eines lebendigen Selbst fühlen sie nur Leere. Um dieser Leere und dem inneren Chaos zu entkommen, müssen sie Leben um sich her zerstören, nur dadurch fühlen sie sich lebendig.

Der Erfolg der »Realisten« beruht nicht nur auf ihrer Kunst, sich als Führer unentbehrlich zu machen, sondern auch auf der Natur des Gehorsams jener, die solche Führer benötigen, um ihr Selbst abgeben zu können. Deren Bedürfnis nach Anpassung richtet ihr gesamtes Sein danach aus, daß sie Regeln erfüllen. Sie hängen an den Buchstaben des Gesetzes und der Verordnungen und zerstören so die Realität unserer Gefühlswelt. Auf diese Weise brauchen sie ihre eigenen zerstörerischen Impulse nicht zu erkennen. Sie finden oft ihren Ort in der Bürokratie, wo sie im Namen von Gesetz und Ordnung Gefühle niederwalzen und sich selbst dabei völlig im Recht fühlen können.

Diese Konformisten sind die Fußsoldaten der psychopathischen Führernaturen und helfen ihnen, die Welt in den Abgrund zu treiben. Diese Kollaboration erst macht die Lage so bedrohlich. 1940 schrieb ein Beamter des deutschen Justizministeriums an seinen Minister im Hinblick auf die Euthanasie, daß dieser doch seinen ganzen Einfluß geltend machen solle, um endlich dem gesetzlosen Töten von Geisteskranken und Behinderten eine gesetzliche Basis zu geben. Die Ehre der gesamten Justiz stehe auf dem Spiel.

Das Gewissen bedeutet hier nichts, einzig die Gewissenhaftigkeit, wie Roland Kirbach diese Haltung bitter kommentierte.[204] Die Bereitschaft, die Regeln höher zu achten als das Leben, macht die unheilige Allianz von Konformist und Psychopath möglich. Dieses Zusammenspiel geschieht auf verschiedenen Wegen. Drei davon möchte ich darzustellen versuchen.

Die Vereinfachung: Die Reduktion von Ereignissen auf nur eine bestimmte Dimension, um die angemessenen Gefühlsreaktionen zu verhindern, gehörte in Amerika zu den täglichen Übungen während des Vietnam-Kriegs. Die Zeitschrift ›The New Yorker‹ beschrieb in ihrer Ausgabe vom 29. Mai 1971 eine neue Art von Listen, die den Fortschritt in der »Befriedung« südvietnamesischer Dörfer nachwiesen. Ich zitiere aus dem ›New Yorker‹: »Die Liste verzeichnete die folgenden Leistungen: fünftausendzweihundertneunundsechzig medizinisch versorgte Patienten, zweitausendzweihundert Liter Chemikalien zur Entlaubung, eintausend umgepflügte Quadratkilometer, zwanzigtausendachthundertsechzig Dachplatten für eintausendneunhundertsechsundfünfzig Familien, fünfhundertvierundzwanzig Stunden Lautsprecherdurchsagen der psychologischen Kriegsführung und vier Konzerte ... Eine solche Liste eignete sich natürlich vorzüglich zur schnellen Beurteilung einer komplizierten Materie. Sie ist einfach, präzis und objektiv. Diffizilere Fragen, die sich nicht so einfach beantworten lassen, werden vermieden. Zum Beispiel Fragen wie: Freuten sich die Dorfbewohner über die fünhundertvierundzwanzig Stunden Lautsprecherdurchsage? Half das, sie für uns zu gewinnen? Sind vier Konzerte und zweitausendzweihundert Liter Chemikalien zur Entlaubung ein ausgeglichenes Verhältnis oder sollten es nicht besser vier Liter Chemikalien und zweitausendzweihundert Konzerte sein? Sollten in Vietnam überhaupt Chemikalien versprüht oder Konzerte gegeben werden?«

Der Artikel setzt dann die Beispiele fort, wie Ereignisse bürokratisiert werden und die lebendige Realität in eine ganz neue Dimension übertragen wird, eine bürokratische Realität, die nichts mehr zu tun hat mit den Schmerzen oder Freuden des Lebens. Eine weitere Aufstellung verfeinerte dies noch: »Sie verzeichnet die notwendigen Aufgaben zur Befriedung der Dörfer und vergibt Punkte für die bestmögliche Ausführung der Aufgaben ... Fünfzehn Punkte für die völlige Zerschlagung einer Vietcong-Einheit; zwei Punkte für die Fragebogenaktion der Dorfbevölkerung; acht Punkte für die Entdeckung, Zerstörung oder Unschädlichmachung von Einrichtungen des Vietcong; zwei Punkte für das Ausfüllen der

Beschwerdefragebogen bei jeder Familie... Wenn allem die entsprechenden Punkte gegeben worden sind, werden sie für ein Dorf zusammengezählt und mit den Ergebnissen der anderen Dörfer in den Computer eingegeben, der dann den aktuellen Stand im Fortschritt der Befriedung der vietnamesischen Dörfer zeigt.«

Doch damit nicht genug. Es wurden auch Aufstellungen gemacht, die zum Beispiel Präsident Nixons persönlichen Kontakt zur amerikanischen Bevölkerung nach Alter, Geschlecht und so weiter statistisch erfaßten. Noch einmal aus dem Kommentar des ›New Yorker‹: »Die Listen wurden ein neues, unschätzbares Instrument, die Welt in den Griff zu bekommen. Hier werden Dinge so verblüffend miteinander in Beziehung gesetzt, daß Probleme auf einen Schlag gelöst erscheinen, und die Phänomene ordnen sich plötzlich in sauberen Zahlenkolonnen. Die störenden Zusammenhänge zwischen den Dingen und Phänomenen sind beseitigt. Und die lästige Verpflichtung, sich bei einer Sache für gut oder schlecht zu entscheiden, entfällt auch.« Ich habe dies so ausführlich zitiert, weil hier in aller Deutlichkeit zu sehen ist, wie die Realität im Namen ihrer »realistischen« Bewältigung auf Äußerlichkeiten reduziert wird. Die Menschen, die dafür verantwortlich sind, haben keinerlei Beziehung zu wirklichen Bedürfnissen und wirklichen Gefühlen. Doch sie bestimmen darüber, wie die Realitäten um uns her beschaffen sein und wie wir sie wahrnehmen sollen. Und die meisten von uns sind völlig zufrieden mit dieser reduzierten Realität, weil sie ihnen erlaubt, die unbequeme innere Beunruhigung zu ignorieren.

Die Banalisierung: Wenn man Ereignisse bagatellisiert und banalisiert, kann man sie ebenfalls von den Gefühlen trennen, die möglicherweise entstehen könnten. Man kann das Leben auf nichtssagende Statistik reduzieren, man kann es aber auch den technischen Neuerungen unterwerfen – der sicherste Weg, sich keine Rechenschaft mehr über das ablegen zu müssen, was man tut.

Das verheerendste Beispiel dafür sind fraglos die technischen Errungenschaften der modernen Kriegführung. Sie haben Krieg zu einer beiläufigen und erträglichen Sache gemacht. Früher mußten jene, die töteten, auch damit rechnen, selbst getötet zu werden. Heute dagegen bedienen sie eine hochkomplexe Apparatur, durch die sie kaum mehr bemerken, daß sie töten, und nur ein geringes persönliches Risiko eingehen. Heute kann man Kriege führen, ohne daß es ins Bewußtsein zu dringen braucht, daß es sich um Töten handelt. Diese Banalisierung des Tötens macht es möglich, daß ein amerikanischer Geheimdienstoffizier sagen konnte: »Es ist kinderleicht für die Amerikaner, in Nicaragua einzumarschieren.«[205] Diesem Mann kam es gar nicht in den Sinn, daß dieser Vorgang auch mit Töten zu tun hat. Ich zitiere ihn, weil er zu den Männern gehört, die großen Einfluß auf den Nationalen Sicherheitsrat der USA haben.

Die Spaltungsstrategie: Präsident Ronald Reagan schloß seine Rede auf der Generalversammlung der Vereinten Nationen 1985 zum vierzigsten Jahrestag mit bewegenden Worten und einer eigenartig bezuglosen Metapher. Er rief eine herzerweichende Szene in Erinnerung, die sich einige Tage vorher nach dem furchtbaren mexikanischen Erdbeben ereignet hatte. Auf der Suche nach Verschütteten unter den Trümmern des Juàrez-Krankenhauses hatten Arbeiter ein schwaches Wimmern gehört und drei noch lebende Babys geborgen. »In all dieser Hoffnungslosigkeit«, schloß Reagan seine Rede, »erhielten wir zur rechten Zeit eine zeitlose Lektion: Wir erlebten das Wunder des Lebens.«

Der ›New Yorker‹ ließ auch dies nicht unkommentiert: »Uns scheint diese Schlußfanfare in der Präsidentenrede nicht so recht zur Rede selbst zu passen ... Im Auditorium saßen die Diplomaten aus aller Welt und erwarteten etwas Hoffnungsvolles über Amerikas Haltung zu den grundlegenden Krisen auf unserer Erde ..., über die nukleare Aufrüstung und die zunehmende Bedrohung einer nuklearen Vernichtung ... In diesem Zusammenhang wirkte Reagans Schlußwort über die Rettung von drei Babys etwas zusammenhanglos.«[206]

Natürlich ist eine solche Szene wie die im Juàrez-Krankenhaus, für sich genommen, sehr anrührend. Aber sie wurde hier mißbraucht, um uns davon abzulenken, daß die nukleare Bedrohung uns alle betrifft. Ich habe diese Ablenkungsmanöver schon in den vorhergehenden Kapiteln beschrieben: Sie gehören zum Grundinstrumentarium des Psychopathen. Er zerstört die Verbindung zwischen den Ereignissen und den Gefühlen, die sie in uns auslösen. Oder aber er lenkt die Aufmerksamkeit auf ein stark gefühlsbesetztes Detail um. Damit macht er uns an unserer Wahrnehmung der Situation irre und weckt Zweifel, ob wir nicht »falsch« fühlen, wenn uns die nukleare Bedrohung wichtiger ist als die wunderbare

Rettung der drei Babys. Wer da noch auf der Diskrepanz zwischen diesem rührenden Ereignis und dem eigentlichen Problem beharrt, riskiert, als gefühllos exkommuniziert zu werden.

Es überrascht daher nicht im geringsten, daß die Abspaltung von Gefühlen vorherrscht, solange die politische Autorität eine Atmosphäre schafft, die die menschliche Fähigkeit zur Integration untergräbt. Eines der bevorzugten Mittel ist die Manipulation unserer Erinnerung. »Der Kampf des Menschen gegen die Macht ist der Kampf des Gedächtnisses gegen das Vergessen«, schrieb Milan Kundera in seinem ›Buch vom Lachen und Vergessen‹.[207]

Wenn ein solcher Kampf freilich gar nicht geführt werden kann, weil die offiziellen Informationen bereits entsprechend präsentiert werden, ist Erinnerung von vornherein nicht möglich. Joseph Lelyveld hatte mit vielen Jugendlichen in Amerika über den Vietnam-Krieg gesprochen und festgestellt, wie das ›Times Magazine‹ berichtete, »daß deren Vorstellungen sehr nebelhaft waren. Er erkundigte sich bei den Schülern einer kirchlichen Sonntagsschule in Missouri nach einer Reihe von Namen: Ho Chi Minh, McNamara..., Thieu und Ky. Die Schüler, alles Gymnasiasten, konnten mit keinem Namen etwas anfangen. Eine junge Frau in Fort Benning in Georgia, die sich auf ein militärisches Lufttraining vorbereitete, glaubte, daß die USA den Vietnam-Krieg gewonnen hätten, und war sehr überrascht, von Lelyveld das Gegenteil zu hören.«[208]

Das Paradoxe daran ist, daß wir in einer Welt leben, in der die Informationsdichte und Informationsgeschwindigkeit so hoch ist wie nie zuvor. Information ist verfügbarer denn je. Doch sie wird immer nur in Bruchstücken geboten, ohne Verknüpfung mit dem Ganzen des Lebens. Also ist sie auch zu einer schnell verderblichen Ware geworden. Diese Schüler waren nicht deshalb ahnungslos, weil es ihnen an Informationsmöglichkeiten fehlte, sondern weil die verfügbare Information zusammenhanglos war und das Leiden ausklammerte. Darum konnten die Schüler nicht erkennen, daß die Ereignisse etwas mit ihnen selbst zu tun hatten. Menschen unter einem totalitären Regime sind weitaus wachsamer, weil sie sich die spärlich fließende Information mit großer Mühe beschaffen müssen.

Jene unter uns, die unsere ganzheitliche Wahrnehmung aus dem Gleichgewicht bringen, tun dies jedoch nicht nur, weil sie uns vorsätzlich betrügen wollen, sondern weil sie für sich selbst die Integration von Innen- und Außenwelt fürchten. Eine solche Integration würde ihr scheinbares Gleichgewicht gefährden, hinter dem die Psychose lauert. Und die Furcht davor ist berechtigt: Die Ablehnung ihres inneren Kerns, die Verleugnung des Gefühls der Hilflosigkeit und ihr Streben nach Macht vergrößern ihre Selbstablehnung und lassen gleichzeitig ihre innere Leere anwachsen, so daß ihnen gar nichts anderes übrigbleibt als die Intensivierung ihres Strebens nach Macht. Um das zu rationalisieren, *müssen* sie Denken und Fühlen voneinander trennen.

Öffentliche Macht ist ein Mittel, die innere Spaltung aufrechtzuerhalten. Aber die Macht sucht ein solcher Mensch nicht um ihrer selbst willen, sondern um Halt an ihr zu finden und nicht auseinanderzufallen. Darum kann er sich auch keine Kompromisse leisten. Jede Vermehrung der Herrschaft vergrößert die innere Leere und bringt zwangsläufig das verstärkte Bedürfnis nach Beherrschung hervor. Geht man mit solchen Menschen achtungsvoll um, werden sie jedes Entgegenkommen als Schwäche auslegen. Denn für sie gibt es keine Gleichwertigkeit, für sie gibt es nur Herrschaft oder Beherrscht-Werden. Die Lektionen ihrer Kindheit haben sie gut gelernt: Schmerz ist ein Herrschaftsinstrument, deshalb zählen nur Macht und Gewalt. Alles andere würde die Feigheit offenbaren, die in der ursprünglichen Unterwerfung liegt. Deshalb verstärkt jede Übereinkunft mit diesen Menschen ihr Bestreben, ihre Macht noch wirkungsvoller einzusetzen.

Nur katastrophales Scheitern bremst solche Menschen, dann mag es aber bereits für uns alle schreckliche Auswirkungen haben. Erst der völlige Zusammenbruch ihrer »Realität« führt vielleicht zum Zusammenbruch ihrer psychischen Identität, denn die Außenwelt ist der Schutzmantel ihres inneren Chaos. Ihr Zusammenbruch, wenn er überhaupt stattfindet, ist psychotisch im Sinne einer völligen Desintegration. Sie haben kein Zentrum, nur Wut, und manche können sich nur durch Selbstmord »retten«.

Der Zusammenbruch eines Psychopathen unterscheidet sich grundlegend von dem eines Schizophrenen, der versucht, seine innere Ganzheit zu bewahren, indem er sich der als heuchlerisch und bösartig erlebten Außenwelt entzieht. Dieser Versuch muß natürlich fehlschlagen, weil Integration den Austausch mit der realen Welt voraussetzen würde. Der Jammer und das Bewundernswerte am Schizophrenen ist, wie Martti Siirala es ausdrückte, daß »die Krankheit der Schizophrenie nicht nur eine bestimmte Art der Schwäche ist..., sondern auch die besondere Fähigkeit, ganz unmittelbar auf die vergiftenden Seiten des menschlichen Zusammenlebens zu reagieren«.[209] Seine Schwäche ist, daß er nicht in der Lage ist, sich offen und direkt gegen die Gespaltenheit unserer Zivilisation zu wehren.

Der psychotische Typus dagegen leugnet sowohl die Quellen unseres Leidens als auch die Widersprüche, die dieses Leiden verstärken. Er lebt völlig abgetrennt von seinem Inneren. Wenn er dann doch einmal zusammenbricht, wird sein überwältigender Haß hervorbrechen oder zumindest die Angst davor, da er der Ursache seines Hasses nicht ins Gesicht sehen kann. Solch ein Zusammenbruch ereignet sich oft, wenn zum erstenmal »Versagen« erlebt wird, bei Männern zum Beispiel in den sogenannten Wechseljahren, wenn sich ihr Hormonhaushalt verändert. Der Verlust ihrer sexuellen »Manneskraft« konfrontiert sie ganz konkret mit der Diskrepanz zwischen der Realität eines voll gelebten Lebens und der Reduziertheit ihrer eigenen Existenz. Das gilt ähnlich auch für Frauen. Die Manie, die diesen Zustand so oft kennzeichnet, ist ein Versuch, die halluzinierte Macht zu verewigen. Siirala nennt das einen Versuch, »die Gesetze des Lebens in der Hand zu behalten«. Ein solcher Patient versucht »mit außerordentlichem Geschick, jede Kritik zunichte zu machen, da sie für andere, aber nicht für ihn selbst Geltung habe«.[210]

Dies ist bei Schizophrenen ganz anders. Barbara O'Brien zeigt uns in einem autobiographischen Bericht, von welcher Beschaffenheit der Kampf eines Schizophrenen um die Erhaltung seiner Integration ist. Sie schildert, wie sie in der Vergangenheit zwei ganz gegensätzliche Selbst hatte, die sich völlig beziehungslos nebeneinander entwickelten. Das eine Selbst gründete in ihren autonomen Strebungen; dieses Selbst hielt sie unter Verschluß, aber es blieb existent. Das andere lebte angepaßt in der Außenwelt. Bis zu einem gewissen Grade enthält ihre Lebensgeschichte also Elemente sowohl der »schizophrenen« als auch der »konformistischen« Entwicklung. Das »Wie« dieser Doppelgleisigkeit macht den Bericht von Barbara O'Brien so aufschlußreich.

»Ich war wie alle Kinder nicht von vornherein angepaßt, dennoch wuchs ich wie die meisten nach dem Vorbild des angepaßten

Menschen auf. Der einzige Unterschied, den ich zwischen mir und den meisten Menschen sehe, liegt darin, daß ich ... sehr früh lernte, mich in verschiedene Abteilungen aufzuteilen. Ich wurde ... ein Kind mit vielen Abteilungen. Ich war ein ganz gewöhnliches Kind, nur hatte es einige Merkwürdigkeiten. Da ich auch ein geselliges und anpassungsfähiges Kind war, mich leicht anderen anschließen konnte, gewöhnte ich mir früh an, nur in sicheren Situationen meine Merkwürdigkeiten zu leben.«[211]

So begann sie zum Beispiel in der Schule eine Methode zu entwickeln, um mathematische Aufgaben auf ungewöhnlichem Weg zu lösen. Da ihre Ergebnisse immer richtig waren, wurde sie nie für diese »Abweichung« gerügt. Manchmal betonten die Lehrer sogar, daß sie es selbst nicht so gut gekonnt hätten. »Hier war ich sehr geschützt in meinem Anderssein.«[212] Ihre Erlebnisse im Aufsatzschreiben waren weniger erfreulich. Mit dreizehn Jahren hatte sie einmal über ihre Wiederentdeckung Gottes geschrieben. Es habe für sie keinen Gott im Sinne der religiösen Traditionen gegeben, aber sie habe ihn in den Mustern und Linien der Natur entdeckt. Das waren natürlich ungewöhnliche Gedanken, und ihr Anderssein erregte Argwohn. Aber sie bestand die Prüfung dennoch, weil ihr Aufsatz von Leuten bewertet wurde, die von außerhalb kamen.

Nach Schule und Universität geht man normalerweise in eine Firma arbeiten und »bleibt dort, bis man heiratet, schwanger wird oder stirbt. Man steigt in der Firma auf, Stufe um Stufe, bis man den höchsten Punkt für sich erreicht hat ... Es wird erwartet, daß man sich innerhalb der Firma anpaßt, so wie man sich früher in jeder Gemeinschaft angepaßt hat. Entsprechend verhielt ich mich in meiner Firma, bis ich plötzlich gegen etwas stieß.«[213] Ihre Angepaßtheit kam plötzlich mit etwas nicht mehr zurecht. Ihr Inneres konnte ihr nicht helfen, da sie nicht darüber verfügen konnte, hatte sie es doch »zugeknöpft«, wie sie schrieb.

Sie war auf brutale Machtausübung gestoßen, die jene Werte und Normen mißachtete, an denen sie ihre Anpassung orientiert hatte und die sie für wahr hielt. Da sie ihr inneres Selbst »zugeknöpft« hatte aus Angst vor Ablehnung, konnte es nur in der Form von Halluzinationen hervorbrechen. Damit brach ihr äußeres Selbst zunächst einmal zusammen.

Einen Tag, nachdem sie ihre Arbeit aufgegeben hatte: »Als ich erwachte, standen am Fußende meines Bettes verschwommen drei

Männer. Ich fühlte nach der Bettdecke, ich spürte sie deutlich, also war ich wach und alles war wirklich. Der kleinere war ein ungefähr zwölfjähriger Junge mit einem hübschen Gesicht und lächelte freundlich. Der andere ein älterer, würdiger Mann, vertrauenerweckend, bodenständig, ein zuverlässiger Mann, der sich an die Ordnung hielt. Der dritte war ein verrückter Kerl mit viel zu langen, schwarzen und schlaffen Haaren und einem ebenso langen und schlaffen Körper. Das Gesicht schien nicht zu dieser Frisur und zu diesem Körper zu gehören: Seine Züge waren zart und gefühlvoll, der Gesichtsausdruck aber arrogant und abweisend. Der Ältere räusperte sich plötzlich: ›Es ist zum Besten aller, daß du Hinton kennenlernst.‹ Und er wandte sich zu dem eigenartigen Kerl. Ich war sicher, daß ich dieses Gesicht noch nie gesehen hatte. Der Ältere erriet offensichtlich meine Gedanken. ›Du kennst ihn sehr wohl‹, sagte er, ›und hast ihn schon einmal besser gekannt.‹«[214]

Hinton war ganz offensichtlich Barbara O'Briens zurückgewiesenes inneres Selbst. Für Barbara begann nun eine Reise, auf der sie durch die Halluzinationen ihrer inneren und äußeren Welt schließlich den Weg zurück zu ihrer Ganzheit fand. Sie erwarb die Stärke, das Leben sowohl in seinen bösartigen als auch in seinen menschlichen Aspekten annehmen zu können. »Der größte Teil meiner Halluzinationen befaßte sich mit den Ränken der Fallensteller und wie ich sie bekämpfen kann. Die Krankheit war für mich wie ein Übungsprogramm und ermöglichte mir die Flucht aus der aktuellen Anspannung [sie gab ihre Arbeit auf und begab sich in Behandlung], bis ich psychisch wieder so weit war, diese Anspannung auch in der Wirklichkeit durchzustehen.«[215]

Was sie lernte, war die Entwirrung der verwickelten Wege, auf denen sie ihr eigenes Selbst abgelegt und die soziale Verleugnung des Inneren übernommen hatte. Ihre allererste, oben wiedergegebene Halluzination offenbarte sowohl ihre innere Stärke als auch die Verachtung, mit der sie diese zurückwies: Hintons »Züge waren zart und gefühlvoll, der Gesichtsausdruck aber arrogant und abweisend«, er war ein »verrückter Kerl«. Hinton »repräsentierte einen Teil meines Wesens, der in meiner Kindheit hervorstach, den ich aber als Erwachsene weitgehend vergraben hatte«.[216]

Und weiter aus Barbara O'Briens Erfahrungsbericht: »Bei rechtem Licht betrachtet, war vieles, was ich tat, als ich noch gesund war, gar nicht so dumm. Menschen, wenn sie anpassungsfähig sind, passen sich an die Art der Gemeinschaft an, von der sie ein Teil sind. Indem ich mich in Form meines Abteilungssystems anpaßte, vollzog ich eine behutsame, vielleicht feige Anpassung ... Ich hatte Erfolg damit ... Ich nutzte für meinen Wert das, was in der Gemeinschaft ankam, und verbannte das in eine andere Abteilung, was nicht akzeptiert wurde.« Diese ihre Heuchelei modifiziert sie einige Sätze später: »Ich vergrub Elemente von mir, die ich nie hätte vergraben dürfen, und verlor dadurch meine Ganzheit, nur damit man Teile von mir akzeptieren möge. Hätte ich den Mut gehabt, ich selbst zu sein, hätte man mich nie neurotisch nennen, sondern schlimmstenfalls als ›anders‹ betrachten können. ›Anders‹ zu sein bedeutete aber eine Kritik, auf die ich sehr empfindlich reagierte.«[217]

Das ist der große Unterschied zwischen einer Person wie Barbara O'Brien und Menschen, die sich auf geradem Weg zur Schizophrenie hin entwickeln. Letztere geben nie ihr Inneres auf, weshalb ihre Krankheit ganz allmählich fortschreitet und nicht plötzlich ausbricht. In diesem Sinn gibt Barbara O'Briens Bericht einen Einblick in die psychotische Entwicklung eines außengelenkten Menschen, er zeigt aber, daß die beiden Entwicklungen – die zur Außen- und die zur Innengelenktheit – bis zu einem gewissen Grade auch nebeneinander in einem Menschen stattfinden können. Die Plötzlichkeit eines psychotischen Zusammenbruchs deutet aber darauf hin, daß der Betroffene einmal eine Grundentscheidung für das Streben nach Erfolg und Teilhabe an der Macht getroffen hat.

Hier liegt meines Erachtens der diagnostische Schlüssel für die Unterscheidung der beiden Entwicklungsrichtungen: die langsame und schleichende Entwicklung einerseits, die zum immer stärkeren Rückzug aus der sozialen Umwelt führt, und der plötzlich einsetzende Bruch mit der sozialen Realität andererseits. Im ersteren Fall kämpft ein Mensch schon von frühester Kindheit an gegen die Unterwerfung unter eine Realität, die seinem Verlangen nach echter Liebe Hohn spricht. Im zweiten Fall bemüht sich ein Mensch um die Anpassung an die soziale Realität auf Kosten seiner inneren Wahrheiten. Er bricht zusammen, wenn die äußere Realität ihn nicht mehr zusammenhält, weil ihre Widersprüche zu kraß und offensichtlich geworden sind. Sein Zusammenbruch unterscheidet sich deutlich vom sogenannten Zerfall des Schizophrenen, der im Kern ein Integrationsversuch ist. Weil der Schizophrene sich aus der

Außenwelt zurückzieht, um sich ihrem Machtanspruch nicht unterwerfen zu müssen, ist der integrative Aspekt schwer zu erkennen, vor allem, wenn der Prozeß schon weit fortgeschritten ist. Da jede Interaktion mit der Gefahr der Unterwerfung verbunden ist, baut der Schizophrene Kontakte zunehmend ab und höhlt sie aus, bis er das Bild der »emotionalen Versandung« und eines lebendig Toten bietet. Dies aber ist Ausdruck seiner Wahrhaftigkeit und seines Protestes gegen eine fundamental unmenschliche Realität.

Für die anderen aber liegt die Bedrohung gerade in dem, was der Schizophrene sich bewahren will. Sie haben in unterschiedlichem Grade die Flucht vor dem Schmerz angetreten, den sie nicht als bedeutsamen Aspekt menschlicher Erfahrung annehmen wollen und verarbeiten können. Weil sie sich, um diesem Schmerz zu entgehen, ganz den Machtstrukturen der äußeren Realität unterworfen haben, werden echte Menschlichkeit und die Regungen des abgespaltenen eigenen Inneren für sie zu einer Quelle der Angst. Denn sie erinnern sie an die autonomen Impulse, die sie geopfert haben, weil sie ihrer Anpassung im Weg standen. Je tiefer die Spaltung, desto größer die Angst. Wenn bei solchen Menschen die haltgebende Fassade einstürzt, kommt es zu einem Zusammenbruch der Persönlichkeit, der sich vom Rückzug und der Selbstverarmung des Schizophrenen fundamental unterscheidet. So war es bei Barbara O'Brien. Ihr Fall zeigt aber auch, daß der Zusammenbruch zur Chance der Integration und neuen Wachstums werden kann, soweit Reste des autonomen Selbst, wenn auch abgekapselt, noch vorhanden sind.

Um dies auch terminologisch deutlich zu machen, verwende ich den Begriff »Psychose« nur für die Störungen eines außengeleiteten Selbst, nicht aber für die Schizophrenie. Psychotisches Verhalten ist gekennzeichnet durch das Fehlen von Strebungen zur Synthese und Integration. Schizophrenie dagegen ist ein Kampf um Integration, der scheitert, weil die Kraft fehlt, die innere Wahrheit auch in einer feindseligen Umwelt zu leben. Darum haben die Symptome des Schizophrenen auch immer einen Sinn. Die Symptome der Psychose, wie ich sie verstehe, haben einen solchen Sinn nicht. Sie sind nur Ausdruck von Haß und Zerstörungswut.

Die Symptome des Schizophrenen sind freilich verschlüsselte Botschaften, denn er fürchtet unser Unverständnis. Doch wenn wir seine Botschaften enträtseln, wenn wir uns bemühen, ihn zu verstehen, dann kann er uns helfen, den von den Psychopathen erzeugten Nebel zu durchdringen. Diese sitzen an den Schalthebeln der Macht und haben uns eine reduzierte Sicht der Realität aufgezwungen. Aber Abraham Lincoln hat gesagt: Man kann das Volk eine Zeitlang zum Narren halten, einen Teil des Volkes auf alle Zeit, aber nicht alle Menschen auf alle Zeit. Hören wir denen zu, deren Wahnsinn ihr Protest ist, dann werden wir jene klarer erkennen, deren »Realismus« uns zum Narren hält. Haben wir erst einmal erkannt, daß ihre getarnte Zerstörungswut nichts als Flucht vor dem Chaos und der Leere in ihrem Inneren ist, dann können wir ihre Psychose beim Namen nennen. Damit schwindet die Macht, die sie über uns haben.

Wir gelangen damit auch zu einem besseren Verständnis des Problems von Gut und Böse. Wo die innere Welt des Fühlens abgespalten ist, gibt es auch nur eine abgespaltene »Moral« ohne wirklichen Einfluß auf unser Handeln. Weil eine solche abgespaltene »Moral« die Unterdrückung des autonomen Selbst fördert, wird sie selber zur Quelle des Bösen, das sie vermeintlich bekämpft. Wirklich verantwortungsvolles Handeln und echte Menschlichkeit aber sind nur möglich auf der Basis eines autonomen Selbst, das Innenwelt und Außenwelt integriert. Darin liegt unsere Hoffnung.

Anmerkungen

1 K.-H. Janssen: Über das Böse und das Tugendhafte, in: Die Zeit, 16. November 1984.
2 J. Wassermann: Der Fall Maurizius. Langen-Müller: München 1985, S. 366.
3 Am 13. November 1985 in seinem Vortrag ›Was macht Gewalt bösartig?‹ vor der Deutschen Psychoanalytischen Gesellschaft in Berlin.
4 S. Freud: Das Unbehagen in der Kultur, in: S. Freud: Gesammelte Werke. Bd. 14. Fischer: Frankfurt 1968. – E. Fromm: Anatomie der menschlichen Destruktivität. Gesamtausgabe Bd. 7. Deutsche Verlags-Anstalt: Stuttgart 1980.
5 A. Gruen: Der Verrat am Selbst. Die Angst vor Autonomie bei Mann und Frau. Deutscher Taschenbuch Verlag: München 1986.
6 M. Polanyi: Personal Knowledge. Towards a Post-Critical Philosophy. University of Chicago Press: Chicago 1979, S. 3.
7 G. Byschowski: Struggle Against the Introjects, in: International Journal of Psycho-Analysis 39, 1958.
8 A. Gruen: Psychische Spaltung als mitwirkender Vorgang beim plötzlichen Kindstod, in: Sozialpädiatrie 7, 1985. Ein Buch zu diesem Thema ist in Vorbereitung. Erscheint 1988 bei Kösel: München.
9 G. Benedetti: Todeslandschaften der Seele. Psychopathologie, Psychodynamik und Psychotherapie der Schizophrenie. Vandenhoeck & Ruprecht: Göttingen 1983. – B. Bettelheim: Die Geburt des Selbst. The Empty Fortress. Fischer: Frankfurt 1986. – A. Gruen/J. Prekop: Das Festhalten und die Problematik der Bindung im Autismus. Theoretische Betrachtungen, in: Praxis der Kinderpsychologie und Kinderpsychiatrie 7, 1986 – R. D. Laing: Das geteilte Selbst. Eine existentielle Studie über geistige Gesundheit und Wahnsinn. Deutscher Taschenbuch Verlag: München 1986. – Diese Arbeiten zeigen den »lebendigen Tod« von Autisten und Schizophrenen als die Folge der anhaltenden Konfrontation mit dem Schmerz der Abweisung.
10 A. Miller: Das Drama des begabten Kindes und die Suche nach dem wahren Selbst. Suhrkamp: Frankfurt 1979. – A. Miller: Am Anfang war Erziehung. Suhrkamp: Frankfurt 1980.
11 C. Hoover: Prolonged Schizophrenia and the Will, in: Journal of Humanistic Psychology 11, 1971.

12 H. Miller: Vom großen Aufstand. (Rimbaud). Arche: Zürich 1964, S. 103.

13 E. Aronson/S. Rosenbloom: Space Perception in Early Infancy. Perception Within a Common Auditory-Visual Space, in: Science 172, 1971.

14 B. und A. Gelb: O'Neill. Delta: New York 1964, S. 870.

15 M. Siirala: From Transfer to Transference. Therapeia Foundation: Helsinki 1983 (vgl. Anm. 65 u. 210), S. 115.

16 E. Shaheen u. a.: Failure to Thrive. A Retrospective Profile, in: Clinical Pediatry 7, 1968. – M. Ribble: The Rights of Infants. Columbia University Press: New York 1943. – A. Gruen: Psychische Spaltung als mitwirkender Vorgang beim plötzlichen Kindstod, in: Sozialpädiatrie 7, 1985.

17 H. S. Sullivan: The Interpersonal Theory of Psychiatry. Norton: New York 1953, S. 72.

18 A. Siirala: Divine Humaneness. Fortress Press: Philadelphia 1970, S. 123.

19 S. Freud: Drei Abhandlungen zur Sexualtheorie, in: S. Freud: Gesammelte Werke. Bd. 5. Fischer: Frankfurt 1968. – S. Freud: Jenseits des Lustprinzips, in: S. Freud: Gesammelte Werke. Bd. 13. Fischer: Frankfurt 1969. – S. Freud: Neue Folge der Vorlesungen zur Einführung in die Psychoanalyse. Gesammelte Werke. Bd. 15. Fischer: Frankfurt 1969.

20 A. Gruen: Autonomy and Compliance. The Fundamental Antithesis, in: Journal of Humanistic Psychology 16, 1976.

21 M. Bertini u. a.: Intrauterin Mechanism of Synchronization. In Search of the First Dialogue, in: Totus Homo 8, 1978.

22 T. C. Schneirla: An Evolutionary and Developmental Theory of Biphasic Processes Underlying Approach and Withdrawal, in: M. R. Jones (Hrsg.): Nebraska Symposion on Motivation. University of Nebraska Press: Nebraska 1959.

23 J. Prekop: Frühkindlicher Autismus, in: Offenes Gesundheitswesen 44, 1982.

24 N. Ascherson: The »Bildung« of Barbie, in: The New York Review of Books, 24. November 1983.

25 J. R. Cameron: Parental Treatment, Children's Temperament, and the Risk of Childhood Behavior Problems, in: American Journal of Orthopsychiatry 47, 1977. – A. Gruen: Maternal Rejection and Children's Intensity. Implications for Sex Differences in Affective-Development, in: Confinia Psychiatrica 23, 1980.

26 J. Wassermann: Der Fall Maurizius. Langen-Müller: München 1985, S. 366.

27 E. H. Erikson: Der junge Mann Luther. Eine psychoanalytische und historische Studie. Suhrkamp: Frankfurt 1975, S. 229.

28 A. Speer: Erinnerungen. Propyläen: Berlin 1969.

29 The New York Times, 2. September 1981.

30 F. Reck-Malleczewen: Tagebuch eines Verzweifelten. Dietz: Bonn 1981, S. 158.
31 R. Manvell/H. Fraenkel: The Incomparable Crime. Mass Extermination in the 20. Century: the Legacy of Guilt. Heinemann: London 1967, S. 126.
32 Ebenda, S. 127.
33 Ebenda.
34 Ebenda, S. 128.
35 Ebenda, S. 122.
36 Ebenda, S. 128.
37 Ebenda, S. 49.
38 Nach einem Fernsehinterview mit den Bewachern von Eichmann, Zweites Deutsches Fernsehen, 1. Februar 1980.
39 H. Arendt: Eichmann in Jerusalem. Ein Bericht von der Banalität des Bösen. Piper: München 1963.
40 Alle biographischen Einzelheiten sind entnommen: M. Linklater u. a.: The Nazi Legacy. Klaus Barbie and the International Fascist Connection. Holt, Rinehart and Winston: New York 1985, und F. du Plessix Gray: The Progress of Klaus Barbie, in: The New York Review of Books, 27. Juni 1985.
41 A. und M. Mitscherlich: Die Unfähigkeit zu trauern. Grundlagen kollektiven Verhaltens. Piper: München 1967.
42 J. Wassermann: Christian Wahnschaffe. Fischer: Berlin 1932, S. 695–696.
43 W. Kütemeyer: Die Krankheit Europas. Beiträge zu einer Morphologie. Suhrkamp: Berlin 1951, S. 124–125.
44 Ebenda, S. 126–127.
45 Ebenda, S. 128.
46 R. Manvell/H. Fraenkel: The Incomparable Crime. Mass Extermination in the 20. Century: the Legacy of Guilt. Heinemann: London 1967, S. 43.
47 H. Buchheim u. a. (Hrsg.): Anatomie des SS-Staates. Bd. 2. Deutscher Taschenbuch Verlag: München 1967, S. 365.
48 E. von Schenck: Europa vor der deutschen Frage. Briefe eines Schweizers nach Deutschland. Francke: Bern 1946, S. 142.
49 Vietnam Horror Haunts Deserter, in: The New York Post, 23. Dezember 1971.
50 R. Manvell/H. Fraenkel: The Incomparable Crime. Mass Extermination in the 20. Century: the Legacy of Guilt. Heinemann: London 1967, S. 41.
51 S. Milgram: Das Milgram-Experiment. Zur Gehorsamsbereitschaft gegenüber Autorität. Rowohlt: Reinbek 1982. – Vgl. auch A. Gruen: Der

Verrat am Selbst. Die Angst vor Autonomie bei Mann und Frau. Deutscher Taschenbuch Verlag: München 1986, S. 41–42.

52 R. Manvell/H. Fraenkel: The Incomparable Crime. Mass Extermination in the 20. Century: the Legacy of Guilt. Heinemann: London 1967, S. 181.

53 D. Tranel/A. R. Damasio: Knowledge Without Awareness. An Autonomic Index of Facial Recognition by Prosopagnosics, in: Science 228, 1985.

54 O. Sacks: The President's Speach, in: The New York Review of Books, 15. August 1985. Neuerdings in veränderter Form auch in: Der Mann, der seine Frau mit einem Hut verwechselte. Rowohlt: Reinbek 1987, S. 115–120.

55 A. und M. Mitscherlich: Die Unfähigkeit zu trauern. Grundlagen kollektiven Verhaltens. Piper: München 1967.

56 E. von Schenck: Europa vor der deutschen Frage. Briefe eines Schweizers nach Deutschland. Francke: Bern 1946, S. 140.

57 Ebenda, S. 140–141.

58 Coed Kills Herself over Spare Pet Dog Doomed by Father, in: New York Times, 7. Februar 1968.

59 H.-Chr. Kirsch (Hrsg.): Der spanische Bürgerkrieg in Augenzeugenberichten. Deutscher Taschenbuch Verlag: München 1986, S. 144.

60 W. Kütemeyer: Die Krankheit Europas. Beiträge zu einer Morphologie. Suhrkamp: Berlin 1951, S. 130.

61 A. Speer: Spandauer Tagebücher. Propyläen: Berlin 1975, S. 126.

62 E. Jünger: Strahlungen III. Deutscher Taschenbuch Verlag: München 1966, S. 23. – Saul Friedländer hat in seinem Buch ›Kitsch und Tod. Der Widerschein des Nazismus‹ (Deutscher Taschenbuch Verlag: München 1986) diese Aspekte ebenfalls hervorgehoben.

63 L. Rinser: Den Wolf umarmen. Fischer: Frankfurt 1981, S. 290.

64 A. Speer: Spandauer Tagebücher. Propyläen: Berlin 1975, S. 483.

65 M. Siirala: From Transfer to Transference. Therapeia Foundation: Helsinki 1983, S. 115.

66 Jersey Boy, 15, Kills Parents, in: New York Times, 16. Januar 1975. – Boy Who Killed Parents and Himself Led Secret Life, in: The New York Times, 3. Februar 1975.

67 S. Freud: Abriß der Psychoanalyse, in: S. Freud: Gesammelte Werke. Bd. 17. Fischer: Frankfurt 1966, S. 70.

68 T. C. Schneirla: Interrelationships of the »Innate« and the »Acquired« in Instinctive Behavior, in: P.-P. Grassé (Hrsg.): L'Instinct dans le comportement des animaux et de l'homme. Masson: Paris 1956. – D. S. Lehrman: A Critique of Lorenz's »Objectivistic« Theory of Animal Behavior, in: Quarterly Review of Biology 28, 1953.

[69] The New York Times, 4., 14. und 17. Oktober 1971. – T. Wicker: What Was the Hurry, in: The New York Times, 19. Januar 1971. – M. Bell: The Turkey Shoot. Grove Press: New York 1985.
[70] M. Schwander: Mundartpoet wird als »Drachentöter« bejubelt, in: Tages-Anzeiger (Zürich), 10. Dezember 1985.
[71] H. T. Nash: The Bureaucratization of Homicide, in: The Bulletin of the Atomic Scientists 36, 1980.
[72] G. W. S. Trow: Anals of Discourse. The Harvard Black Rock Forest, in: The New Yorker, 11. Juni 1984.
[73] N. V. Hesse: The Sakharovs in Gorky, in: The New York Review of Books, 12. April 1984.
[74] Zit. nach S. Gräfin Schönfeldt: Ich war Arbeitsmaid, in: Die Zeit, 20. September 1985.
[75] C. Turkington: High Court Weighs Value of Research by Social Scientists, in: The American Psychological Association Monitor, 17. Februar 1986.
[76] S. M. Hersh: My Lai 4. A Report on the Massacre and its Aftermath. Random House: New York 1970.
[77] R. J. Lifton: Reviews of the My Lai 4 und Son My Massacres, in: The New York Times Book Review, 14. Juni 1970.
[78] W. Wright: The von Bülow Affair. Delacorte: New York 1983. – A. Jones: Murder and Sympathy, in: The Nation, 17. September 1983.
[79] W. Gaylin: The Killing of Bonnie Garland. A Question of Justice. Simon and Schuster: New York 1982. – R. Coles: Justice, in: The New Yorker, 26. Juli 1982.
[80] D. S. Wyman: Das unerwünschte Volk, Amerika und die Vernichtung der europäischen Juden. Hueber: München 1986.
[81] 90-Kilo-Rabenmutter wurde freigesprochen, in: Tages-Anzeiger (Zürich), 10. März 1983.
[82] D. Bakan: Slaughter of the Innocents. Jossey-Bass: San Francisco 1971.
[83] D. G. Gill: Physical Child Abuse in the United States. University Press: Cambridge 1970.
[84] AI – Kinder als Opfer von Folter und Terror, in: Basler Zeitung, 15. Oktober 1979.
[85] Notes and Comments, in: The New Yorker, 29. Juli 1985.
[86] Gasversuche in Dachau, in: Nebelspalter (Rorschach/Schweiz), Oktober 1981.
[87] Sanctuary, in: The New Yorker, 30. Juni 1986.
[88] Auch bei drohender Folter kein Recht auf Asyl, in: Tages-Anzeiger (Zürich), 24. September 1985.
[89] Duisburg – Milde Strafen für fünf Fußballrowdies, in: Tages-Anzeiger (Zürich), 28. November 1985.

90 P. Kael: Shoah, in: The New Yorker, 30. Dezember 1985.
91 J. Hoberman: Shoah Business, in: The Village Voice, 28. Januar 1986.
92 G. Plechanow: The Role of the Individual in History. International Publishers: New York 1940, S. 58.
93 R. Jacoby: Soziale Amnesie. Eine Kritik der konformistischen Psychologie seit Adler. Suhrkamp: Frankfurt 1977.
94 B. Hindess/P. Q. Hirst: Pre-Capitalist Modes of Production. Routledge and Paul: London 1975, S. 310–312.
95 E. P. Thompson: Das Elend der Theorie. Zur Produktion geschichtlicher Erfahrung. Campus: Frankfurt 1980.
96 J. K. Antill/J. D. Cunningham: Self-Esteem as a Function of Masculinity in Both Sexes, in: Journal of Consulting and Clinical Psychology 47, 1979.
97 D. A. Ward/G. G. Kassebaum: Women's Prison. Sex and Social Structure. Aldene: Chicago 1965.
98 R. Gundlach: Childhood Parental Relationships and the Establishment of Gender Roles of Homosexuals, in: Journal of Consulting and Clinical Psychology 33, 1969.
99 R. V. Sampson: The Psychology of Power. Pantheon: New York 1966, S. 100.
100 S. Butler: The Way of All Flesh. Random House: New York 1950, S. 144.
101 A. Roskam: Patterns of Autonomy in High Achieving Adolescent Girls who Differ in Need for Approval. Unveröff. Ph. D. The City University of New York 1972.
102 H. Bluvol: Differences in Patterns of Autonomy in Achieving and Underachieving Adolescent Boys. Unveröff. Ph. D. The City University of New York 1972.
103 Letter from Argentina, in: The New Yorker, 21. Juli 1986.
104 V. S. Naipul: Among the Republicans, in: The New York Review of Books, 25. Oktober 1984.
105 G. di Lorenzo: Stefan, 22, deutscher Rechtsterrorist: »Mein Traum ist der Traum von vielen«. Rowohlt: Reinbek 1984.
106 Letter to the Editor, in: The Guardian (London), 7. September 1971.
107 G. di Lorenzo: Stefan, 22, deutscher Rechtsterrorist: »Mein Traum ist der Traum von vielen«. Rowohlt: Reinbek 1984, S. 48.
108 Ebenda, S. 8.
109 Ebenda, S. 36.
110 Ebenda, S. 151.
111 Ebenda, S. 78.
112 Ebenda, S. 117–118.
113 Ebenda, S. 146.

[114] Ebenda, S. 147.
[115] Ebenda, S. 147–150.
[116] Ebenda, S. 151 und 153–154.
[117] N. Cohn: Das Ringen um das Tausendjährige Reich. Revolutionärer Messianismus im Mittelalter und sein Fortleben in den modernen totalitären Bewegungen. Francke: Bern 1961.
[118] J. Bushnell: Mutineers and Revolutionaries. Military Revolution in Russia, 1905–1907. Ph. D. Indiana University Ann Arbor 1977.
[119] N. Cohn: Das Ringen um das Tausendjährige Reich. Revolutionärer Messianismus im Mittelalter und sein Fortleben in den modernen totalitären Bewegungen. Francke: Bern 1961, S. 72–73.
[120] Ebenda, S. 70.
[121] H. Miller: Vom großen Aufstand (Rimbaud). Arche: Zürich 1964, S. 52.
[122] Ebenda, S. 53.
[123] Ebenda, S. 53–54. Übersetzung vom Autor geringfügig verändert.
[124] Ebenda, S. 54.
[125] W. I. Lenin: Der »Radikalismus«, die Kinderkrankheit des Kommunismus. Leipzig 1920. Auszüge in: H. Weber (Hrsg.): Lenin. Aus den Schriften 1895–1923. Deutscher Taschenbuch Verlag: München 1967, S. 235–246.
[126] B. Baumann: Wie alles anfing. Trikont: München 1975, S. 130.
[127] H. Miller: Vom großen Aufstand. (Rimbaud). Arche: Zürich 1964, S. 84.
[128] P. Freire: Pädagogik der Unterdrückten. Kreuz: Stuttgart 1971, S. 42.
[129] P. Schneider: Gespräche eines Schiffbrüchigen mit einem Bewohner des Festlandes, in: Die Zeit, 5. April 1985.
[130] H. Böll: Stimme aus dem Untergrund. Über Bommi Baumann, ›Wie alles anfing‹, in: Konkret, 29. Januar 1976. Wiederabgedruckt in: H. Böll: Es kann einem bange werden. Schriften und Reden 1976–1977. Deutscher Taschenbuch Verlag: München 1985, S. 23–26.
[131] A. Negri: Sabotage. Trikont: München 1979, S. 64.
[132] R. Luyken: Die Schlacht der Fans, in: Die Zeit, 29. März 1985.
[133] W. Kratz: Die »Verlorenen« von Kirkby, in: Die Zeit, 26. April 1985.
[134] M. Harrington: The New Lost Generation. Jobless Youth, in: The New York Times Magazine, 24. Mai 1964.
[135] W. Kratz: Die »Verlorenen« von Kirkby, in: Die Zeit, 26. April 1985.
[136] H. S. F. Cooper Jr.: Letter from the Space Center, in: The New Yorker, 10. November 1985. – Commission Finds Flaws in NASA Decision-Making, in: Science 231, 14. März 1986. – New Shuttle Director Promises Emphasis on Safety, in: Science 232, 11. April 1986. – Inquiry Faults Shuttle Management, in: Science 232, 20. Juli 1986.

137 C. E. Silberman: Criminal Violence, Criminal Justice. Random House: New York 1978, S. 87–165.

138 G. Hielscher: Gewalt an Japans Schulen nimmt zu, in: Tages-Anzeiger (Zürich), 17. Dezember 1985.

139 E. Heidenreich: Über Aggression, in: Brigitte, 30. April 1986.

140 M. Hirsch: To Sir, With Hate, in: New Statesman (London), 20. Oktober 1972.

141 J. Timerman: Wir brüllten nach innen. Folter in der Diktatur heute. Fischer: Frankfurt 1982, S. 57.

142 Ebenda, S. 104.

143 W. Soyinka: The Man Died. Harper and Row: New York 1972, S. 33 und 80.

144 Ebenda, S. 99.

145 M. Gray: Der Schrei nach Leben. Die Geschichte eines Mannes, der die Unmenschlichkeit besiegte, weil er an die Menschen glaubte. Scherz: Bern 1980, S. 109.

146 R. Nixon: No More Vietnams. Arbor House: New York 1985, S. 156–157.

147 S. Karnow: Vietnam. A History. Viking Press: New York 1983, S. 652.

148 R. Nixon: No More Vietnams. Arbor House: New York 1985, S. 145 und 147.

149 H. Kissinger: Memoiren. Band III 1972–1973. Goldmann: München 1981, S. 1773 und 1853.

150 R. Steel: The Ancient Mariner, in: The New York Review of Books, 30. Mai 1985.

151 R. Nixon: No More Vietnams. Arbor House: New York 1985, S. 152.

152 H. G. Summers: On Strategy. A Critical Analysis of the Vietnam War. Presidio: Novato 1982, S. 1.

153 B. Tuchman: Die Torheit der Regierenden. Von Troja bis Vietnam. Fischer: Frankfurt 1986, S. 47.

154 H. E. Richter: Die Chance des Gewissens. Erinnerungen und Assoziationen. Hoffmann und Campe: Hamburg 1986, S. 13.

155 B. Tuchman: Die Torheit der Regierenden. Von Troja bis Vietnam. Fischer: Frankfurt 1986, S. 271.

156 Ebenda, S. 239.

157 Ebenda, S. 359.

158 Ebenda.

159 Ebenda, S. 366.

160 Ebenda, S. 377–378.

161 Ebenda, S. 379.

162 C. Sandburg: Abraham Lincoln. The War Years. 2 Bde. Dell: New York 1968.

[163] Ebenda, S. 658.
[164] Ebenda, S. 195.
[165] Ebenda, S. 381.
[166] U. Eco: Der Name der Rose. Deutscher Taschenbuch Verlag: München 1986, S. 473.
[167] R. Reagan: Woher ich komme. Erinnerungen. Langen-Müller: München 1982.
[168] M. Rogin: Ronald Reagan. The Movie. University of California Press, Berkeley 1987.
[169] R. Reagan: Woher ich komme. Erinnerungen. Langen-Müller: München 1982, S. 9.
[170] Ebenda, S. 179–204.
[171] Ebenda, S. 203–204.
[172] V. E. Pilgrim: Muttersöhne. Claassen: Düsseldorf 1986, S. 21.
[173] Ebenda, S. 39.
[174] R. Binion: »... daß ihr mich gefunden habt«. Hitler und die Deutschen: eine Psychohistorie. Klett-Cotta: Stuttgart 1978, S. 36. – V. E. Pilgrim: Muttersöhne. Claassen: Düsseldorf 1986, S. 28.
[175] V. E. Pilgrim: Muttersöhne. Claassen: Düsseldorf 1986, S. 34.
[176] R. Binion: »... daß ihr mich gefunden habt«. Hitler und die Deutschen: eine Psychohistorie. Klett-Cotta: Stuttgart 1978, S. 37.
[177] Ebenda, S. 36–37.
[178] M. Rogin: Ronald Reagan. The Movie. University of California Press, Berkeley 1987.
[179] G. W. Ball: The War for Star Wars, in: The New York Review of Books, 11. April 1985.
[180] Vgl. A. Haig: Geisterschiff USA. Wer macht Reagans Außenpolitik? Klett-Cotta: Stuttgart 1984.
[181] R. Nixon: Memoiren. Ellenberg: Köln 1981, S. 22 und 23.
[182] Ebenda, S. 21.
[183] H.-U. Thamer: Verführung und Gewalt. Deutschland 1933–1945. Siedler: Berlin 1986, S. 72.
[184] Ebenda.
[185] H. Graf Kessler: Walther Rathenau. Sein Leben und sein Werk. Fischer: Frankfurt 1962, S. 23–24.
[186] H. U. Thamer: Verführung und Gewalt. Deutschland 1933–1945. Siedler: Berlin 1986, S. 75.
[187] R. G. Kaiser: Your Host of Hosts, in: The New York Review of Books, 28. Juni 1984.
[188] M. Kempton: The Great Lobbyist, in: The New York Review of Books, 17. Februar 1983.

[189] H. Cleckley: The Mask of Insanity. Mosby: St. Louis 1964, S. 404–406.
[190] R. Steel: The Ancient Mariner, in: The New York Review of Books, 30. Mai 1985.
[191] Alle Textpassagen sind zitiert aus Henrik Ibsen: Peer Gynt. Ein dramatisches Gedicht. Aus dem Norwegischen übertragen von Hermann Stock. Reclam: Stuttgart 1982. Der Abdruck erfolgt mit freundlicher Genehmigung des Verlages.
[192] H. Cleckley: The Mask of Insanity. Mosby: St. Louis 1964, S. 187–189.
[193] V. Arpe (Hrsg.): Henrik Ibsen. Teil 1 (Dichter über ihre Dichtungen Bd. 10/1.) Heimeran: München 1972, S. 164–165.
[194] The New Yorker, 25. März 1985.
[195] A. Gruen: The Discontinuity in the Ontogeny of Self. Possibilities for Integration or Destructiveness, in: Psychoanalytic Review 61, 1974/1975.
[196] Zitiert nach R. D. Laing: Das geteilte Selbst. Eine existentielle Studie über geistige Gesundheit und Wahnsinn. Deutscher Taschenbuch Verlag: München 1987, S. 114.
[197] Ebenda, S. 114–115.
[198] G. Victor: The Riddle of Autism. A Psychological Analysis. Lexington Books: Lexington 1983. – A. Gruen/J. Prekop: Das Festhalten und die Problematik der Bindung im Autismus. Theoretische Betrachtungen, in: Praxis der Kinderpsychologie und Kinderpsychiatrie 7, 1986.
[199] E. Glasgow: The Woman Within. Eyre and Spottiswoode: London 1955, S. 3.
[200] R. V. Sampson: The Psychology of Power. Pantheon: New York 1966, S. 30.
[201] P. Schilder: The Image and Appearance of the Body. Studies in the Constructive Energies of the Psyche. International University Press: New York 1950, S. 267.
[202] D. Beckord: Körperbild und Körperleben in der Schwangerschaft. Vortrag auf der VII. Tagung der Internationalen Studiengemeinschaft für Pränatale Psychologie, Düsseldorf 1983. – Vgl. auch D. Beckord: Theorie und Praxis der Körperbildforschung mit einer empirischen Untersuchung zum Körperleben in der Schwangerschaft. Diss. Universität Salzburg 1983.
[203] L. N. Robins u. a.: Lifetime Prevalence of Specific Psychiatric Disorders in Three Sites, in: Archives of General Psychiatry 41, 1984.
[204] R. Kirbach: Die furchtbaren Bürokraten, in: Die Zeit, 24. August 1984.
[205] The New York Times, 11. Juni 1985.
[206] The Talk of the Town (Kolumne), in: The New Yorker, 11. Nov. 1985.

[207] M. Kundera: Das Buch vom Lachen und Vergessen. Suhrkamp: Frankfurt 1982, S. 7.
[208] The New York Times Magazine, 7. April 1985.
[209] M. Siirala: Psychotherapy of Schizophrenia as a Basic Human Experience, as a Ferment for a Metamorphosis in the Conception of Knowledge and the Image of Man, in: D. Rubinstein/Y. O. Alanen (Hrsg.): Psychotherapy of Schizophrenia. Excerpta Medica: Amsterdam 1972, S. 141.
[210] M. Siirala: From Transfer to Transference. Therapeia Foundation: Helsinki 1983, S. 35.
[211] B. O'Brien: Operators and Things. The Inner Life of a Schizophrenic. Ace Books: New York 1958, S. 140–141.
[212] Ebenda, S. 141.
[213] Ebenda, S. 143.
[214] Ebenda, S. 39.
[215] Ebenda, S. 144.
[216] Ebenda, S. 140.
[217] Ebenda, S. 145–146.

Literaturverzeichnis

Antill, J. K./J. D. Cunningham: Self-Esteem as a Function of Masculinity in Both Sexes, in: Journal of Consulting and Clinical Psychology 47, 1979

Arendt, H.: Eichmann in Jerusalem. Ein Bericht von der Banalität des Bösen. Piper: München 1963

Aronson, E./S. Rosenbloom: Space Perception in Early Infancy. Perception Within a Common Auditory-Visual Space, in: Science 172, 1971

Arpe, V. (Hrsg.): Henrik Ibsen. Teil 1. (Dichter über ihre Dichtungen Bd. 10/1.) Heimeran: München 1972

Ascherson, N.: The »Bildung« of Barbie, in: The New York Review of Books, 24. November 1983

Bakan, D.: Slaughter of the Innocents. Jossey-Bass: San Francisco 1971

Ball, G. W.: The War for the Star Wars, in: The New York Review of Books, 11. April 1985

Baumann, B.: Wie alles anfing. Trikont: München 1975

Beckord, D.: Körperbild und Körperleben in der Schwangerschaft. Vortrag auf der VII. Tagung der Internationalen Studiengemeinschaft für Pränatale Psychologie, Düsseldorf 1983

Beckord, D.: Theorie und Praxis der Körperbildforschung mit einer

empirischen Untersuchung zum Körperleben in der Schwangerschaft. Diss. Universität Salzburg 1983
Bell, M.: The Turkey Shoot. Grove Press: New York 1985
Benedetti, G.: Todeslandschaften der Seele. Psychopathologie, Psychodynamik und Psychotherapie der Schizophrenie. Vandenhoeck & Ruprecht: Göttingen 1983
Bertini, M. u. a.: Intrauterin Mechanisms of Synchronization. In Search of the First Dialogue, in: Totus Homo 8, 1978
Bettelheim, B.: Die Geburt des Selbst. The Empty Fortress. Fischer: Frankfurt 1986
Binion, R.: »... daß ihr mich gefunden habt«. Hitler und die Deutschen: eine Psychohistorie. Klett-Cotta: Stuttgart 1978
Bluvol, H.: Differences in Patterns of Autonomy in Achieving and Underachieving Adolescent Boys. Ph. D. The City University of New York 1972
Böll, H.: Es kann einem bange werden. Schriften und Reden 1976–1977. Deutscher Taschenbuch Verlag: München 1985
Buchheim, H. u. a. (Hrsg.): Anatomie des SS-Staates. Bd. 2. Deutscher Taschenbuch Verlag: München 1967
Bushnell, J.: Mutineers and Revolutionaries. Military Revolution in Russia, 1905–1907. Ph. D. Indiana University Ann Arbor 1977
Butler, S.: The Way of All Flesh. Random House: New York 1950
Bychowski, G.: Struggle Against the Introjects, in: International Journal of Psycho-Analysis 39, 1958
Cameron, J. R.: Parental Treatment, Children's Temperament, and the Risk of Childhood Behavior Problems, in: American Journal of Orthopsychiatry 47, 1977
Cleckley, H.: The Mask of Insanity. Mosby: St. Louis 1964
Cohn, N.: Das Ringen um das Tausendjährige Reich. Revolutionärer Messianismus im Mittelalter und sein Fortleben in den modernen totalitären Bewegungen. Francke: Bern 1961
Coles, R.: Justice, in: The New Yorker, 26. Juli 1982
Cooper, H. S. F. Jr.: Letter from the Space Center, in: The New Yorker, 10. November 1985
Eco, U.: Der Name der Rose. Deutscher Taschenbuch Verlag: München 1986
Erikson, E. H.: Der junge Mann Luther. Eine psychoanalytische und historische Studie. Suhrkamp: Frankfurt 1975
Freire, P.: Pädagogik der Unterdrückten. Kreuz: Stuttgart 1971
Freud, S.: Abriß der Psychoanalyse, in: S. Freud: Gesammelte Werke. Bd. 17. Fischer: Frankfurt 1966
Freud, S.: Drei Abhandlungen zur Sexualtheorie, in: Freud: Gesammelte Werke. Bd. 5. Fischer: Frankfurt 1968

Freud, S.: Das Unbehagen in der Kultur, in: S. Freud: Gesammelte Werke. Bd. 14. Fischer: Frankfurt 1968
Freud, S.: Jenseits des Lustprinzips, in: S. Freud: Gesammelte Werke. Bd. 13. Fischer: Frankfurt 1969
Freud, S.: Neue Folge der Vorlesungen zur Einführung in die Psychoanalyse. Gesammelte Werke. Bd. 15. Fischer: Frankfurt 1969
Friedländer, S.: Kitsch und Tod. Der Widerschein des Nazismus. Deutscher Taschenbuch Verlag: München 1986
Fromm, E.: Anatomie der menschlichen Destruktivität. Gesamtausgabe Bd. 7. Deutsche Verlags-Anstalt: Stuttgart 1980
Gaylin, W.: The Killing of Bonnie Garland. A Question of Justice. Simon and Schuster: New York 1982
Gelb, B. und A.: O'Neill. Delta: New York 1964
Gil, D. G.: Physical Child Abuse in the United States. University Press: Cambridge 1970
Glasgow, E.: The Woman Within. Eyre and Spottiswoode: London 1955
Gray, M.: Der Schrei nach Leben. Die Geschichte eines Mannes, der die Unmenschlichkeit besiegte, weil er an die Menschen glaubte. Scherz: Bern 1980
Gruen, A.: The Discontinuity in the Ontogeny of Self. Possibilities for Integration or Destructiveness, in: Psychoanalytic Review 61, 1974/1975
Gruen, A.: Autonomy and Compliance. The Fundamental Antithesis, in: Journal of Humanistic Psychology 16, 1976
Gruen, A.: Maternal Rejection and Children's Intensity. Implications for Sex Differences in Affective-Development, in: Confinia Psychiatrica 23, 1980
Gruen, A.: Psychische Spaltung als mitwirkender Vorgang beim plötzlichen Kindstod, in: Sozialpädiatrie 7, 1985
Gruen, A.: Der Verrat am Selbst. Die Angst vor Autonomie bei Mann und Frau. Deutscher Taschenbuch Verlag: München 1986
Gruen, A./J. Prekop: Das Festhalten und die Problematik der Bindung im Autismus. Theoretische Betrachtungen, in: Praxis der Kinderpsychologie und Kinderpsychiatrie 7, 1986
Gundlach, R.: Childhood Parental Relationship and the Establishment of Gender Roles of Homosexuals, in: Journal of Consulting and Clinical Psychology 33, 1969
Haig, A.: Geisterschiff USA. Wer macht Reagans Außenpolitik? Klett-Cotta: Stuttgart 1984
Harrington, M.: The New Lost Generation. Jobless Youth, in: The New York Times Magazine, 24. Mai 1964
Heidenreich, E.: Über Aggressionen, in: Brigitte, 30. April 1986

Hersh, S. M.: My Lai 4. A Report on the Massacre and its Aftermath. Random House: New York 1970
Hielscher, G.: Gewalt an Japans Schulen nimmt zu, in: Tages-Anzeiger (Zürich), 17. Dezember 1985
Hindess, B./P. Q. Hirst: Pre-Capitalist Modes of Production. Routledge and Paul: London 1975
Hirsch, M.: To Sir, With Hate, in: New Statesman (London), 20. Oktober 1972
Hoberman, J.: Shoah Business, in: The Village Voice, 28. Januar 1986
Hoover, C.: Prolonged Schizophrenia and the Will, in: Journal of Humanistic Psychology 11, 1971
Ibsen, H.: Peer Gynt. Ein dramatisches Gedicht. Reclam: Stuttgart 1982
Jacoby, R.: Soziale Amnesie. Eine Kritik der konformistischen Psychologie seit Adler. Suhrkamp: Frankfurt 1977
Janssen, K.-H.: Über das Böse und das Tugendhafte, in: Die Zeit, 16. November 1984
Jones, A.: Murder and Sympathy, in: The Nation, 17. September 1983
Jünger, E.: Strahlungen III. Deutscher Taschenbuch Verlag: München 1966
Kael, P.: Shoah, in: The New Yorker, 30. Dezember 1985
Kaiser, R. G.: Your Host of Hosts, in: The New York Review of Books, 28. Juni 1984
Karnow, S.: Vietnam. A History. Viking Press: New York 1983
Kempton, M.: The Great Lobbyist, in: The New York Review of Books, 17. Februar 1983
Kessler, H. Graf: Walther Rathenau. Sein Leben und sein Werk. Fischer: Frankfurt 1962
Kirbach, R.: Die furchtbaren Bürokraten, in: Die Zeit, 24. August 1984
Kirsch, H.-Chr. (Hrsg.): Der spanische Bürgerkrieg in Augenzeugenberichten. Deutscher Taschenbuch Verlag: München 1986
Kissinger, H.: Memoiren. Band III, 1972–1973. Goldmann: München 1981
Kratz, W.: Die »Verlorenen« von Kirkby, in: Die Zeit, 26. April 1985
Kütemeyer, W.: Die Krankheit Europas. Beiträge zu einer Morphologie. Suhrkamp: Berlin 1951
Kundera, M.: Das Buch vom Lachen und Vergessen. Suhrkamp: Frankfurt 1982
Laing, R. D.: Das geteilte Selbst. Eine existentielle Studie über geistige Gesundheit und Wahnsinn. Deutscher Taschenbuch Verlag: München 1987
Lehrman, D. S.: A Critique of Lorenz's »Objectivistic« Theory of Animal Behavior, in: Quarterly Review of Biology 28, 1953

Lifton, R. J.: Reviews of the My Lai 4 and Son My Massacres, in: The New York Times Book Reviews, 14. Juni 1970
Lifton, R. J.: Reviews of the My Lai 4 and Son My Massacres, in: The New York Times Book Reviews, 14. Juni 1970
Linklater, M. u. a.: The Nazi Legacy. Klaus Barbie and the International Fascist Connection. Holt, Rinehart and Winston: New York 1985

Lorenzo, G. di: Stefan, 22, deutscher Rechtsterrorist: »Mein Traum ist der Traum von vielen«. Rowohlt: Reinbek 1984

Luyken, R.: Die Schlacht der Fans, in: Die Zeit, 29. März 1985

Manvell, R./H. Fraenkel: The Incomparable Crime. Mass Extermination in the 20. Century: the Legacy of Guilt. Heinemann: London 1967

Milgram, S.: Das Milgram-Experiment. Zur Gehorsamsbereitschaft gegenüber Autorität. Rowohlt: Reinbek 1982

Miller, A.: Das Drama des begabten Kindes und die Suche nach dem wahren Selbst. Suhrkamp: Frankfurt 1979

Miller, A.: Am Anfang war Erziehung. Suhrkamp: Frankfurt 1980

Miller, H.: Vom großen Aufstand. (Rimbaud). Arche: Zürich 1964

Mitscherlich, A. und M.: Die Unfähigkeit zu trauern. Grundlagen kollektiven Verhaltens. Piper: München 1967

Naipul, V. S.: Among the Republicans, in: The New York Review of Books, 25. Oktober 1984

Nash, H. T.: The Bureaucratization of Homicide, in: The Bulletin of the Atomic Scientists 36, 1980

Negri, A.: Sabotage. Trikont: München 1979

Nixon, R.: Memoiren. Ellenberg: Köln 1981

Nixon, R.: No More Vietnams. Arbor House: New York 1985

O'Brien, B.: Operators and Things. The Inner Life of a Schizophrenic. Ace Books: New York 1958

Pilgrim, V. E.: Muttersöhne. Claassen: Düsseldorf 1986

Plechanow, G.: The Role of the Individual in History. International Publishers: New York 1940

Plessix Gray, F. du.: The Progress of Klaus Barbie, in: The New York Review of Books, 27. Juni 1985

Polanyi, M.: Personal Knowledge. Towards a Post-Critical Philosophy. University of Chicago Press: Chicago 1979

Prekop, J.: Frühkindlicher Autismus, in: Offenes Gesundheitswesen 44, 1982

Reagan, R.: Woher ich komme. Erinnerungen. Langen-Müller: München 1982

Reck-Malleczewen, F.: Tagebuch eines Verzweifelten. Dietz: Bonn 1981

Ribble, M.: The Rights of Infants. Columbia University Press: New York 1943

Richter, H.-E.: Die Chance des Gewissens. Erinnerungen und Assoziationen. Hoffmann und Campe: Hamburg 1986
Rinser, L.: Den Wolf umarmen. Fischer: Frankfurt 1981
Robins, L. N. u. a.: Lifetime Prevalence of Specific Psychiatric Disorders in Three Sites, in: Archives of General Psychiatry 41, 1984
Rogin, M.: Ronald Reagan. The Movie. University of California Press, Berkeley 1987.
Roskam, A.: Patterns of Autonomy in High Achieving Adolescent Girls who Differ in Need for Approval. Ph. D. The City University of New York 1972
Sacks, O.: The President's Speech, in: The New York Review of Books, 15. August 1985
Sampson, R. V.: The Psychology of Power. Pantheon: New York 1966
Sandburg, C.: Abraham Lincoln. The War Years. 2 Bde. Dell: New York 1968
Schenck, E. von: Europa vor der deutschen Frage. Briefe eines Schweizers nach Deutschland. Francke: Bern 1946
Schilder, P.: The Image and Appearance of the Body. Studies in the Constructive Energies of the Psyche. International University Press: New York 1950
Schneider, P.: Gespräche eines Schiffbrüchigen mit einem Bewohner des Festlandes, in: Die Zeit, 5. April 1985
Schneirla, T. C.: Interrelationships of the »Innate« and the »Acquired« in Instinctive Behavior, in: P.-P. Grassé (Hrsg.): L'Instinct dans le comportement des animaux et de l'homme. Masson: Paris 1956
Schneirla, T. C.: An Evolutionary and Developmental Theory of Biphasic Processes Underlaying Approach and Withdrawal, in: M. R. Jones (Hrsg.): Nebraska Symposion on Motivation. University of Nebraska Press: Nebraska 1959
Schönfeldt, Gräfin S.: Ich war Arbeitsmaid, in: Die Zeit, 20. September 1985
Schwander, M.: Mundartpoet wird als »Drachentöter« bejubelt, in: Tages-Anzeiger (Zürich), 10. Dezember 1985
Shaheen, E. u. a.: Failure to Thrive. A Retrospective Profile, in: Clinical Pediatry 7, 1968
Siirala, A.: The Voice of Illness. Fortress Press: Philadelphia 1964
Siirala, A.: Divine Humaneness. Fortress Press: Philadelphia 1970
Siirala, M.: Psychotherapy of Schizophrenia as a Basic Human Experience, as a Ferment for a Metamorphosis in the Conception of Knowledge and the Image of Man, in: D. Rubinstein/Y. O. Alanen (Hrsg.): Psychotherapy of Schizophrenia. Excerpta Medica: Amsterdam 1972

Siirala, M.: From Transfer to Transference. Therapeia Foundation: Helsinki 1983
Silberman, C. E.: Criminal Violence, Criminal Justice. Random House: New York 1978
Soyinka, W.: The Man Died. Harper and Row: New York 1972
Speer, A.: Erinnerungen. Propyläen: Berlin 1969
Speer, A.: Spandauer Tagebücher. Propyläen: Berlin 1975
Steel, R.: The Ancient Mariner, in: The New York Review of Books, 30. Mai 1985
Sullivan, H. S.: The Interpersonal Theory of Psychiatry. Norton: New York 1953
Summers, H.G.: On Strategy. A Critical Analysis of the Vietnam War. Presidio: Novato 1982
Thamer, H.-U.: Verführung und Gewalt. Deutschland 1933–1945. Siedler: Berlin 1986
Thompson, E. P.: Das Elend der Theorie. Zur Produktion geschichtlicher Erfahrung. Campus: Frankfurt 1980
Timerman, J.: Wir brüllten nach innen. Folter in der Diktatur heute. Fischer: Frankfurt 1982
Tranel, D./A. R. Damasio: Knowledge Without Awareness. An Automatic Index of Facial Recognition by Prosopagnosics, in: Science 228, 1985
Trow, G. W. S.: Anals of Discourse. The Harvard Black Rock Forest, in: The New Yorker, 11. Juni 1984
Tuchman, B.: Die Torheit der Regierenden. Von Troja bis Vietnam. Fischer: Frankfurt 1986
Turkington, C.: High Court Weighs Value of Research by Social Scientists, in: American Psychological Association Monitor, 17. Februar 1986
Victor, G.: The Riddle of Autism. A Psychological Analysis. Lexington Books: Lexington 1983
Ward, D. A./G. G. Kassebaum: Women's Prison. Sex and Social Structures. Aldene: Chicago 1965
Wassermann, J.: Christian Wahnschaffe. Fischer: Berlin 1932
Wassermann, J.: Der Fall Maurizius. Langen-Müller: München 1985
Weber, H. (Hrsg.): Lenin. Aus den Schriften 1895–1923. Deutscher Taschenbuch Verlag: München 1967
Wicker, T.: What Was the Hurry, in: The New York Times, 19. Januar 1971
Wright, W.: The von Bülow Affair. Delacorte: New York 1983
Wyman, D. S.: Das unerwünschte Volk. Amerika und die Vernichtung der europäischen Juden. Hueber: München 1986